T0243980

Sara Montiel

ISRAEL ROLÓN-BARADA

SARA MONTIEL

La mujer y la estrella más allá del mito

𝓅
ALMUZARA

Editorial Almuzara • Colección Memorias y biografías
Director editorial: Antonio Cuesta
Edición de María Borrás

www.editorialalmuzara.com
pedidos@almuzaralibros.com - info@almuzaralibros.com

Editorial Almuzara
Parque Logístico de Córdoba. Ctra. Palma del Río, km 4
C/8, Nave L2, nº 3. 14005 - Córdoba

Imprime: Black Print
ISBN: 978-84-11316-34-7
Depósito Legal: CO-862-2023
Hecho e impreso en España - *Made and printed in Spain*

A mis queridos padres, en especial a la memoria de mi madre Ana Barada, quien con mi padre Israel Rolón, me enseñó desde niño a apreciar y valorizar el cine y la música.

Índice

Agradecimientos

La reconstrucción o narración de la vida y la trayectoria profesional de una figura como Sara Montiel ha requerido la cooperación, el tiempo y el apoyo de muchos amigos, colegas, familiares y desconocidos desde el momento de haber comenzado la investigación formal para este estudio biográfico. Tantos han sido los que han colaborado desinteresadamente durante este largo proceso y transcurso de darle forma a este proyecto, que al escribir este texto temo haber olvidado algún nombre en particular. Por tal motivo me disculpo de antemano si no logro incluir a todos aquellos que de una manera u otra contribuyeron, aunque fuese con un granito de arena, a la realización de este libro. A Sara Montiel, o Antonia, agradezco hasta el infinito la confianza y la amistad que depositó en mí desde el primer día en que nos conocimos, durante las primeras 24 horas de mi investigación.

En muchas ocasiones, aunque la información o los datos sobre Montiel como personaje bajo estudio no fuesen tangibles, el hecho de poder contar con la atención de los amigos y familiares más cercanos sobre los hallazgos encontrados o el análisis de los mismos, no dejó de ser un verdadero estímulo y un paso adelante. Por estos motivos necesito comenzar reconociendo y agradeciendo infinitamente a mis queridos Roberta Johnson y David Pires, porque además de ser mis interlocutores incondicionales, han sido todo mi apoyo y mi contacto con la realidad desde un principio.

Dentro del inmenso mundo académico y los medios de comunicación, por tantos puntos geográficos recorridos después de haber comenzado a trabajar de la mano de Montiel durante sus dos últimos años en vida, la lista de colaboradores es interminable. Tratando de hacer un justo reconocimiento necesito expresar mi profundo agradecimiento a todos aquellos colegas, compañeros, amigos y profesores míos que durante la última década me han brindado su atención e interés por mi iniciativa de recuperación de la figura y el legado de Sara. Entre ellos se encuentran: Nicasio Urbina, Stefan Fiol, Manuel Alberca, Bárbara Mujica, Gonzalo Sobejano (+), Paul Schroeder, Sonia Pérez Villanueva, Irene Mizrahi, Jorge García López, Montserrat Escartín, Alexandre Porcel, Enric Bou, Patrizio Rigobon, Edwin López-Moya, el maestro Domingo Barreres, y el maestro Eugene Kohn. La cooperación y el impulso que recibí desde un principio de Lisa Nalbone, gran especialista en la Censura, como también por parte de los directores de los Institutos Cervantes de Chicago y Nueva york, para aquel entonces, Ignacio Olmos y Javier Rioyo, respectivamente, fueron sobresalientes. A ellos expreso mi eterno agradecimiento por su gran apoyo en todo lo relacionado con Sara Montiel como proyecto cultural. Sin duda alguna, han sido proveedores de un respaldo que a largo plazo ha facilitando mis labores de investigación y promoción. Imposible olvidar el entusiasmo y el cariño de otros compañeros y amigos que me han servido de energía e inspiración para seguir adelante con mis estudios sobre Sara hasta el final, entre estos se encuentran: Nuria Ortega, Chase Whiteside, Alan Smith y Anne Cruz y mi compadre David Vidal-Cordero.

En México, en el DF, extiendo mis especiales agradecimientos a Manuela y Eduardo Reyes Mota, nietos de Alfonso Reyes y en Cuernavaca a su sobrina, la profesora y escritora Marcela del Río Reyes (+), por sus interesantísimas entrevistas y fiel documentación. Y también a mi querido amigo, profesor español afincado en el DF, Francisco Carrillo, quien me sirvió de guía durante mi más reciente visita a esta ciudad. En Guadalajara, muchísimas gracias a Enrique Vázquez, periodista y editor del Grupo Milenio, por su continuo apoyo y promoción.

En Los Ángeles, California, expreso mi profunda gratitud a las dos hijas del primer matrimonio del director Anthony Mann, Toni y Nina; y en Nueva York a su viuda Anna y a la hija política de ambos, Desirée, viuda de Nicholas, hijo menor del director, por sus entrevistas, documentación y su valioso tiempo. A la artista y diseñadora Constance Possè agradezco su continua hospitalidad y acceso a su propiedad en Beverly Hills, antiguo hogar del matrimonio Mann-Montiel, donde hemos podido corroborar tantos detalles. Gracias también a la gerencia y empleados del restaurante Musso & Frank Grill en Hollywood por los detalles históricos y contextuales de su establecimiento y sus asiduos comensales, como el matrimonio Mann-Montiel.

En España, además de mis agradecimientos a la protagonista de esta historia, tomo la oportunidad de agradecerles toda la cooperación a su familia, a su hermana Ángeles Abad (+), a sus hijos Thais y Zeus y a su gente dentro de su territorio, con quienes estuve en contacto directo desde el verano de 2011, como por ejemplo, a su fiel asistenta Ana Mendoza y a su amiga Felicidad Alarcón y familia, en Tabarca. A todos ellos les agradezco su amabilidad, su tiempo, su cooperación y sobre todo los hermosos recuerdos y momentos especiales que pudimos compartir en los últimos 12 años, los cuales me sirvieron de pilares para edificar y documentar este libro. Mi especial gratitud a la documentalista Pepa Ramos y a Yolanda Pérez (Yolandoska) de *Todos los nombres de Sara* (2019), por todo su reconocimiento a mi proyecto y por compartir aquellos detalles y contactos necesarios para complementar mi obra. En la misma tesitura agradezco las consultas y la conversación que mantuve en más de una ocasión con Pedro Víllora. En el ámbito del cine español, ha sido un verdadero honor haber podido entrevistar a Mario Camus (+) y a Carlos Saura (+). Todo mi agradecimiento a ambos directores y también a Tulio Demicheli (hijo), por la gran oportunidad de haber contado con sus respectivas versiones profesionales e íntimas sobre Sara Montiel. En Madrid, agradezco al padre José Aurelio Martín Jiménez por sus anécdotas y su perspectiva desde un ángulo más humano y espiritual. Dentro del contexto madrileño agradezco a Jesús Silva y sus compañeros de Casa Lucio los interesantes recuerdos que conservan de su asidua clienta; y en Barcelona, las valiosas anécdotas de Manel Barea, pianista del 7 Puertas, quien conocía a Sara desde los años 70. También en Barcelona, mi agradecimiento público por tanta colaboración a mi amigo, abogado y hermano, Christian González. En Palma de Mallorca necesito agradecer el último recorrido y toda la amabilidad de mi querida amiga Ileana Viscasillas y su esposo Carmelo Troccoli; al igual que el interesante tour personalizado de Carlos Jesús Cabral Álvarez, mi nuevo amigo y guía turístico en la isla y en Galicia, a Mariló Mihura.

En Brasil, un país tan importante y crucial en la vida y la carrera profesional de la actriz y cantante, donde fue necesario realizar un largo recorrido, reconozco y agradezco para siempre la cálida atención y todo el tiempo que me dedicaron durante sus entrevistas el actor Antonio Luiz Sampaio (Pitanga), Rosa María Sánchez-Cascado Nogales, directora del Instituto Cervantes de Brasilia, el honorable don Saturnino Hernando Gordo (+), cónsul de España en Curitiba, y el diseñador internacional Fernando Pires. Muy difícil haber podido realizar mi investigación en este inmenso país sin el apoyo de mi antiguo relacionista público y amigo, Abel, y la hospitalidad de sus padres Robson y Silene y del resto de la familia Rodrigues Bernardes, quienes me abrieron las puertas de su hogar haciéndome sentir en mi propia casa.

En San Juan, Puerto Rico, también tengo que agradecer las entrevistas, orientación y documentación, a todos aquellos que he contactado en diferentes ocasiones, sacando tiempo de sus agendas para brindarme toda su atención y sus estimulantes conversaciones. A este apartado pertenecen el doctor Fernando Cabanillas, don Enrique Fierres y su asistenta Iris Ferri, Tony Chiroldes (desde Nueva York), Marisara Pont, y el honorable don Tomás Rodríguez-Pantoja Márquez, cónsul de España en Puerto Rico (2017), , gracias por todos los detalles y el contexto histórico adicional. Y a mi amiga Nydia Hernández, porque en su casa de Baldrich pude terminar el borrador de este libro seguido de la primera lectura del mismo por mi profesora de español y querida amiga Carmen Fortuño. Gracias a ellas y toda su amabilidad, los momentos difíciles fueron más tolerables.

También necesito reconocer y agradecer infinitamente a todas las bibliotecas y su personal especializado por su amable atención y todo el material que me facilitaron durante mis múltiples visitas a las siguientes instituciones: Margaret Herrick Library, of The ACADEMY of Motion Picture, Arts, and Sciences; Archive Research and Study Center at UCLA; UCLA Arts Library; USC Warner Bros. Archives; Biblioteca José M. Lázaro de la Universidad de Puerto Rico; Cineteca Nacional de México; Capilla Alfonsina y su director Javier Garcíadiego; Ateneo Español de México; FilmoTeca y Biblioteca del Cinema de Catalunya; y, finalmente, Cinèmathèque Francaise y Bibliothèque du Film, bajo la supervisión de David Duez.

No podría terminar estos agradecimientos sin destacar con todo mi afecto y mi profunda gratitud a mi estimada editora María Borrás de Almuzara, quien por medio de su sensibilidad y amplia experiencia editorial pudo apreciar mi humilde propuesta y el resultado de mi investigación y redacción de esta historia biográfica. De seguro que Sara Montiel también apreciará desde otra dimensión la oportunidad que Borrás nos ha brindado para publicar este libro que procura servir de base para futuros estudios montelianos y la conservación de su legado cinematográfico, musical y cultural para futuras generaciones.

Prólogo a esta biografía de Sara Montiel

A Julia de Burgos (1914-1953)

Ya las gentes murmuran que yo soy tu enemiga
porque dicen que en verso doy al mundo tu yo.
Mienten, Julia de Burgos. Mienten, Julia de Burgos.
La que se alza en mis versos no es tu voz: es mi voz;
porque tú eres ropaje y la esencia soy yo;
y el más profundo abismo se tiende entre las dos.
Tú eres fría muñeca de mentira social,
y yo, viril destello de la humana verdad.
Tú, miel de cortesana, hipocresías; yo no;
que en todos mis poemas desnudo el corazón.
Tú eres como tu mundo, egoísta;
yo no; que en todo me lo juego a ser lo que soy yo.
Tú eres sólo la grave señora señorona;
yo no, yo soy la vida, la fuerza, la mujer.
Tú eres de tu marido, de tu amo; yo no;
yo de nadie, o de todos, porque a todos,
en mi limpio sentir y en mi pensar me doy.
Tú te rizas el pelo y te pintas; yo no;
a mí me riza el viento, a mí me pinta el sol.
Tú eres dama casera, resignada, sumisa,
atada a los prejuicios de los hombres; yo no;
que yo soy Rocinante corriendo desbocado
olfateando horizontes de justicia de Dios.
Tú en ti misma no mandas; a ti todos te mandan;

en ti mandan tu esposo, tus padres, tus parientes,
el cura, la modista, el teatro, el casino,
el auto, las alhajas, el banquete, el champán, el cielo y el infierno y el
qué dirán social.
En mí no, que en mí manda mi solo corazón,
mi solo pensamiento; quien manda en mí soy yo.
Tú, flor de aristocracia; y yo, la flor del pueblo.
Tú en ti lo tienes todo y a todos se lo debes,
mientras que yo, mi nada a nadie se la debo.
Tú, clavada al estático dividendo ancestral,
y yo, un uno en la cifra del divisor social
somos el duelo a muerte que se acerca fatal.
Cuando las multitudes corran alborotadas
dejando atrás cenizas de injusticias quemadas,
y cuando con la tea de las siete virtudes,
tras los siete pecados, corran las multitudes,
contra ti y contra todo lo injusto y lo inhumano,
yo iré en medio de ellas con la tea en la mano.

Aunque crecí en San Juan, Puerto Rico, a finales de la década de los años 60, desde niño conocía quién era Sara Montiel. Al salir del colegio, a las dos de la tarde, mientras comía mirando la televisión, disfrutaba de lo único que recuerdo que hubiese disponible a esa hora. En el canal 2 de Telemundo, la empresa donde trabajaban mis padres desde que eran novios, en el programa de *Telecine de la tarde con Pilar Arenas*, presentaban todas las películas hispanoamericanas de Libertad Lamarque, Rocío Dúrcal, Marisol y, por supuesto, también las de Sara Montiel. Los fines de semana, sin más alternativas, ampliaría mis conocimientos musicales. Mis padres y mis tíos siempre encontrarían la oportunidad de hacer algo en familia en torno a la música de su generación. Mi tía, Norma Barada y su marido, Noel Estrada, el compositor de *En mi viejo San Juan*, si no había algún evento musical ya programado de antemano, inventarían lo que fuese necesario para que de alguna manera todos termináramos alrededor del piano. Crecí conociendo de sobra el nombre, los talentos artísticos y la belleza de Sara Montiel. Pero no fue hasta el verano de 2011 que le conocí en persona. Con motivo de poder participar como profesor en una mesa redonda dedicada a las divas en el imaginario español, para la Conferencia Anual de la Modern Language Association de 2012 en los Estados Unidos, necesitaba entrevistar a Montiel por primera vez. Por medio de Televisión Española (RTVE) pude obtener su número de teléfono y llamarla a mediados de julio de 2011. Luego de escuchar un profundo «diga», con su voz grave y sensual, se abrieron todas las posibilidades de comunicación. Aquella voz inconfundible, aunque yo no hubiese marcado su número de teléfono, la pude identificar de inmediato. Sara fue tan amable y receptiva ante mi humilde petición de hacerle una entrevista para una simple conferencia académica, que luego de hacer los arreglos necesarios, tomando trenes, aviones y barcos, aprovechando las vacaciones de verano, en 48 horas me encontraría delante de la diva. Ella, en compañía de su amiga Felicidad Alarcón, no paraba de reírse conmigo por la velocidad en que llegué luego de la llamada telefónica hasta la isla de Tabarca, al cruzar la playa de Alicante, en medio del Mediterráneo. Sara Montiel, completamente bronceada en una de sus vestimentas veraniegas, un vestido blanco y vaporoso, cubierta de joyas y con su maquillaje teatral, me esperaba con los brazos abiertos, como una amiga de toda la vida. En pocas horas nos encontraríamos nadando en la playa, como preámbulo a la entrevista que duraría unas 24 horas. La comunicación y la relación seguirían creciendo e intensificándose por los próximos dos años, hasta su fallecimiento en la primavera de 2013. Así fue el comienzo y el curso de la evolución de esta investigación e inspiración para este libro, que, lejos de intentar proveer una biografía convencional, se propone narrar e ilustrar los momentos cruciales de la vida y la carrera profesional de la actriz y cantante Sara Montiel.

Para llegar a descubrir qué implica ser Sara Montiel como mito cultural, icono, leyenda y símbolo sexual español del siglo XX a través de una investigación formal y cuantitativa ha sido necesario elaborar la metodología correcta que mejor se ajustara a la figura bajo estudio. En este prólogo se explica cuál fue el mejor acercamiento, los retos y algunos de los impedimentos durante todo el proceso de elaboración del libro para alcanzar las metas trazadas de la investigación y obtener los mejores resultados. Primero ha sido necesario adentrarse por completo en el mundo de Montiel, explorar su historia, su evolución y el desenlace de una larga y fructífera carrera. Pero considerando también la complejidad de una serie de aventuras y periplos difíciles de controlar y de descifrar al querer extenderlos sobre la amplia superficie de la vida de una persona con tantas facetas que decidió ser ella misma y regir su propia vida como mejor pudo. Una infinidad de perspectivas y una amplia diversidad de opiniones fueron surgiendo a través del largo proceso de investigación sobre la trayectoria vital y profesional de Sara Montiel. Cada acercamiento a las fuentes de información que iban surgiendo a cada paso del estudio biográfico continuaba generando una fructífera cantidad de datos que fueron recopilándose, entrelazándose entre sí y encajando en sus respectivos lugares hasta obtener la organización necesaria de todo el material para poder señalar los puntos claves que definen su itinerario vital y artístico. La fuente primordial de documentación y la inspiración para esta obra la han compuesto, sin duda alguna, la serie de entrevistas personales a la artista y las sucesivas conversaciones que iban surgiendo, desarrollando un mayor acercamiento durante los dos últimos años de su vida. Sus *Memorias: vivir es un placer* (2000) ha servido como guía y una segunda columna o pilar de apoyo. La tercera fuente, en definitiva la más amplia, pero no la más confiable, ha sido la infinidad de sus entrevistas provenientes de los medios de comunicación, en su mayoría, de televisión y prensa. Otro camino recorrido en búsqueda de datos e información, no menos relevante que los anteriores, consiste en la recopilación de testimonios de su familia, de algunos colegas, de los amigos que estuvieron dispuestos a colaborar en este proceso investigativo y hasta el fortuito hallazgo de las cartas inéditas que aquí se reproducen. Estas fuentes iluminan los horizontes que todavía permanecían a oscuras de acuerdo a las circunstancias históricas y al control mediático que la artista había ejercido sobre su carrera hasta el final de sus días. Todos los elementos anteriores componen el universo montielano del que se nutre la elaboración de cada página de este libro y que han servido de base para la construcción de esta biografía.

Aun y así, es necesario establecer la imposibilidad de determinar con exactitud la cantidad de entrevistas de televisión y cuanto ha sido publicado en la prensa sobre la actriz y cantante desde 1944 hasta el presente. El mismo exceso representa un verdadero reto y hasta un impedimento para poder tomar en consideración la totalidad del inmenso registro de todas las publicaciones, propaganda y material promocional disponible sobre la figura artística de Montiel y su extensa aportación cultural dentro y fuera de España durante los últimos 75 años. Hablamos de un cúmulo infinito de documentación, de más de la mitad del siglo XX y de lo que va del siglo XXI, en torno a su papel y su obra en el mundo del espectáculo a nivel internacional, durante toda su vida profesional y aun después de su fallecimiento.

Por otro lado, a cada paso de la investigación iban surgiendo más datos biográficos y artísticos. Los mismos iban emanando muchas veces sin esperarlos y ni siquiera solicitarlos. En la mayoría de las ocasiones, con tan solo mencionar su nombre o el título de una de sus canciones, o alguna de sus películas, sus admiradores o seguidores eran capaces de emitir los comentarios y reacciones más espontáneos y sorprendentes del mundo. Independientemente de la generación, la nacionalidad o del nivel de educación académica u orientación sexual, cuando surge el nombre de Sara Montiel como tema, siempre aparecen voluntarios dispuestos a compartir algún recuerdo u opinión que conservan muchas veces dentro de ese archivo íntimo rotulado «La violetera». De esos múltiples archivos individuales se van descubriendo de manera sistemática diferentes categorías y subtemas sobre su belleza, su personalidad, sus películas, su música o el legado cultural y artístico del mito erótico español y de la estrella universal que a todos pertenecía. No hay reparos al expresar y divulgar abiertamente los recuerdos y las más íntimas observaciones que quedaron grabadas en esa página individual de la memoria que su público denomina «Sarita Montiel». Aun los menos interesados en las artes o en la cultura popular, basándose en sus experiencias aisladas por algún contacto casual, accidental, directo o indirecto, que hayan tenido con la artista en algún instante, siempre tienen algo que aportar o sienten la necesidad de expresarse con tan solo escuchar su nombre. Tal como se relata en los dos últimos capítulos, desde hoteleros hasta pilotos de avión, por donde quiera que pasara la actriz durante su largo caminar y sus compromisos profesionales, ya fuese como huésped, viajera o cliente, todavía conservan y expresan su sentir hacia aquella Sara que de alguna manera les pertenecía, dentro del espectro cultural de cada cual. Sus presentaciones artísticas, sus espectáculos, sus actuaciones musicales y las reacciones del público en cada una de esas ocasiones laborales, de placer o turísticas son fuentes de información y documentación. Pero el propósito de la investigación para este libro va más allá. En el mismo se encuentra una justa manera de analizar el alcance de la proyección universal de su imagen y del impacto de su legado dentro de la cultura popular española y latinoamericana a largo plazo.

Entre las fuentes de información recorridas durante los últimos cinco años, utilizadas para consultar los fondos, el acervo y publicaciones relacionados con Sara Montiel y su filmografía, en especial para este estudio, se encuentran: en Los Ángeles, la Margaret Herrick Library for the Academy of Motion Picture Arts and Sciences, los Archivos de Warner Brothers en la Universidad del Sur de California (USC), la Biblioteca de Estudios Cinematográficos y el Archivo de Cine y Televisión de la Universidad de California en Los Ángeles (UCLA), La Cinémathèque Française, en París, la Filmoteca de Catalunya en Barcelona, la Capilla Alfonsina, el Ateneo Español de México y la Cineteca Nacional de México en Coyoacán, Ciudad de México (CDMX), la Biblioteca de Estudios Hispánicos de la Universidad de Puerto Rico en Río Piedras y finalmente otras instituciones como los Consulados de México y de España en las ciudades de Los Ángeles, California y de San Juan, Puerto Rico, además del Archivo General de Alcalá de Henares, en Madrid. Aparte de las ciudades donde se encuentran localizadas estas bibliotecas o instituciones culturales y académicas, las otras ciudades recorridas por igual motivo de la investigación y las entrevistas relacionadas con Montiel fueron: Nueva York; Madrid, Alicante-Elche-Tabarca, Ciudad Real, en España y también otros puntos geográficos claves como Brasilia, São

Paulo, Río de Janeiro y Curitiba en Brasil, además de CDMX y Cuernavaca en México.

Tal vez hubiese sido suficiente trabajar con los datos, las reacciones y los sentimientos expresados tan solo al evocar su nombre. Pero dentro de las teorías de los estudios biográficos, una cosa es cómo se recuerda a una persona y otra sería cómo esa persona quisiera o hubiese querido ser recordada, de acuerdo a la creación de un «yo» a través de una imagen, en comparación con el «YO» real y auténtico que existe dentro de cada cual. Vivir en la piel de un personaje creado por sí mismo, el cual ya no podría abandonar por el resto de la vida, ha de representar un verdadero reto ante su propio «YO». Aparte de ese «yo» público, construido por medio de artificios y esfuerzos descomunales para poder proyectar una imagen deseada, existe el «YO» auténtico y genuino que no se podría extinguir ni destruir bajo ningún concepto. Además de esta reevaluación y estudio del personaje de SARA MONTIEL, otra de las metas principales de este libro y sus nuevas perspectivas se dedica a descubrir quién era y cómo era María Antonia Abad Fernández en su intimidad, como mujer, como hija, hermana, madre, amiga de sus amigos y en relación con su propio *alter ego* «SARA MONTIEL». Cuando se crea y se hace de sí mismo un personaje universal, además de disfrutarlo al máximo, resultaría difícil reencontrarse con la persona real y poder apreciar las cosas más simples y sencillas de ese ser que habita dentro de sí, en armonía con todos los que le rodean. Pues, por difícil que parezca, así lo realizó Antonia Abad. Aun teniendo que mantener viva una imagen pública para siempre, también supo valorarse a sí misma, a su verdadero «YO» y al mundo al que pertenecía, que poco tendría que ver con esa imagen universal que había proyectado tan alto y tal lejos que sería válida no solo para ella, sino también para el resto de su gente y de la cultura que representaría más allá de los límites geográficos de su país. María Antonia Abad Fernández pertenecía a España, pero Sara Montiel pertenecía al mundo. Cuando a cualquier turista español en el extranjero, en cualquier parte del mundo, en los Estados Unidos, en Rusia…, al percibir su acento e identificar su nacionalidad española, todavía en el presente, le mencionan a Sara Montiel tratando de establecer contacto o como punto de referencia cultural, este fenómeno refleja y manifiesta el impacto que la diva fue capaz de perpetuar a un nivel internacional, además de su trascendencia generacional. Así lo afirmaba para la posteridad María Dolores Pradera, basándose en su experiencia cuando al caminar por las calles de Moscú como turista, sin que supieran quién era, sin tener ningún parecido físico con Montiel, ni mucho menos conocer la relación y la amistad que existía entre ambas y que las unía desde la juventud, le llamaban por el nombre de «Sara Montiel».

Si hubiese que señalar algún reto o dificultad durante el transcurso de esta investigación sería precisamente ese carácter universal y, en todo caso, la abundancia y el exceso de material, en lugar de la escasez de recursos y la falta de fuentes de información que suele ocurrir en otras investigaciones biográficas. Aun y así, resulta una gran responsabilidad narrar la vida de otra persona, y, como se verá más adelante, la de Sara Montiel no ha sido una excepción.

Por otro lado, uno de los hallazgos principales y particulares sobre Montiel ha sido su firme compromiso con las artes, con la música, con el cine, con la televisión, con el teatro, con la literatura, la pintura y la práctica de cualquiera de ellas. Todos los temas relacionados con las artes y la cultura le seducían y eran una prioridad en su vida. Sara encontró en la música y en el cine su autoenseñanza, su propia cultura, su felicidad y su libertad. Su carrera artística fue el camino hacia la superación personal que ella misma eligió a pesar de todos los contratiempos y retos. Precisamente, el cine y la música fueron sus vehículos para superar las adversidades en la vida, a la misma vez que los vehículos para alcanzar su independencia y su propia autorrealización, consciente de que además dejaba un amplio legado a la cultura popular española e hispanoamericana y un ejemplo positivo y constructivo a seguir para las futuras generaciones.

INTRODUCCIÓN

Ser Sara Montiel

Sara Montiel representa una de las figuras más significativas de la cultura popular española del siglo XX. El propósito de este libro es analizar ante el lector ese impacto cultural y los logros artísticos que le llevaron a alcanzar esta posición. Otro de los objetivos de este estudio consiste en explicar el recuerdo que nos ha dejado y que perdura a través de esa imagen que rebasa una época. Su nombre permanece presente en nuestra memoria colectiva y su legado nos ofrece la reivindicación y proyección de un personaje que promete extenderse a futuras generaciones. En un esfuerzo por dar a conocer la verdadera historia de la figura artística que pudo confeccionar y proyectar María Antonia Abad Fernández sobre el mejor de todos sus personajes, *Sara Montiel*, hoy le dedicamos este merecido estudio biográfico. A continuación se expondrán sus metas, se darán a conocer los retos a los que tuvo que enfrentarse y se trazará un mapa señalando los avances profesionales que iba alcanzando a su paso por los diferentes puntos geográficos, ante la diversidad de contextos históricos que enmarcaron su registro vital. Al destacar sus éxitos artísticos, también podremos conocer más a fondo sus decepciones y fracasos desde el principio hasta el final de sus días. Por lo tanto, este libro dedicado a Sara Montiel no pretende ser una biografía definitiva ni una síntesis de sus *Memorias*. Más bien, servirá como estudio de aquellos momentos claves y cruciales en su larga y fructífera carrera profesional, teniendo en consideración su vida íntima y sentimental que va transcurriendo de forma paralela.

Su producción en el cine y en la música queda por fuerza ligada a su nombre y a ese sello artístico de Sara Montiel que trasciende más allá de su trayectoria vital. Sin embargo, al estar tan ligadas la historia de su vida y su producción artística, las iremos repasando ambas a la misma vez como la secuencia simultánea de una toma de fotografías a todo color. Algunas de estas escenas o etapas podrán resultar familiares o conocidas por muchos lectores, pero aun así forman parte de un proceso cronológico que seguiremos con cuidado, ya que la pérdida de un eslabón de la larga cadena resultaría injusta ante la arriesgada labor de contar su vida. Esta narración tiene como origen y punto de partida los múltiples diálogos y las entrevistas que ambos pudimos llevar a cabo tanto en España como en los Estados Unidos durante los dos últimos años antes de su fallecimiento.

Este libro, que surge como resultado de nuestra primera entrevista en la isla de Tabarca el 27 de julio de 2011, mantiene presente las metas de aquel primer encuentro, entre ellas, analizar el periplo trasatlántico de Montiel. Vale la pena señalar que el propósito de esta entrevista inicial había sido la recopilación de datos biográficos en exclusiva para la participación en una conferencia. Se trataba de una mesa redonda, dentro de la tradicional «Modern Language Association Annual Convention» (Convención anual de la Asociación de Lenguas Modernas), que se celebraría en la ciudad de Seattle, Washington, el 7 de enero de 2012, con el siguiente título: «De Conchita Piquer a Isabel Pantoja: Divas y el Imaginario Cultural Español». En esta convención norteamericana, la más antigua y prestigiosa de todas dentro de los Estados Unidos, se llevó a cabo dicha discusión haciendo honor a las divas del espectáculo y de las artes cinematográficas y musicales de la España contemporánea del siglo XX. A raíz del éxito de esta conferencia surgió también la oportunidad de organizar su último *tour* por los Estados Unidos durante la primavera de 2012. La suma de estas experiencias ante su súbito fallecimiento un año más adelante sirvió en definitivo de inspiración y compromiso para la dedicación de este estudio. Por ejemplo, todas las citas y declaraciones de Montiel incluidas en esta introducción provienen de aquel primer encuentro en Tabarca y proveyeron la piedra angular y punto de partida para la futura investigación.

Como segundo recurso también han servido de apoyo las entrevistas a su familia inmediata, como a su hermana Ángeles Abad, a su hija Thais Tous, además de su ama de llaves, Ana Mendoza. Igual de significativa ha sido la aportación de los testimonios por parte de algunos amigos y allegados que en algún momento tuvieron algún tipo de relación, directa o indirecta, íntima, profesional o de pura amistad con la actriz y cantante. Entre ellos contamos con directores de cine, actores, músicos y otras personalidades, como las hijas y la viuda de su primer marido, Anthony Mann, por mencionar algunos ejemplos.

El tercer apoyo biográfico para la producción de este libro ha sido el interminable caudal de entrevistas de prensa y televisión en las que participó nuestra protagonista sin límites ni censura. La disponibilidad y la utilización de estos miles de testimonios que fue dejando la actriz en el transcurso de siete décadas (1943-2013), son, sin duda, una gran fuente de documentación y referencia. Gracias a ellas ha sido posible comparar la diversidad de versiones de sus propias anécdotas y realizar una cuidadosa clasificación de la realidad y la ficción durante la elaboración y la representación de su personaje en el contexto de su imagen pública.

La cuarta fuente de documentación es el conjunto de publicaciones académicas, literarias o de entretenimiento que han sido publicadas con anterioridad y por último, alguna correspondencia recuperada recientemente. Entre todas ellas, la fuente primaria y tal vez la más importante, la constituyen sus propias *Memorias*, que fueron publicadas en Madrid por la editorial Plaza & Janés, en el año 2000 con el título de *Vivir es un placer*. El libro fue redactado por Pedro Manuel Víllora Gallardo. Víllora fue quien a finales de la década de los 90 pudo editar y darle forma final a esas memorias que le fueron dictadas durante el comienzo del ocaso de la gran estrella que poco a poco perdía luz propia y percibía que era el momento de narrar y publicar sus propios recuerdos. Aconsejada por su amigo Terenci Moix, encontró en Víllora el apoyo para escribir su propia versión biográfica de cómo ella hubiese querido que la recordara la posteridad, de no haber otra futura oportunidad. En cualquier caso, fue Víllora quien asumió la responsabilidad de realizar tal labor. Víllora ha sido profesor de literatura y teatro, periodista y crítico y se ha destacado como escritor, editor y autor de muchos libros y obras de teatro relacionados con la historia sociopolítica y la cultura peninsular contemporánea. Las *Memorias* de Sara han sido un proyecto en una etapa de su vida y parte de su amplia y diversa producción. Para Sara la publicación de la obra era una necesidad de suma importancia en todos los sentidos. La realización de sus *Memorias* en esa etapa de su vida era algo imprescindible, parte de sus deberes artísticos y del precio de ser Sara Montiel, una deuda que tenía con su público. También se trataba de un esfuerzo más de su parte por mantener viva la creación de un mito hasta el final de sus días. Tal vez sin ser completamente consciente de que la estela de luz que dejaba a sus espaldas y que emanaba de su figura artística se encargaría de continuar su labor a largo plazo.

La neutralidad necesaria de nuestra narración servirá de esquema para la elaboración de la historia, proveyendo en todo lo posible la certeza de las crónicas de este personaje tan singular que llegó a ocupar una posición única dentro de la cultura popular española contemporánea. Su vida se transformará con los años en una historia fantástica y extraordinaria, en sus propias palabras: «maravillosa o fuera de serie, un placer». El objetivo de este estudio es relatar dentro de una tesitura actual la realidad de lo que haya podido acontecer en la larga carrera profesional de la figura universal en que llegó a convertirse Sara Montiel.

Durante la década de los años 50, luego de traspasar barreras socioculturales y geográficas durante la posguerra, cumplir con su etapa de aprendizaje y experiencia artística en el Cine de Oro Mexicano y ser la primera española contratada en Hollywood como actriz por United Artists y Warner Brothers, regresa a España. Con su protagonismo y el éxito desproporcionado e inesperado de sus primeras dos películas españolas una vez de vuelta a su territorio, *El último cuplé* y *La violetera*, único en la historia del cine español desde los años 50 hasta el presente, ayudaría a revitalizar la industria cinematográfica española en pleno régimen franquista. De esta manera, con solo 30 años de edad, se provee a sí misma de su propia plataforma donde desarrollar una carrera como actriz y cantante dentro de España, pero con una amplia proyección a Latinoamérica y al resto de Europa. Esta nueva etapa en el cine español le sirve de apoyo para continuar adelante como mujer profesional por el resto del franquismo y establecer su posición única y su figura inigualable como icono, leyenda y mito dentro de la cultura popular española aun después de 1975. En este nuevo proyecto nos proponemos estudiar su legado cultural en el cine y en la música luego de su partida final el 8 de abril de 2013, anticipando a la vez cómo será recordada por las próximas generaciones.

Aunque comenzó su carrera artística en el cine español de los años 40 con su participación en la serie de películas presentadas en el primer capítulo, fue necesario salir al extranjero, ganar experiencia y regresar, para lograr el verdadero éxito en su país. Un éxito que también tuvo su precio en la España de Franco. Tras realizar una docena de películas con reconocido éxito en México y de entrar de lleno en Hollywood con su participación en sus primeras dos películas, comprometida con su futuro marido, Anthony Mann, al haber cumplido un período de cinco años en América, en diciembre de 1955, decide viajar a España. Ya había protagonizado su primer papel en *Vera Cruz* (1954) y había terminado el rodaje de lo que sería su segundo intento en la pantalla americana, *Serenade*, que estaba por estrenarse en 1956. Tenía por delante su matrimonio con el director Mann y un par de contratos pendientes. Su próxima participación cinematográfica en la meca del cine sería en *Run of the Arrow* (*Yuma*) (1957). Pero aquel viaje era necesario. El propósito principal, tanto para ella como para su madre, era pasar unas merecidas vacaciones y reconectar con toda la familia y los amigos que habían dejado atrás desde 1950. Este viaje tan beneficioso para ambas, según se podrá apreciar más adelante, también fue crucial en su vida profesional. Durante su estadía en España le ofrecen el papel como protagonista en una película musical titulada *El último cuplé*, la que fue hasta el final de sus días su película favorita, «...ya que fue un verdadero reto profesional lograr producir lo mejor posible con el menor presupuesto disponible…» Y también como actriz: «Hacer de joven y luego de mujer de cincuenta años, teniendo solo 28 años de edad en el momento de la producción…». Se trataba de una oferta que aceptaría por amistad y tal vez por compromiso, ya que venía de su antiguo director y productor de cine español, Juan de Orduña, con quien ya había trabajado antes de su aventura americana en dos películas: *Locura de amor* en 1948 y *Pequeñeces* en 1949. *El último cuplé*, que se estrena en 1957, fue también la película que, gracias a su impacto económico en el cine español, cambió el curso de su vida. Aceptar este papel implicó comprometerse a un cambio de dirección radical que todavía ella misma desconocía. Su próxima película fue *La violetera* (1958), de mayor éxito aún que la primera. Fueron películas que permanecieron en cartelera por más de un año en el cine español, europeo y latinoamericano.

Consciente del estereotipo cultural de los papeles que asumía y de las connotaciones étnicas que tenía que confrontar de haberse quedado en Hollywood, Sara decidió aceptar el destino y futuro prometedor que le ofrecían y le aseguraban sus nuevas producciones españolas, como protagonista principal, actriz y cantante, dentro de un espacio único y privilegiado tanto en España como en el ámbito internacional. Estaba convencida de que trabajando en Hollywood solo podría obtener papeles secundarios como mexicana o como india-nativa-norteamericana. Sabía que una vez un actor era clasificado bajo un estereotipo dentro de la industria del cine norteamericano, había muy pocas posibilidades de obtener otros tipos de papel.

A partir de 1958 no habría marcha atrás ni manera de detener a Sara Montiel. Se convierte en la primera figura y actriz musical tanto en España como en el resto de Europa. Su éxito es un aval que le protege y le garantiza su propio escenario, aun como el primer símbolo sexual dentro de la España franquista: «Tanto me quiere el público en España a consecuencia de estas dos películas que nadie se atreve a señalarme, ni siquiera la censura del régimen». Sara iba a su aire y su público la adoraba. Ni sus películas ni su vestimenta en ellas eran objeto de crítica ni de censura alguna. Aunque reconoce que no fue hasta la década de los años 60 que pudo «enseñar las piernas», por ejemplo, en *La bella Lola* (1962) o *Noches de Casa Blanca* (1963) y el resto de su filmografía. Durante esos años en España los domingos se distinguían usualmente por ir a misa, ver el fútbol y comentar las películas de Sara Montiel.

Aun así, Sara sentía un resentimiento, un malestar no expresado y el rechazo por parte del Gobierno hacia su carrera artística y profesional dentro de aquel contexto sociocultural y político:

> «Sabía, por intuición, que yo no le gustaba a Franco. Comprendía que para la gente en general mi vida y mi carrera artística eran un reto. Se murmuraba de mí en toda España. Incluso por parte de las demás mujeres españolas de esa época también sentía un recelo y una especie de: "envidia sana", que aunque no fuese expresada de forma directa, por lo menos la sentía a mis espaldas».

Podía recordar, según nos contaba, cómo percibía un tipo de «animosidad inocente, no dañina ni malintencionada», pero constante, tanto de los hombres como de las mujeres durante el franquismo. En yuxtaposición con el papel tradicional de la mujer durante el franquismo, que tenía a cargo y como responsabilidad principal su hogar, a su marido y a sus hijos, Sara Montiel ni siquiera había tenido que cumplir con la Sección Femenina para aprender a ser el ama de casa ideal; en cambio, viajaba, producía en el cine y en la música, se casaba, se divorciaba y siempre fabulosa, como si fuese una extranjera, «una española americana o estadounidense». Vivía en España, pero al margen del franquismo. Aquí podríamos señalar el comienzo del mito de Sara Montiel.

En todo caso, también tuvo que confrontar en más de una ocasión a Francisco Franco y el régimen de su gobierno. Por ejemplo, en una ocasión, a raíz del éxito de sus películas a finales de la década de los 50, el 18 de julio de 1959, tuvo que aceptar la imposición de tener que ir al Palacio del Pardo para presentar un espectáculo musical ante Franco y sus invitados. Como es sabido, era una fecha significativa en la España franquista. Celebraban el Día del Glorioso Alzamiento Nacional, o Día del Valor, que fue declarado fiesta nacional y lo siguió siendo durante toda la dictadura hasta 1977. Sara nos relata sus recuerdos y nos confiesa su profundo sentir:

«No se trataba de una invitación, ni de la consideración de ofrecer un concierto con remuneración de ningún tipo, más bien se trataba de una orden. Recibí una carta donde me decían que "el Jefe del Estado, su excelentísimo Francisco Franco, le espera tal día en su residencia para su presentación artística por tal ocasión…, para deleitar a sus invitados con motivo del día festivo, como parte del equipo cultural y político del país"».

Desde 1959, todos los años para la misma fecha histórica recibiría la misma carta. En aquella ocasión, al terminar el espectáculo y cumplir con su trabajo, el secretario de Franco, don Fernando Díaz de Villavicencio, se acercó y le extendió la invitación para participar en una recepción privada y poder hacer algunas fotos con los invitados de honor. Su marido, el director de cine norteamericano Anthony Mann, quien le acompañaba esa noche, se sentía muy ofendido por no haber recibido un trato especial ni un asiento junto a los demás invitados importantes en aquel evento. Al llegar al Palacio les habían llevado a un salón destinado para la artista donde pudiese prepararse para su actuación musical. Por entre las cortinas, de frente al público, el director de cine había identificado el área designada para los militares e invitados especiales. Ante tal humillación la actriz no tuvo más remedio que intervenir, dedicarle toda su atención y hablarle con toda sinceridad: «Tú estás aquí esta noche como el marido de Sara Montiel». Mann terminó enfermándose… La indignación del director de cine y productor estadounidense y el estado de salud en que se encontraba les impidieron aceptar la invitación a la recepción privada del Generalísimo. La pareja finalmente pudo retirarse excusada por la falta de protocolo del ayudante especial de Franco. La actriz se aseguró de no volver a estar en España para esas fechas durante el resto del franquismo.

Sin embargo, sus precauciones no fueron suficientes. Su percepción por parte del régimen quedaba limitada y relegada a ser vista como un miembro más del equipo cultural y del mundo del espectáculo, con la obligación de servirle al gobierno cuando fuese necesario. Sin más alternativas, tuvo que participar en otras actividades gubernamentales impuestas por el régimen a largo plazo. Con el tiempo surgieron otros compromisos más beneficiosos y equitativos para todos. En la década de los 60 coincidieron varios factores que ayudaron a la organización de una serie de viajes o giras artísticas para Sara Montiel que la llevaron a cruzar otros horizontes vedados hasta la fecha. Se trataba de países como Rumanía, la Unión Soviética y Checoslovaquia. España, con miras a abrirse a un mercado más internacional, lograr un desarrollo económico y alguna prosperidad, llegó a unos acuerdos poco usuales con estos países. El gobierno español coordinaba directamente con los gobiernos de estas naciones comunistas un intercambio de productos de primera necesidad por la actuación especial de Sara Montiel en sus respectivos escenarios. Por la presentación musical de Sara en Rumanía, España obtuvo a cambio considerables cantidades de madera, y, más adelante, petróleo, en el mismo tipo de intercambio por parte de Rusia. Fue un negocio donde todos salieron ganando, ya que estos gobiernos en esa ocasión también pudieron pagar una justa remuneración a la cantante por sus actuaciones musicales. El tercero de estos viajes fue a Praga, hoy la capital de la República Checa, en 1965. Aunque por parte de esta tercera nación no llegara a cuantificarse un intercambio de productos, la extensión de la popularidad cultural y la promoción artística para Sara Montiel y España fue siempre positiva. También queda para la memoria la colaboración que Carmen Franco le solicitara en más de una ocasión, como por ejemplo, para algunas fiestas de Navidad, algún festival en el Teatro Calderón y una que otra aportación o donación monetaria, en estos casos siempre con fines benéficos.

Firme en su compromiso profesional, en 1971 Montiel todavía continuaba produciendo en el cine español y estrenando un nuevo film con el título de *Varietés*, uno de sus preferidos. Contaba el director y productor de esta película, Juan Antonio Bardem, que la cooperación y la disciplina de la actriz eran extraordinarias. «Sara siempre estaba a tiempo y brindando apoyo a sus compañeros. Sus conocimientos técnicos sobre la iluminación, fotografía y planos eran sobresalientes».

Estos son solo ejemplos del tipo de comentarios que se repiten, una y otra vez, y que persisten en el recuerdo de todas las personas que la conocieron íntimamente. Así también lo ha establecido en varias ocasiones otro de sus directores favoritos, Mario Camus, como veremos más adelante. En relación con el tema cinematográfico, Sara nos responde y añade durante nuestra primera entrevista: «Quise haber sido directora de cine, pero..., por no tener la preparación y certificación académica, no pude. Podía haber hecho el trabajo, pero el crédito lo recibiría otro, no podría haber sido con mi nombre...».

Por otro lado, las protagonistas de las películas españolas de Sara Montiel, de los años cincuenta en adelante, tampoco eran el estereotipo de la mujer española durante el franquismo. Su sensualidad y su belleza iban aparentemente por encima de las adversidades de la mayoría de los personajes que le tocaba protagonizar. Gracias a sus atributos, durante el desarrollo de la historia superaban y rebasaban el destino fatal que les tocaba vivir. Más adelante, aunque eran mujeres fuertes e independientes, eran también mujeres enamoradas y siempre les esperaba la incertidumbre, terminando solas y desamparadas. Bellas, pero sin poder escaparse del trágico final. Tal como lo establece la primera de todas, la famosa María Luján en *El último cuplé*. Aunque las imágenes de la mayoría de sus películas fueran plasmadas en otras épocas y contextos históricos, fuera de la posguerra o del franquismo, sus antiheroínas por un lado presentan a la sociedad una mujer extraordinaria, talentosa y genial, y por el otro representan la imagen de «la otra» (*the other woman*). En síntesis, sus personajes proyectaban la caída de una mujer derrotada por las circunstancias y su condición de mujer enamorada, que va más allá del aval de sus talentos y atributos físicos. Podríamos llamarlas antiheroínas ya que, a pesar de sus esfuerzos por lograr el éxito y la superación personal que casi parecen alcanzar ante la adversidad que la vida les depara, no lo consiguen. La mayoría de ellas terminaban finalmente en una posición opuesta de la que deseaban estar, pese al talentoso y poderoso uso de su sensualidad. Su sexualidad tiene un poder trascendente que finalmente les guía a su propio aislamiento y soledad. Podríamos considerar que el poder moral del orden de las cosas toma relieve en la trama de sus películas y sus protagonistas terminan pagando por sus pecados, al igual que por sus errores y debilidades, muy a tono con la cultura y la doctrina franquista.

En cuanto a la cultura gay, estos personajes femeninos de sus películas que representan mujeres fuertes y diferentes a lo establecido por la sociedad, que tienen que ser castigadas y pagar por sus errores, sus impulsos, sus decisiones, pero sobre todo por su sensualidad y su sexualidad, se convierten en ídolos para esta sociedad. Aparte de su belleza física, irresistible ante hombres y mujeres, independientemente de la edad, orientación sexual o estatus social, Montiel en la mayoría de sus papeles melodramáticos interpretaba esa imagen de una mujer fuera de serie pero orientada a un destino cruel, algo que manifiesta y establece para siempre esa identificación y un punto de conexión entre la cultura gay y la gran diva.

El mundo gay es entonces otro aspecto cultural y social con el que, en su papel de diva, símbolo sexual y «mujer fatal», tuvo que tratar durante el franquismo. Considerándose a sí misma hasta el final «la reina del mundo gay», nos confiesa cómo tuvo que luchar por los grupos gay españoles que manifestaban su devoción por la artista. Tantas veces como el número de películas que produjera y estrenara en España, desde 1957 hasta 1974, la actriz y cantante tuvo que abogar e intervenir por un sinnúmero de chicos gay que, como admiradores, se disfrazaban de Sara Montiel e iban en grupos a las salas de cine para el estreno de cada una de sus películas:

«Se vestían, se maquillaban y actuaban igual que yo, con sus boas de plumas y todo… Cuando salían del cine serían arrestados por los grises, como les llamaban a los guardias de Franco, y pasarían toda la noche detenidos en las estaciones de la policía y al día siguiente, a primera hora, tenía que ir a pedirle a unos señores de apellido Blanco [posiblemente a Carrero Blanco, relacionado con el consejo de administración de la Casa Civil del Jefe del Estado] y Jiménez que por favor los dejara en libertad; que no habían hecho nada malo, que solo querían imitarme y manifestar su interés y su alegría por mis nuevas películas».

Montiel nos recuerda cómo durante el franquismo se castigaba el comportamiento y los actos homosexuales con una pena de presidio correccional de seis meses a seis años, donde sus fanáticos homosexuales podrían ser aprehendidos en redadas, ya fuese por «escándalo público», por «actos contrarios a la moral» o incluso por «reunión». Cualquiera de las razones anteriores sería motivo suficiente para encarcelar a sus seguidores homosexuales, ya que eran considerados por el régimen como degenerados sexuales desde todos los puntos de vista, católico, militar, etc. Ya sabemos que el exilio hubiese sido otra alternativa, como fue el caso de tantos durante aquellos años.

Finalmente, en este libro queremos destacar que la vida profesional de Sara Montiel trasciende las barreras socioculturales de su época, convirtiéndose en una figura internacional y en una gran estrella. El caso artístico de esta actriz y cantante resulta sumamente impactante dentro de su generación, ya que logra establecer vías de comunicación entre el cine y la cultura de la España de posguerra frente al sistema cinematográfico de las estrellas vigente en los Estados Unidos. Su mayor contribución ha sido, por medio del legado de sus películas y su música, el impacto cultural universal que les ha abierto las puertas a otros artistas españoles. Gracias a Sara Montiel y a su recuperación del género musical y del cuplé en el cine español, ya en 1967 es posible encontrar otros ejemplos de películas como: *Amor en el aire* con Rocío Dúrcal o *Las cuatro bodas de Marisol*. El legado de Montiel, medio siglo más tarde, ha servido de ejemplo e inspiración a nuevas generaciones del cine español, como ha sido el caso en la película de Pedro Almodóvar: *La mala educación* (2004). También se le podría acreditar su influencia en la participación y el éxito de Antonio Banderas, Penélope Cruz o Javier Bardem en el cine norteamericano, por haber sido ella la primera en haber logrado este recorrido. Como es sabido, las leyendas nunca mueren. Sara Montiel fue y será una de las más grandes figuras y estrellas en la historia del cine español y de la música popular hispana del siglo XX.

Por último, es necesario advertir al lector el hecho de que Sara mentía y que nunca llegó a revelar ciertos aspectos importantes de su vida, ni en sus *Memorias* ni en ninguna otra biografía. En ocasiones llegaba a distorsionar la verdad y la realidad con toda naturalidad. Con los años, llegaría a ganar el título de la «reina de las mentiras» o hasta ser calificada de mitómana. En el transcurso de los siguientes capítulos indicaremos la variedad de versiones de un mismo relato u omisiones de los hechos o detalles relevantes, o sus reservas de información y material crucial para poder comprender sus secretos y más aún el significado y el valor de ser Sara Montiel. A continuación comenzaremos nuestro recorrido de la mano de Sara, en orden cronológico, por las cuatro etapas cinematográficas de su carrera como actriz y cantante. A este recorrido le seguirá una apreciación íntima del resto de sus experiencias profesionales en el mundo del espectáculo a nivel internacional que irá a su vez compaginada con la vida familiar, cotidiana y amorosa de Antonia Abad, como única y principal responsable de Sara, Sarita y Saritísima.

CAPÍTULO I

Génesis y evolución de un mito, 1928-1950

El pueblo de Campo de Criptana, provincia de Ciudad Real, en Castilla La Mancha, vio nacer a María Antonia Alejandra Vicenta Elpidia Isidora Abad Fernández el 10 de marzo de 1928. Este lugar de La Mancha fue la cuna, hasta los seis años de edad (1934), de la futura artista internacional Sara Montiel. Sus padres eran gente humilde y trabajadora. Un matrimonio con un total de cinco hijos que apenas tenía lo suficiente para cubrir los gastos familiares y alimentar la familia. Su padre, Isidoro Abad (1903-1944), un viudo con tres hijos (Elpidia, José y Ángeles), se casó en 1925 con su madre, María Vicenta Fernández Palacios (1898-1969), que ya era madre soltera con un hijo que se llamaba Antonio. Ambos eran empleados en casas de familias con títulos de nobleza y aristócratas con grandes haciendas, a quienes llamaban «sus amos». Ante todas las necesidades familiares que ambos tenían en común, decidieron unir sus esfuerzos, sus escasos recursos y casarse para formar un nuevo hogar. El nuevo matrimonio, que ya contaba con un total de cuatro hijos, le daría la bienvenida, a escondidas de la abuela paterna, a una niña inesperada que sería la sorpresa y la alegría de muchos. Siguiendo una costumbre muy antigua y aristocrática, típica de Castilla, la recién nacida recibiría media docena de nombres que Sara, de mayor, repetiría con orgullo hasta la muerte. Dentro del núcleo familiar y del círculo de amigos más íntimos o allegados a la actriz, le llamarían para siempre María Antonia, o Antonia, en lugar de referirse a ella por su nombre artístico.

Tener un nombre tan largo era también una costumbre católica que se ha ido perdiendo. Antonio Cipriano José María y Francisco de Santa Ana Machado y Ruiz (1875-1939), de la aclamada Generación del 98, ilustra lo que se estilaba en las familias españolas. Jorge Francisco Isidoro Luis Borges (1899-1986) es otro ejemplo o al maestro Agustín Lara, que también contaba con un total de ocho. Y hay muchísimos casos dentro de los estudios hispanoamericanos que representan esta tendencia, de cuando los utilizaban buscando la protección de varios santos. En el caso de las familias aristócratas, el motivo era otro, y es que los nobles solían tener varios títulos que los identificaban como propietarios de varias tierras y diferentes posesiones. Por ejemplo, el actual rey de España, su majestad Don Felipe de Borbón, a la vez de ser regente del país, es Príncipe de Asturias y de Gerona, títulos que todavía conserva y que en el futuro heredarán sus hijas. Como otros ejemplos, solo habría que recordar a la duquesa de Alba, que tenía 19 nombres. Sin duda, fue y seguirá siendo, aun después de su muerte, la noble y aristócrata más importante de España.

En este caso, dada la humildad y la pobreza económica de los padres de Antonia, el largo nombre con que sus padres le inscribieron en el registro civil y le bautizaron pudo haber llamado la atención para entonces. También se puede visualizar como una premonición por parte de sus padres al presentir toda la grandeza que algún día su hija menor llegaría a alcanzar. Pero en realidad sus padres simplemente trataban de incluir los nombres de sus abuelas y de todos los familiares inmediatos que pudieran, ya que su nacimiento fue hasta cierto punto un milagro. La artista narraba en sus *Memorias,* y en alguna que otra de sus múltiples entrevistas de televisión, la interesante historia de que por poco no nace. Su madre, al quedar embarazada, se vio forzada a seguir las órdenes de su suegra y provocar un aborto, por lo pobres que eran. De esta manera no habría nuevas amenazas o demandas dentro del pequeño hogar para poder alimentar y sustentar al resto de los hijos. Doña María Vicenta llevó a cabo el aborto, donde bajo aquellas circunstancias perdió a uno de los dos embriones que llevaba dentro de su vientre, conservando accidentalmente a su querida María Antonia y mito español Sara Montiel. La actriz y cantante relataba que, a pesar de todo este enredo con su nacimiento, también hubo otro embarazo y un hermano menor que murió a muy temprana edad. El hecho de haber sido madre soltera, a consecuencia del posible abuso y hostigamiento sexual de su primer patrono durante su juventud y esta particular experiencia de poder procrear a su única hija mujer, produjeron lazos y vínculos inseparables entre las dos. El impacto psicológico y la complicidad serían sentimientos mutuos que, sin haberlos planificado, también tendrían sus repercusiones tal como se verá más adelante.

En alguna de sus múltiples versiones al narrar sus orígenes, decía que al cumplir los tres años de edad, en 1931, a principios de la Segunda República, fue justo el momento en que se mudó con su familia desde Campo de Criptana a Orihuela. Sin embargo, nos quedamos con la versión más generalizada y coherente donde establece, tanto en sus *Memorias* como durante nuestra primera entrevista en Tabarca, que fue más bien para 1934-35, con seis años de edad ya cumplidos. Una fecha mucho más cercana y casi víspera a la Guerra Civil, que enmarca el preámbulo del traslado de domicilio desde La Mancha hasta Alicante.

La mudanza era precisa y necesaria, en gran parte por los problemas respiratorios y cardiacos que aquejaban a su padre, a quien los médicos le habían recomendado cambiar de clima a la mayor brevedad posible. En esa búsqueda de alternativas y siguiendo las sugerencias médicas, el señor Abad encontró en la comunidad valenciana un empleo que le permitiese disfrutar de un mejor medioambiente. Aparentemente sería un cambio mucho más favorable para su salud y al mismo tiempo más positivo para la manutención de su familia. Si era verdad que mudándose hacia el sureste, dicho cambio geográfico y climatológico le sería más beneficioso para mejorar sus condiciones físicas, también lo sería en el aspecto económico. De esta manera don Isidoro Abad decidió mudarse desde La Mancha a Orihuela con toda su familia en 1934. Una vez en su nuevo destino climatológico, comenzaría a desempeñarse como corredor-vendedor de vinos al por mayor para una tienda distribuidora bien establecida en esa región.

Aun y así, todos desconocían la magnitud de la tormenta política que se acercaba. La catástrofe y la contienda de tres años a la que tendrían que enfrentarse sin más remedio sería inevitable. La familia Abad-Fernández, que iba experimentando y esperanzada en poder alcanzar cierta estabilidad y prosperidad en todos los sentidos, también se vio afectada y con sus planes interrumpidos ante la irrupción de la histórica guerra. Lamentablemente, no se vieron exentos del dolor y la miseria del resto de la sociedad; más bien asumirían las consecuencias como los demás.

Fue precisamente ya establecidos en Orihuela, en 1936, cuando de la mano de su padre en un viaje por tren hasta la costa de Alicante, tuvo la experiencia de ver el mar por primera vez. Esta primerísima impresión del Mediterráneo a los ocho años de edad fue inmensa e irrevocable. Contándolo desde sus 83 años de edad, durante nuestra primera entrevista, sus ojos se iluminaban describiendo aquella sensación y dicha infantil «inolvidable, única», decía, pero agridulce al mismo tiempo. Fue también durante ese corto trayecto por tren cuando experimentó la desagradable experiencia de presenciar el estallido de una bomba. «Justo al bajarnos del tren mi padre y yo, en plena estación de Alicante, escuchamos aquel estruendo desconocido para mí...», en palabras de Montiel durante esta primera entrevista, precisamente en Tabarca. Mientras conversábamos, su mirada nostálgica se desvanecía y volaba rebuscando entre sus recuerdos de aquella época cualquier detalle adicional que pudiese recuperar para poder satisfacer la inesperada pregunta en su papel de niña de la guerra. Sin embargo, su memoria selectiva parecía bloquear otros acontecimientos y el contexto circundante al impacto del estallido de aquella bomba. La misma les serviría como un anuncio de la inevitable guerra fratricida de los próximos tres años que ya comenzaba a hacer estragos. Ambas impresiones quedaron grabadas en su memoria y caladas muy dentro de su ser. De la guerra solo recordaría ese único bombardeo, tal vez por ser el primero. En cambio, el hambre y las necesidades que pasarían en Orihuela a partir de 1936 nunca abandonaron sus recuerdos. Otro hecho importante que afectaría el núcleo familiar como consecuencia del período bélico fue la desaparición de su hermano José. Debido a su ingreso a la Quinta del Biberón, luego de echarlo de menos por dos años y haber perdido todo contacto con él, lo daban por muerto. Más adelante se enteraron de que José no había muerto en la guerra. Después de aquellos dos años de ausencia, al terminar la contienda, un día reapareció delante de todos ellos. Ya bajo el régimen le tocaría ingresar al servicio militar, a pesar de haber participado en la Leva del Biberón a los 14 años de edad. Algo típico de ese período por parte del ejército republicano, conocido también como la «adolescencia entre fusiles», impuesto por el presidente de la Segunda República, Manuel Azaña.

Otro detalle significativo de su vida en Orihuela sería el que conservó desde muy a principios de la posguerra, cuando acompañaba a su padre durante sus visitas al poeta Miguel Hernández. El escritor permanecería encerrado hasta su fallecimiento en la cárcel de Alicante. Don Isidoro lo había conocido por medio de los dueños de la bodega de vinos donde trabajaba. Le admiraba y le apreciaba como poeta y amigo desde su regreso a Orihuela en 1940 hasta su muerte a causa de la tuberculosis el 28 de marzo de 1942. El motivo primordial de esas visitas era para aliviar su mal, llevándole los alimentos y las medicinas que de alguna manera lograban reunir los dueños de la bodega de vinos para proveérselos en persona al poeta en prisión.

Durante su infancia solo asistiría por algunos cortos y esporádicos períodos de tiempo a un colegio-convento de la orden de las Dominicas en Orihuela, donde apenas aprendería algunas labores como coser, cantar y algo más. Entre 1936 y 1940, dadas las interrupciones por las circunstancias sociopolíticas durante los años de contienda y las consecuencias económicas familiares en la inmediata posguerra, período de tiempo correspondiente entre sus siete y doce años de edad, apenas podría cumplir con aquellos cursos escolares. Aunque se ha dicho que estudió en el Colegio Jesús María, Sara siempre clarificaba que ella solo asistía a las monjitas dominicas, donde tenían acceso las niñas pobres, porque en «los otros colegios» había que pagar y sus padres no podían, claro está. También tenía que trabajar haciendo bordados, alpargatas, o cualquier otra ocupación que devengara algún tipo de ingreso y sustento familiar. Posiblemente asistiría para aprender lo que pudiese hasta la edad de los 14 años, teniendo en consideración las interrupciones de la guerra, entre 1936-39.

Gracias a la extensa entrevista a su hermana Ángeles Abad, en Parla, Madrid, el 13 de mayo de 2016, se puede conocer más a fondo el entorno familiar de María Antonia. Ángeles pudo proveer una imagen retrospectiva de aquellos momentos cruciales, antes y después de que su hermana menor comenzara su ruta artística desde Orihuela hasta Madrid bajo el amparo de sus primeros promotores. Por medio de la autenticidad de su narración, el histórico hogar Abad-Fernández cobraba relieve. Su versión ha sido de un valor incalculable, en especial por su testimonio sobre la crianza de Antonia y el período de tiempo justo antes de llegar a ser Sara Montiel. Ángeles pudo proveer una reproducción íntegra de la época y los acontecimientos, cubriendo algunos aspectos y detalles que habían quedado en un claroscuro, aun considerando los múltiples y repetidos relatos de Montiel. Aunque la mayoría de sus recuerdos sobre el núcleo familiar concuerdan con los de su hermana menor, algunas veces simplemente complementan las diferencias entre sus propias perspectivas. Ambas habían compartido y conservado para siempre sus estampas de infancia y adolescencia que, siendo expresadas por medio de sus respectivas narraciones, forman el acervo histórico familiar. En otras ocasiones la voz de Ángeles refleja contrastes o desacuerdos entre hermanas, como también hubiese sido normal. En todo caso, su visión panorámica brinda la oportunidad de un nuevo acercamiento, único y genuino, para conocer mejor los orígenes de su hermana, dentro de un contexto íntimo y familiar.

Por ejemplo, gracias a Ángeles es posible llegar a conocer que, tras la mudanza a Orihuela, el negocio donde su padre había encontrado su nuevo empleo para mantener a su familia pertenecía a unos corredores de vinos y productores de cantueso al por mayor de apellidos Rodríguez y Vergel. El nuevo domicilio vendría a ser un apartamento de solo unas 300 pesetas al mes, localizado en la calle Acequia, parte de unos callejones que hasta el siglo XVIII fueron una judería extramuros y ahora se encuentran en el centro de la ciudad. En cambio, al contrario de lo que narraba la actriz, por modesto que fuese, sí contaba con servicios de agua corriente y electricidad. Decía Ángeles durante la entrevista: «No sé por qué Antonia insistía en eso..., en que el piso [nuevo domicilio de Orihuela] no tenía agua...». Pensando en lo que decía Antonia, tal vez se refería a las suspensiones esporádicas de estos servicios a partir de 1936 y el impacto de los recuerdos de la guerra y la posguerra, según hubiesen podido quedar grabadas esas experiencias en su memoria entre los 8 y 12 años de edad. En cuanto al recuerdo de su padre, también se podría concluir, basado en las declaraciones de Ángeles, que don Isidoro Abad era un hombre de derechas.

Al pensar en su hermanita menor, una serie de detalles, lugares y nombres acudían a su memoria. Como por ejemplo, el apodo que le impuso la gente en Orihuela a María Antonia de pequeña: «la Muñeca de trapo», más bien de cariño por lo bonita y graciosa que era. El nombre de la actriz y cantante Celia Gámez (1905-1992), figura icónica de la época de oro del teatro español, quien había ganado «el título» de «la Protegida» durante el franquismo, fue otro referente de Ángeles Abad relacionado con esa época y el contexto histórico de su hermana menor. De seguro que siempre representó una referencia musical para Montiel por sus antiguas y famosas interpretaciones de «El pericón ranchero» y «Los nardos». Este último título Montiel lo interpretaría en una de sus películas preferidas, *Pecado de amor* (1961). Una canción que ya conocía y que cantaba desde su niñez en compañía de sus hermanas pasó a ser parte de su repertorio filmográfico. Jamás hubiese soñado que tendría la oportunidad de invitar a Gámez a participar en uno de sus espectáculos musicales unas cuantas décadas más adelante.

Con nostalgia y emoción reflejadas en su mirada y en su voz, Ángeles evocaba otros nombres y lugares que formaban parte de todo aquel entorno y ambiente de la ciudad alicantina donde vivieron por un total de diez años. De pronto recordaba al tenor Ignacio Genovés y se transportaba en su imaginación al Teatro Circo de Orihuela como si estuviese al volver la esquina. Uno de los pocos eventos musicales a los que de alguna manera tuvieron acceso en Orihuela y pudieron conservar a largo plazo. Un trasfondo sobresaliente sobre las primeras experiencias e influencias artísticas de la pequeña Antonia que le servirían de base o plataforma a Sara Montiel. Más significativos aún son los recuerdos, intactos en su memoria, de cuando las dos hermanas, ella y Antonia, cantaban en un programa de variedades para entretener a los soldados estacionados en Orihuela y a cambio les servían la cena como pago por su actuación. La evocación perfecta de una imagen típica de la guerra, al estilo de Carlos Saura en su famosa comedia-dramática *¡Ay Carmela!* (1990), en aquella escena cuando Carmela y Paulino se ven obligados a montar un número para distraer a los soldados prisioneros. Al igual que su hermana, Sara también recordaba haber actuado en plena Guerra Civil, 1937, para los heridos en el Hospital del Banco de Sangre, cantándoles a los convalecientes con tan solo nueve años de edad. Tal vez la más interesante de todas sus anécdotas resultaría su imagen del momento en que Sara se acercó al Teatro Circo para acudir a una cita con el distinguido barítono Pedro (Sánchez) Terol. Había quedado en encontrarle dentro del mismo teatro, para preguntarle cómo podía hacerse cantante y artista de profesión. La elocuente narración de Ángeles era tan certera y real que parecía parte de la proyección de un film. Ángeles procedía en su discurso sin descanso. «En el negocio donde trabajaba nuestro padre, les hacían comidas los fines de semana, al padre y al hijo…», refiriéndose a los Sánchez Terol. Ambos eran clientes asiduos y muy allegados a los dueños del negocio de vinos donde trabajaba el señor Abad. La vez que Sara pudo visitarlo para hacerle la consulta profesional en el camerino del mismo teatro donde estaba presentándose, le preguntó:

—¿Puedo cantar con usted?

Sara, todavía una desconocida llamada Antonia Abad, le declaraba a rajatablas:

—Yo quiero ser artista. ¿Qué tendría que hacer para lograrlo?

El conocido cantante, aun siendo oriundo de Orihuela, le contestó sin ningún reparo:

—Primero tienes que mudarte con tus padres a Madrid. Aquí no podrás hacer nada…

Además del sabio consejo, también le regaló su colonia, que tanto le había gustado a su admiradora durante la sorprendente visita en el teatro. María Antonia regresó a su casa triste y desilusionada. Sabía que no podría mudarse a Madrid con sus padres solo por sus deseos de ser artista.

Sin embargo, a sus 14 años de edad le llegaría su primer golpe de suerte. De acuerdo a Ángeles Abad, el Dr. Francisco Tafalla, médico de la familia y cliente del negocio donde trabajaba su padre, todos los Viernes Santos abría las puertas de su casa de par en par para que sus amigos y familiares disfrutaran desde su balcón de las procesiones religiosas. Entre sus visitas no faltaba la familia Ezcurra, que se desplazaba desde Valencia expresamente para esas fechas y poder celebrar la Semana Santa en su ciudad de origen en compañía de los Tafalla y de otros amigos como Vicente Casanova. Reunidos en familia una vez más durante aquellas fiestas, ni siquiera estarían pensando en la posibilidad de descubrir una nueva estrella. Mas así lo recordaba y lo describía Ángeles durante nuestra entrevista en mayo de 2016: «Todos ellos tuvieron la ocasión de oír a mi hermana cantando por la calle como parte de la procesión de Viernes Santo y le hicieron un acercamiento a nuestros padres…». Estableciendo contacto directo con los Abad Fernández, en un par de días, al tener de frente a la adolescente, reconocieron sus talentos de inmediato. «Querían que cantara para ellos imitando a Deanna Durbin».

Entonces, gracias al recuerdo y a la narración de Ángeles, con todos estos detalles ha sido posible reconstruir el momento que permanecía difuminado hasta el presente. Ezcurra y Casanova, como empresarios y productores al fin, identificaron y reconocieron en ella sus similitudes con la actriz y cantante canadiense que estaba en la cima de su carrera durante las décadas de los años 30 y los 40. Yendo más allá, María Antonia no solo les evocaba su imagen, sino que les inspiró la creación de la versión española de Durbin. Reproducir otra diva, actriz y cantante de musicales dentro del cinema español, se les convirtió en un reto y una meta, casi en una obsesión. Como un nuevo proyecto, solo sería cosa de tiempo. Tan pronto pudiesen educar y moldear a María Antonia Alejandra a la imagen de la famosa artista canadiense-francesa, tendrían en sus manos una futura estrella, y, más aún, a la sucesora de la que les sirvió de modelo y de musa. Durbin, con apenas 28 años de edad, para 1949 se retiraba por completo de los escenarios cinematográficos, incluyendo ambas facetas, la actuación y la musical. Así quedó al descubierto el verdadero proceso creativo de la superestrella Sara Montiel. Todo aconteció muy a tono con el pronóstico de los que la descubrieron un lejano mes de abril a principios de la década de los años 40. El próximo paso sería educarla y promoverla tan pronto como fuese posible.

María Antonia de pronto experimentaba una situación muy particular, algo inesperado, toda una fantasía como en un cuento de hadas. El destino le proveía una verdadera oportunidad, aunque todo tiene su precio en esta vida. De acuerdo a las *Memorias* de Montiel y a la infinidad de entrevistas que le hicieran en su vida, se conocía la anécdota de la Semana Santa y la procesión donde iba cantando saetas por las calles de Orihuela. Así lo haría con todo su entusiasmo como parte del coro dirigido por Sor Locadia, en compañía de las demás niñas del colegio y de la iglesia a la que pertenecían. Pero María Antonia sobresalía muy por encima del resto de las compañeras que cantaban y participaban en aquella procesión, tanto por su estatura como por su belleza y por su voz. Fue entonces cuando llamó la atención de aquel matrimonio proveniente de Valencia con raíces y estrechos vínculos en Orihuela. Efectivamente se trataba de los Ezcurra, que en aquel momento estaban de visita en la casa de sus íntimos amigos y apoyados sobre la baranda del balcón disfrutaban de la procesión religiosa en su ciudad de origen. Tanto fue así que después de haber apreciado desde la distancia sus atributos, decidieron establecer contacto de inmediato con sus padres. Una tarea bastante fácil, ya que su padre, don Isidoro Abad, vendía vinos para la bodega que estaba ubicada justo en el local comercial de la primera planta de la casa donde vivían sus amigos los Tafalla, en la esquina de la calle Mancebería, 2, al bajar el Puente de Poniente. (El establecimiento, que históricamente albergaba la bodega, en el presente está ocupado por una agencia de viajes de El Corte Inglés). Al día siguiente le harían una propuesta. Reunidos con el matrimonio de escasos recursos Abad Fernández, los Ezcurra le ofrecieron llevarse a su hija menor con ellos a Valencia para proveerle la educación que fuese necesaria y cultivar sus destrezas naturales para la música y la interpretación. El propósito sería encarrilarla hacia el difícil mundo del espectáculo, tan deseado y soñado por ella desde su niñez. Tal como les habían dicho a los señores Abad, en Valencia tenían su domicilio, sus empresas y todos los recursos para brindarle a su hija menor tutorías privadas y el adiestramiento necesario para que participase en el próximo concurso de búsqueda de talentos de la Compañía Industrial de Film Español, S.A. (CIFESA). Los Ezcurra, debido a sus raíces en Orihuela, eran el puente de conexión perfecto con Valencia y Madrid. Dedicados por completo a los medios de comunicación, como la radio y la prensa, orientados a las artes y al cine, se comprometieron en brindarle ayuda a la intérprete de la saeta que tanto les había cautivado. Los padres de María Antonia aceptaron la propuesta y, por medio de un permiso escrito expedido por un notario, comenzaron a planificar cómo podrían apoyar y promover a la chica más sobresaliente del coro que cantaba por las calles de Orihuela durante la Semana Santa. De manera que, al haber convencido a los padres de llevársela a Valencia, lo primero sería darle la bienvenida en su nuevo hogar y proveerle la educación que merecía. Además, como su protegida, también le garantizaban la oportunidad de presentarse en aquel concurso que ofrecían sus amigos los Casanova. En pocas palabras, todo indicaba que ese sería su destino y el camino correcto para convertir su sueño en realidad, gracias a aquellos padrinos artísticos caídos del cielo.

Montiel reconocía que desde que nació se sentía atraída por la belleza y por las artes. Había nacido con deseos innatos de actuar y cantar que iban por encima de todo. Aparte de ser una esteta, ya venía ungida por el arte y con la música por dentro. Establecida con sus padres en Orihuela después de la Guerra Civil, en compañía de sus hermanas y algunas amigas, descubrió su pasión por el cine. Todas aquellas actrices españolas e internacionales que iba conociendo, hasta donde la censura se lo permitiese, serían los mejores ejemplos a seguir y su primera inspiración. A la misma vez que hacía sus descubrimientos en aquel cine de barrio, soñando despierta establecía sus ideales de artista e iba imaginándose cómo deseaba ser cuando fuese adulta. Se trataba de un preámbulo a su porvenir. Estableciendo un paralelo, daba vida a la misma historia manchega de *Don Quijote*, cuando luego de leer todos los libros de caballería, sentía la necesidad de convertirse en caballero andante y salir en busca de aventuras, de sus ideales y de su libertad. Observar a las actrices, divas e intérpretes de la canción en la única pantalla de su pueblo sería como soñar despierta, visualizándose a sí misma y explorando alternativas dentro de su creatividad. Sus deseos se cumplirían mucho antes de lo que se pudiese imaginar. Aunque ni por un momento hubiese podido adivinar que en un par de años estaría actuando al lado de uno de sus ídolos en la película *Bambú* (1945). Estar haciendo cine con tan solo 17 años de edad en compañía de Imperio Argentina, a quien tanto había admirado desde el teatro de su pueblo, era un verdadero milagro.

Los Ezcurra le recibirían en su casa gracias al permiso realizado por un notario, equivalente a un poder por parte de sus padres. María Antonia, con la autorización y la bendición de sus padres, se establecería en Valencia como invitada de los Ezcurra. Su hermana Ángeles reconstruye la intrahistoria familiar de cuando fueron a despedir a su hermana de camino a Valencia para hacerse actriz. Un episodio costumbrista a todo color. Como era de esperar, María Antonia y sus padres tomarían el tren por la ruta establecida desde Orihuela a Valencia, para llegar a la casa de los Ezcurra. El viaje de ida y vuelta de los Abad les tomó unos cuatro días en lo que dejaban a su hija instalada en el hogar de la familia Ezcurra y pudieron despedirse para regresar a su casa en Orihuela. Sus dos hermanas, Elpidia y Ángeles, les habían acompañado hasta la estación para despedirles en el paso a nivel al subir al tren que tomarían hasta Valencia. Durante todo el camino hacia la estación, a sus hermanas mayores les preocupaba que no se manchara sus zapatos ni su vestido nuevo que había sido confeccionado a mano para la ocasión. Dado el contexto histórico de la inmediata posguerra, las descripciones de Ángeles sobre el camino se hacían realidad. Por sus palabras se podía visualizar el camino que recorrieron ese día, nada pavimentado, posiblemente lleno de piedras y polvo. Ante los extremos cuidados de sus hermanas, María Antonia, de apenas unos 14 años de edad, les contestaba con toda seguridad:

«¡Sí, da igual…! Cuando sea artista ya voy a tener de todo…». Y así fue. Tanto la ida como la vuelta a su casa desde la estación del tren no pudieron ser más conflictivas para sus hermanas mayores, pero en especial para Ángeles, quien, por su cercanía en edad, se sentía responsable por su hermanita menor.

Ya instalada en Valencia bajo la custodia del matrimonio Ezcurra, Antonia recibiría todo el apoyo que les habían prometido a sus padres. Sus tutorías comenzarían a la mayor brevedad posible. El programa que le proveían sus auspiciadores incluía clases privadas de figuración, actuación, dicción, baile y canto. Entre 1942 y 1943, la discípula de unos 15 años de edad desarrollaría las destrezas necesarias para participar en aquel concurso creado por CIFESA en búsqueda de nuevos talentos. A los Ezcurra y los Casanova, además de sus intereses laborales y sus colaboraciones empresariales en común, también les unía una gran amistad. Los Casanova eran propietarios de los estudios de esa compañía cinematográfica establecida en Valencia, la productora de cine más importante de España que había sido fundada entre 1932-33. Aunque había sido creada durante la República, por su idiosincrasia, siempre se distinguiría como una empresa tradicional y capitalista. Entonces, don Ángel Ezcurra Sánchez (1896-1978) haría todo lo que estuviese a su alcance para inscribirle y llevarle a participar a ese certamen juvenil que organizaban sus amigos en el parque del Retiro de Madrid. Ezcurra, dueño de Radio Mediterráneo y presidente de la Asociación de Prensa de Valencia, contaba con todos los medios y contactos para promover sus propias iniciativas y hasta la posibilidad de realizar milagros, si fuese menester. Los resultados de aquella Semana Santa de 1942 han quedado esclarecidos. María Antonia aprovecharía al máximo sus tutorías. La misma novedad de los conocimientos que iba adquiriendo a diario le parecía excitante. Más allá de sus nuevas circunstancias y las condiciones impuestas por su tutor, terminaría sintiéndose capaz de competir en cualquier concurso e iniciarse como actriz y cantante tan pronto surgiese la primera oportunidad.

Un poco más adelante, luego de haber finalizado su entrenamiento, de paso por Orihuela volvería a reunirse brevemente con sus hermanas antes de participar en el certamen de CIFESA. En tránsito de Valencia a Madrid, le entregaría con todo su cariño la mayoría de sus pertenencias a su hermana Ángeles. Antonia recordaba cuánto le gustaban sus atuendos, sus vestimentas y la bisutería con las que había emprendido su primer viaje para vivir y educarse con los Ezcurra. Anticipando su porvenir, su bienestar económico y la capacidad adquisitiva de la que dispondría con el tiempo, compartía todo lo que tenía con sus hermanas. Prefería viajar liviano y comenzar de cero una vez llegara a su destino final, donde muy pronto su vida y su carrera se fundirían encaminadas en una misma dirección. Una acción muy generosa, pero también algo simbólica; al querer desprenderse de su pasado inmediato, pasaba la página, mirando solamente en una dirección: hacia su porvenir.

En todo caso, allí iba María Antonia Abad muy segura de sí misma camino a la capital en busca de oportunidades, después de haber recibido la educación que pudieron ofrecerle en Valencia, sin todavía haber cumplido los 16 años de edad. En Madrid la engalanarían con un precioso vestido de lunares rosa y azul, ajustado en la cintura por una banda de satín de seda. Aparte del vestuario folclórico, su belleza natural y su valentía, no necesitaría de mucho más para cantar por primera vez delante del jurado organizado por CIFESA. Finalmente para esa primavera de 1943, María Antonia Alejandra Abad Fernández, inscrita por sus patrocinadores, podría participar en el evento tan esperado donde cantaría «La morena de mi copla». Habiéndose sometido al arduo programa de aprendizaje, diseñado e impuesto por sus promotores, se sentía confiada de poder interpretar delante del jurado aquella canción popular. Un pasodoble que había sido compuesto en 1939 por Alfonso de Villegas y Carlos Castellano. Luego de tanto estudio y ensayos con tutores especializados, logró obtener el primer premio. Lo más importante del acontecimiento era la posibilidad de continuar educándose y entrenándose, como nuevo talento, hasta abrirse paso bajo sus propios términos. María

Antonia Alejandra ganó el certamen representando a la provincia de Alicante, ya que procedía de Orihuela. Con su primer premio ganaba también el billete de entrada a la industria del cinema español y su liberación. A pesar de haberse enredado en el vuelo de su primer vestido largo y caerse de bruces en el suelo entrando al escenario-tarima, siempre conquistó al jurado. También aseguraba, sin apenas darse cuenta, su entrada en CIFESA, empresa a cargo de todo lo que se producía en el cine español de la época. Como resultado de su participación en aquel certamen, además de ganar un premio monetario, la compañía productora le brindaba la oportunidad de actuar en un film. Así daba comienzo a su larga y fructífera carrera. CIFESA le abría las puertas a los antiguos Estudios Cinematográficos de Aranjuez que habían sido creados en los años 30 al sur de la provincia de Madrid. Pues allí llegó Montiel con el nombre artístico de María Alejandra Abad para sus primeras pruebas. Por entonces, de acuerdo al uso y costumbre bajo el régimen franquista, como una señorita de 16 años, en lugar de presentarse o participar en la Sección Femenina de la Falange, siempre andaría por todas partes con una dama de compañía, quien para ella vendría a ser Josefina Aroca.

Considerando la historia de CIFESA, que se remonta a 1932 y se extiende hasta 1961, para quienes Montiel comenzó a trabajar desde los años 40, se puede comprender mejor el contexto en el que se desarrolló. Su trasfondo cinematográfico explica cómo Sara logró evolucionar dentro de la institución y cuál fue su papel durante estos primeros seis años que definen su primera etapa. Aunque la gran empresa del cine español había sido fundada justo en Valencia durante la década de los años 30, su orientación filosófica era poder conservar y promover las tradiciones y los valores españoles a través del cine que producían. En cambio, a partir de 1940 tomaron un giro más amplio y lo importante serían las grandes producciones al estilo de Hollywood, donde el género de la comedia cobraría mayor peso y consideración. Este fue justo el momento en que María Antonia había puesto su primer pie en esta industria. Así, en 1944, a los 16 años de edad, consiguió proyectar la imagen de una joven actriz, bella, dulce, inocente, pero sensual, al mismo tiempo que dicha empresa podría utilizar acorde con sus necesidades en muchas de sus próximas producciones. Montiel supo jugar el juego.

1944 fue también el año cuando, llamándose María Alejandra, realizó su debut oficial en el cine español, asumiendo un papel secundario de colegiala en una película rosa titulada *Te quiero para mí*. La fecha de estreno sería el 7 de septiembre en el teatro Capitol de Madrid y toda su familia, incluyendo su padre, acudiría al evento. Sería dirigida por Ladislao Vajda, el mismo cineasta y director de origen húngaro que dos décadas más adelante, en 1965, volvería a trabajar con ella, pero como parte de su equipo, dirigiendo *La dama de Beirut*. Con su empeño y perseverancia, guiada de la mano de la profesora puesta por CIFESA, Anita Marcos comenzó a actuar delante de las cámaras y ser parte de la industria del cine español bajo el régimen franquista, liberándose así de su primer Pigmalión, Ángel Ezcurra, y del Servicio Social obligatorio de la Sección Femenina para todas las solteras de entre 17 y 35 años de edad. Más adelante, poco a poco, ya podría ir desarrollándose y dar rienda suelta a su evolución como artista y «mujer profesional independiente» en pleno franquismo. Estos pasos acelerados entre 1942 y 1944, debidos en gran medida a las gestiones y posible influencia del señor Ezcurra, pudieron tener tuvieron un alto precio impuesto por esa sociedad. Se trataba de un pago por adelantado, una especie de cuota o multa por ser mujer, sin recursos ni educación, donde sus virtudes y sus intereses en el séptimo arte pasaban a segundo plano. Pero habría que reconocer las pocas posibilidades de entrar a la industria del cine o al mundo del espectáculo sin un padrinaje. La aprendiz de paloma no podía esperar a liberarse de toda deuda. Con el dinero de *Te quiero para mí*, lo primero que se le ocurrió fue comprar regalos para sus padres. A partir de ese momento, recibiría más ofertas y contratos, uno detrás de otro. Con mucho esfuerzo y tenacidad continuaría haciendo todos los pequeños papeles, de mayor o menor envergadura, para el cinema español de los años 40. Montiel llegaría a ganar alrededor de 250,000 pesetas por su actuación en cada una de las primeras películas en las que participó sin parar hasta 1950. Gracias a los ingresos que pudo devengar como actriz en estas producciones de CIFESA, pudo comprar un modesto piso en la calle García de Paredes, en Madrid, mirando a la Iglesia de La Milagrosa, donde eventualmente se instalaría con su madre.

El 10 de abril de 2013, 48 horas después del fallecimiento de la artista, el reconocido periodista, especialista en deportes, Julián García Candau, en su artículo publicado en *Levante, el mercantil valenciano*, con el título de «A ella la crearon los Casanova de CIFESA», revelaba al público español la noticia de que Sara Montiel habría sido presuntamente víctima y utilizada sexualmente por el presidente de los periodistas de Valencia, el señor Ángel Ezcurra. Según el autor del artículo, existían todas las pruebas o evidencias necesarias y así las daba a conocer. Con motivo del fallecimiento de la actriz, al querer recordar el origen y la creación de Sara Montiel, al parecer también encontró la ocasión más oportuna para desvelar y explicar cómo llegó la adolescente a manos de la familia Casanova en la ciudad de Valencia. Como es sabido, María Antonia había ganado aquel concurso de CIFESA en 1943. A partir de ese momento podría independizarse paulatinamente de los Ezcurra. La formación que continuaría recibiendo y que pudo asimilar durante el transcurso de ese año, proporcionada y auspiciada por dicha empresa, le valió para prepararse lo mejor posible para su intervención dentro de su primer film. Así encontraría el camino para continuar actuando e interpretando los papeles en los subsiguientes títulos filmográficos que le seguirían ofreciendo.

Entonces, gracias a este confuso, pero acertado, artículo de García Candau, se puede concluir que supuestamente Sara Montiel fue asediada y acosada por su primer protector, quien habría abusado sexualmente de su protegida, teniendo ella solo unos 15 años de edad. Sin más repercusión mediática, ni defensa ni protesta de ningún tipo por ninguna parte luego de la publicación de este artículo, el presunto abuso sufrido por aquella Sara adolescente queda atrás y tal vez ajeno a todos los que no lo leyeron en su momento. El periodista y gran empresario de los medios de comunicación, Ángel Ezcurra, aparentemente había convertido a María Antonia en un objeto de su satisfacción sexual. Bajo su amparo en Valencia, a cambio de techo, comida y un adiestramiento básico para poder inscribirla en el certamen de la productora de cine, todo sería condicionado de acuerdo a su voluntad y deseo. De lo contrario, la otra opción hubiese sido regresarse a su hogar en Orihuela, donde precisamente en una de sus calles y en compañía de su señora esposa, María de la Purificación Carrillo Manzano, descubrieron ambos a la que llegaría a ser una cantante y actriz internacional. Catorce años más tarde, en 1957, la artista recibiría una carta de doña Pura diciéndole que su éxito le había sorprendido a todos, menos a ella.

Por el prestigio del distinguido periodista, unos siete años mayor que el padre de Montiel y la importancia de la familia Ezcurra que se había establecido en Valencia desde 1923, si es que fuese cierto, todo se mantuvo en estricto secreto. Un secreto que ya fuese por discreción, por vergüenza ajena, por complicidad, o por cobardía, como se ha podido comprobar, algunos también conocían y callaron. No se sabe cuál de las dos situaciones sería más triste, si el mismo acoso y violación sexual de una menor, o el hecho de que no se denunciara el delito en su momento. Todavía hoy en día se percibe como un tema obscuro, bajo tapujos, después de haberse mantenido toda la información bajo control por lo menos hasta el fallecimiento de la actriz. Para entonces solo se trataba de una María Antonia soñadora y dependiente de sus patrocinadores, incapaz de manifestar su desafortunada experiencia en público e ir en contra de su propio protector.

El detalle de tanto silencio no deja de ser un asunto alarmante y perturbador. De seguro que los Ezcurra, además de su estrecha relación con los Casanova, contarían con la amistad de la mayoría de las familias influyentes y de la alta sociedad valenciana de aquella época. A pesar de la mayor discreción y prudencia por parte del distinguido periodista y de su víctima, muchos habrían podido percibir y enterarse en su momento de lo que podría haber estado aconteciendo dentro del núcleo familiar de los Ezcurra. Una situación extremadamente delicada que siendo verdad, tal como se revela al morir la famosa actriz y cantante, ejemplifica otro caso típico de abuso de poder. Historias que se repiten, cuando un hombre poderoso se aprovecha de una pobre niña llena de ilusiones. Luego la víctima, como en el caso de Sara, bajo unas circunstancias donde ni siquiera podría defenderse o denunciar al violador, opta por callarse hasta la muerte. En este caso, una experiencia particular entre sus 14 y 15 años de edad que la marcaría para siempre.

Quizás para entonces todo aquello se vería como un sacrificio que tendría que aceptar sin alternativas dentro de sus límites y el contexto de una mujer indefensa. Una condición a la que debía enfrentarse y someterse con toda naturalidad y resignación ante el riesgo de empañar, interrumpir o perder la oportunidad del camino al éxito que ella misma se había trazado. En definitiva, una triste realidad, la manifestación de una anomalía que no le convenía dar a conocer y sobre la cual preferiría callar o mentir. Pero ¿por cuánto tiempo duraría esa incómoda situación de haber sido cierta? ¿Bajo qué circunstancias fue sometida a tal injusticia, abuso o delito? Después de todo, ¿cuántos casos de abuso sexual y ultraje de menores no se cometen a diario en todas las culturas y aun con el paso del tiempo ni siquiera son revelados o denunciados por las víctimas debido al impacto psicológico y los temores internos que puedan sufrir a corto o a largo plazo? Las posibles consecuencias son innumerables. Aparte del dolor físico y emocional, existe la vergüenza, el temor de no ser acreditados por las denuncias y los relatos, y que al fin y al cabo las confesiones de la víctima sean en balde. Existe una pequeña diferencia entre una insinuación o propuesta sexual a cualquier nivel entre personas adultas que aceptan, consienten o se someten por su propia voluntad, y la imposición a un/una menor de edad. Independientemente de los intereses personales de cada cual y la honestidad del consentimiento mutuo, ambas situaciones continúan siendo tema de actualidad, aun considerando todas las variantes de la persona en poder y de la sometida.

Ángeles explicaba cómo Ezcurra quería que todos se marcharan de Orihuela a Madrid en compañía de Antonia, un detalle y un hecho de suma importancia. Además de la inversión que había hecho para educarla, también estaba de por medio su propia reputación. Tal vez pensaba que su comportamiento errado e indebido, disfrazado de «Pigmalión-protector», pasaría desapercibido mucho más rápido reubicándose en Madrid que permaneciendo en provincia. Quién sabe si Ezcurra procuraba el olvido de todo lo que había acontecido en Valencia y evitar las posibles repercusiones que hubiesen surgido si la familia hubiese decidido quedarse a vivir permanentemente en Orihuela. Tanto entonces como ahora se trataba de un delito. Cuando un hombre mayor de edad y poderoso se extralimita en su trato íntimo con una menor para su satisfacción física, aunque fuese como cobranza por su inversión empresarial y promoción, se trata de abuso sexual y abuso de poder, bajo cualquier contexto histórico y social. De ser todo cierto, el presidente de la Asociación de la Prensa Valenciana hubiese preferido que se mudasen a Madrid, por ser una gran ciudad con menos posibilidades de que nadie se enterase de su factura en cuerpo y alma a la nueva aspirante a artista, con tantas ilusiones, ambiciones y creatividad.

En cambio, en lugar de lo sugerido por Ezcurra, los padres de la actriz optaron por mudarse desde Orihuela de vuelta a Campo de Criptana en el otoño de 1944. El retorno de su familia a su lugar de origen, justo después del estreno de su primera película, fue un suceso apenas mencionado en sus *Memorias*. Pasó como un tema sin ninguna relevancia y muy a vuelo de pájaro. Un acontecimiento crucial dentro del núcleo familiar Abad Fernández con una serie de consecuencias. En esta ocasión se mudarían a una nueva casa, mucho mejor que las anteriores. Un primo hermano les ayudó a encontrar su nuevo hogar y a restablecerse nuevamente de vuelta en La Mancha. Sin embargo, poco después de volver a Campo de Criptana, su padre, que ya venía con tantos problemas de salud, falleció ese mismo año, a los meses de haber realizado la mudanza. En esos días Sara se había trasladado de Madrid a Barcelona para participar en su próxima película y, sin mirar atrás, seguir adelante con su carrera y sus responsabilidades de actriz.

Isidoro Abad murió el 22 de diciembre de 1944, con tan solo 41 años de edad. Tal vez algo precipitado a consecuencia del conocimiento de los agravios que había sufrido su hija menor en plena juventud. Apenas llegó a ver el principio de la carrera de su hija en la pantalla, sin poder disfrutar de su verdadero éxito a largo plazo. Para ese año la actriz novel solo había participado en *Te quiero para mí* y en su segundo film *Empezó en Boda*, con estreno el 9 de octubre, en el Palacio de la Música de Madrid. Por cierto, estos dos títulos son de las últimas producciones con que los Estudios Cinematográficos de Aranjuez cerraron sus operaciones ese mismo año de 1944. Si el historial médico de Abad había sido la razón primordial por la cual habían emigrado de Ciudad Real a Alicante antes de la Guerra Civil, ¿qué sentido tenía volver a La Mancha? Igual que pudo haber afectado su condición respiratoria y acelerado el trágico desenlace, el cambio climatológico, en combinación con el sabor agridulce que le dejó el comienzo cinematográfico de Sara, de seguro que fueron factores adversos para su delicado estado de salud. En todo caso, comprendía que debían mudarse de Orihuela a todo coste. Si no era a Madrid, pues de vuelta a La Mancha. Lo que no podía era continuar viviendo en Orihuela como empleado en la bodega de vinos donde el médico de provincia y amigo íntimo de Ezcurra, el doctor Francisco Tafalla, y todos sus amigos solían asistir a diario. Ya no podría mirarlos más cara a cara, aunque la mudanza y reubicación a Campo de Criptana le costara la muerte.

Su madre, María Vicenta, se convertiría en su aliada y confidente desde aquel momento en adelante. Sería como mirarse en el espejo: la madre (y quizás la hija) sometidas al abuso sexual por hombres poderosos de quienes ellas dependían para trabajar, para valerse por sí mismas y ganarse la vida. Ambas atravesaron por situaciones similares que se repetían, identificándose mutuamente en más de una ocasión, como se verá más adelante. Por eso también la mayoría de las veces se enamoraría y tendría relaciones sentimentales, e incluso matrimoniales, con hombres mucho mayores que ella, debido al trauma que había sufrido en su juventud y la combinación de la pérdida de su padre a los 16 años de edad. Una cosa dejó muy clara para el resto de su vida, tanto dentro de sus *Memorias*, como en cualquier medio de comunicación donde pudiese expresarse libremente: «Mi madre es la única persona en el mundo a quien le debo todo mi éxito». Y con toda razón. En este sentido nunca hubo dudas, ni duplicidad de versiones, ni mentiras piadosas. El poder alcanzar sus metas en la vida, todos sus éxitos y ser Sara Montiel, se lo debía a su madre. Era un hecho que manifestaba y repetía a toda voz, con toda seguridad y con todo el orgullo del mundo. El secreto tan bien guardado sobre su complicado inicio muestra la fuerza y la entereza humanas, casi estoicas, requisitos de todos sus deseos de triunfar y de convertirse en mito. Ya no permitiría que nada ni nadie intentara interrumpirle o impedirle seguir adelante, en especial durante el difícil proceso de forjar esa imagen mitológica que le garantizaría su independencia y su libertad. De ser cierto, nunca evocaría en público el traumático y complejo asunto relacionado con sus inicios en el cine. Una experiencia personal e intransferible que ella prefería mantener encerrada dentro del cajón de aquellos íntimos recuerdos que permanecerían sepultados para siempre en el pasado. Esa parte del proceso de su creación que había decidido dejar atrás y con todo derecho. «¡Hombre, como todos, si hubiese podido, cambiaría muchas cosas de mi pasado…!», confesaba en sus propias palabras durante nuestra entrevista oficial de Cincinnati a finales de abril de 2012. Al preguntarle, el 20 de septiembre de 2018, a uno de sus íntimos amigos de toda la vida, Luis Fernando Carrasco, sobre este asunto en particular, su contestación fue la siguiente: «Amigo, de las anécdotas o vivencias de Sara que ella no quería decir…, ni me preguntes. De lo demás, cuando quieras». Hay silencios que dicen mucho y reconfirman los hechos. En todo caso, el error de Montiel consistió en ocultar la verdad por el resto de su vida, pero como víctima, sus razones tendría. Ya fuese bajo amenazas, por encubrir al señor Ezcurra, por vergüenza o por no contaminar el dulce y tierno relato de sus pinitos como actriz, nunca delató lo ocurrido (si damos por cierto lo que contó García Candau).

En sus *Memorias*, *Vivir es un placer*, justo al principio del Capítulo VI, que lleva el conflictivo título de su libro el nombre de Ángel Ezcurra. Para no romper el encanto de su nacimiento como actriz, intentaba hacer creer a sus lectores la supuesta labor benéfica y desinteresada de los Ezcurra. Entonces, en ese momento es justo cuando empezó a manipular la realidad dentro de sus *Memorias*. Al narrar y describir su punto de partida iba intercalando ficción, fantasía y realidades, hasta hacerles creer a sus lectores que todo fue color de rosa. Las veces que ocultaba el acoso y el abuso sexual de su patrocinador, e idealizaba a sus descubridores, Sara se mentía a sí misma. La realidad de cómo llegó a hacer su debut en el cine español y a actuar en su primera película había quedado incompleta. Tal vez los señores Ezcurra pretendían hacer su papel de tutores lo mejor posible. Aunque sería muy difícil juzgar y llegar a saber desde la distancia y con el paso del tiempo el auténtico propósito del reconocido líder en los medios de comunicación. Pero lejos de querer determinar cuáles fueron las intenciones reales de Ángel Ezcurra, desde el primer momento en que se propuso trasladarla de su hogar en Orihuela a su domicilio en Valencia, dejaba pistas, sospechas y una secuencia de hechos que no le favorecían. Quizás pensaba que hacían lo correcto proporcionándole una educación dentro de su propio hogar, que de otra manera jamás hubiese llegado a recibir. En principio, brindarle tutorías privadas, clases de música, baile y actuación, para que pudiese llegar desde Valencia a Madrid y participar en aquel concurso de talentos auspiciado por CIFESA, hubiese sido suficiente. Pero se sobreentiende que Ezcurra era un empresario con su agenda hecha y sus intereses programados. El relato de Sara sobre esta etapa de su vida parecía idílico, como de un cuento de hadas. Todo tendría sentido dentro de las coordenadas y la tesitura establecidas en sus *Memorias*, solo si Ezcurra hubiese hecho su labor de tutor y promotor cultural y nada más. Pero las ventajas y los aspectos positivos del padrinaje, tanto educativos, culturales o económicos, de los que la aprendiz se hubiese podido beneficiar, no justifican, de ser verdad, la conducta de Ezcurra. Así mismo quedó reconfirmado por su hermana Ángeles Abad durante nuestra entrevista en la primavera de 2016. «¡Ni mencionemos el nombre de ese canalla en esta casa!», repetía Ángeles con un profundo resentimiento y desprecio, como si todo hubiese ocurrido el día anterior.

Para 1942-43, María Antonia Abad solo tenía sueños y ambiciones, pero nada más. Aparte de su juventud, belleza y destreza para los escenarios, su falta de recursos o impedimentos para superarse en la vida también se percibían a lo lejos. En sus *Memorias* Montiel se limitó a contar a sus lectores que los Ezcurra eran gente muy estricta, entre otros detalles de poca relevancia. De acuerdo a sus recuerdos, dentro de su narración, en 1942 sus padres la llevaron desde Orihuela hasta la casa de esta familia en Valencia donde le esperaban con los brazos abiertos. Ya fuese por omisión, por pudor u olvido, la artista solo les contó a sus lectores que su padre convenció a su madre para que permitiera que los Ezcurra fuesen sus tutores. En realidad no se sabe quién convenció a quién, ni cuán angustioso sería el proceso decisivo y de separación entre los padres y la hija menor. Por difícil que fuese, de seguro que lo hicieron pensando que sería lo mejor para su hija. Como padres al fin, no querrían negarle esa gran oportunidad que se presenta solo una vez en la vida. Reflexionando sobre el pasado, Sara explicaba ante sus lectores que a quien realmente le había gustado era a doña Pura Ezcurra. Hasta se podría llegar a interpretar y creer que la señora Ezcurra hubiese tenido la sensibilidad de reconocer sus virtudes musicales y su carismática figura desde un balcón en medio de una procesión religiosa. Pero no fue así. A quien más le había llamado la atención, o quien más se había interesado en ella y en sus atributos físicos y atractiva personalidad desde un principio, sería a Ángel Ezcurra.

En cambio, también resulta interesante este análisis retrospectivo de la actriz y cantante. En el mismo relato manifestó al lector que el primer hombre por quien se sintió atraída en su vida fue precisamente por el hijo mayor de la familia, José Ángel Ezcurra Carrillo, unos siete años mayor que la artista, más de lo expresado en sus *Memorias*. La mera posibilidad de que a la protegida por caridad le gustara y se enamorase del primogénito de la familia no les causó ninguna gracia a los padres, en especial a don Ángel. De hecho, los separaron de inmediato. José Ángel Ezcurra tenía un gran porvenir académico y empresarial. Sería el creador, fundador y director de la revista *Triunfo*, una de las más importantes publicaciones durante gran parte del régimen franquista que también había sido fundada en Valencia en 1946 (no en 1944, como indicaba Sara en sus *Memorias*). Aunque la actriz reclamara su participación en el proceso creativo de la revista, habiéndole proporcionado el título de *Triunfo* por sus propios deseos de triunfar, esa contribución podría tratarse de una versión incompleta o distorsionada de la realidad. En 1946, cuando se publica la primera edición de la revista, Sara vivía desde hacía un par de años con su madre en Madrid. Entonces ya no era parte de aquel núcleo familiar al que accidentalmente, para bien o para mal, llegó a pertenecer. Probablemente tampoco conservaría contacto directo con los hijos del matrimonio Ezcurra, aunque sería muy factible que surgiesen algunos encuentros en Madrid, o donde fuese, debido al éxito de los hijos del periodista y a los ámbitos sociales y culturales en los que de alguna forma coincidirían. José Ángel ocuparía diferentes posiciones en los medios de comunicación y en la industria del cine, incluso trabajó hasta como guionista en CIFESA, a la vez que administraba sus propias empresas y revistas. Por otro lado, su hermano Luis, un par de años más joven, también llegó a ocupar importantes puestos gerenciales en RTVE, dentro de la delegación española de la Unión Europea y en Antena 3, hasta los años 80. Como contrapunto al relato y a los recuerdos de Sara, se dice que el título de la revista de José Ángel fue asignado por la Dirección General de Prensa. Entonces, la artista vuelve a proyectar una imagen idealizada sobre la realidad y los hechos relacionados con ese período de su génesis como actriz que por fuerza tuvo que atravesar dentro del hogar de los Ezcurra. Consciente o inconscientemente siempre trataba de ofrecer a su público, muy a su manera, un relato feliz y los aspectos positivos de la vida. Al igual que en el título de sus *Memorias: Vivir es un placer*. De ese modo los Ezcurra quedaron y pasaron a la historia como los descubridores de Sara Montiel, siendo sin duda la familia que en aquel momento crucial le proveyó la estructura necesaria para llegar a ser artista de cine, cantante y convertirse en una estrella. Desde esta perspectiva técnica de los hechos, su versión dorada de «la cenicienta» fue una realidad. Es muy factible creer que los Ezcurra le proporcionaran los recursos para hacerse sus primeras fotografías comerciales y que le proveyeran sus primeros maestros de actuación y música. Como también hubiese sido posible que la influencia de Ezcurra le sirviese de algo para obtener el primer premio en el certamen de CIFESA y entrar a los estudios cinematográficos. Sin embargo, Montiel había ocultado las turbias condiciones y los requisitos impuestos por su protector y promotor. Si es verdad que los Ezcurra fueron sus descubridores y los que le brindaron los medios para dar un paso adelante y obtener el reconocimiento universal que le aguardaba, ¿cuál sería el precio que tendría que pagar? Callar por ser mujer y menor de edad. No tendría otra alternativa que aceptar las reglas del juego impuestas por la sociedad a la que pertenecía. Una época y un contexto sociocultural donde la violación sexual, física y mental de una menor de catorce o quince años, sin recursos ni posibilidades de defenderse, fuese algo normal y aceptable. Más bien uso y costumbre que tal vez continúa aconteciendo dentro del mundo del espectáculo. Una práctica ejercida no solo por un gran señor ni una sociedad específica, sino un mal universal que todavía muchos de los interesados en pertenecer a la industria tendrían que asumir. Aunque existen quienes lo pudiesen considerar como un comportamiento normal y el precio de iniciación o parte del procedimiento para llegar a ser artista.

¿Fue la causa y el verdadero motivo para que la familia de María Antonia Alejandra tuviese que mudarse de Orihuela y de la muerte del padre poco tiempo después? A continuación veremos las posibles secuelas. A pesar de todo, Ezcurra continuó en contacto con Montiel donde quiera que estuviese y con su familia en Campo de Criptana, interviniendo como buen padrino desde la distancia. En 1945, Ezcurra asumía la responsabilidad de trasladar al hermano paterno de Sara, José Abad, enfermo de tuberculosis, al mejor hospital donde le pudiesen brindar toda la atención médica y los cuidados que fuesen necesarios para curarle la enfermedad que había contraído. Le había prometido al resto de la familia Abad que él mismo se encargaría de que lo atendieran y lo curaran, pero no fue así. De acuerdo con Ezcurra, a cargo de todo el proceso, lo llevarían de inmediato al lugar adecuado en el sur de España desde la base donde cumplía con su servicio militar. Un gesto muy generoso por parte de Ezcurra hacia el hermano de la actriz y veterano de guerra. Pero sin embargo, a pesar de la buena intención, aparentemente ya era demasiado tarde. En lugar de hacer arreglos para que lo trasladaran a un hospital donde le pudiesen tratar la condición, solo se trataba de un sanatorio-pabellón en Sevilla para pacientes terminales, sin ningún cuidado especial del cual ya no saldría con vida y donde llegó a morir a los 23 años de edad. A pesar de todos los esfuerzos, la familia Abad siempre se quedaría con la duda de saber si lo llevaron al hospital correcto y si su condición estaba demasiado avanzada como para no haber podido recuperarse aun estando en manos médicas.

En el momento de la gravedad y la muerte de su hermano, la actriz se encontraba trabajando en los estudios de cine de Barcelona. A partir de enero de 1945, siempre iría a todas partes en compañía de su madre y ni siquiera llegaron a despedirse de su hermano. Ni Sara ni su madre pudieron asistir al entierro de José por estar trabajando en la producción de su próxima película. De acuerdo al testimonio de Ángeles, ambas se excusaron diciendo que no les habían dado permiso en los estudios cinematográficos. Todavía Ángeles recuerda y lamenta el incidente con cierto resentimiento. Aseguraba que hasta llegó a confrontar a su madrastra, reprochándole que como no era hermano de Antonia por parte de madre, ni era su hijo de sangre, por eso al fin y al cabo no cumplieron con su deber. En palabras de Ángeles, «No hicieron acto de presencia ni durante la gravedad ni en el velatorio de nuestro hermano José».

Todavía para 1950, cuando Sara con 22 años de edad decidió marcharse a México en compañía de su madre, Ezcurra continuaba interviniendo en su carrera. Les puso en contacto con un colega llamado Juan Manuel Plaza Huerta que vivía exiliado en México desde 1939. Fue él quien le pidió encarecidamente que cuidara y protegiera a su talentosa María Antonia, ya conocida como Sara Montiel. Y así lo hizo. Tomando la petición de Ezcurra muy en serio, Plaza asumió el papel de relacionista público, de *manager* y mucho más que protector de la actriz de 22 años recién llegada a México al lado de su madre, según se narrará en detalle en el próximo capítulo. Esta sería la última vez que Ángel Ezcurra intervendría en la vida de Sara Montiel.

Sin embargo, finalmente, a raíz de la publicación de sus *Memorias* en el año 2000, Montiel comenzaba a manifestarse sobre los Ezcurra de manera más abierta y casual. Muchos de sus recuerdos acerca de sus vivencias en aquel contexto familiar salieron a la luz desde una perspectiva mucho más íntima. Gracias a la publicación de sus *Memorias*, surgen entrevistas y reportajes desde todas partes. México no sería una excepción. Al contrario, por su conexión sociocultural con este país también le contactaron para una entrada biográfica exclusiva dentro de un volumen monográfico que le dedicaría la revista *Somos*, editado y publicado en el año 2000. Desde México entraron en conversación directa con la actriz por este motivo. Entusiasmada con el éxito editorial de su libro, para promoverlo decidió compartir con todos los entrevistadores que se le acercaran algunas de sus experiencias dentro de aquella casa. En esta edición especial sobre la veterana actriz y cantante, Héctor Argente, colaborador a cargo del texto biográfico, basándose en su interpretación de las *Memorias*; *Vivir es un placer*, además de la posible entrevista o comunicación que haya podido establecer con Montiel, decidió escribir y publicar las siguientes declaraciones noveladas:

«[Proveniente de Orihuela], Valencia me pareció una ciudad enorme y, en casa de los Ezcurra, debo decirte la verdad, era la cenicienta, a quien ayudaban por caridad. Eso siempre me hizo sentir humillada y marginada.

La moral de la familia era muy estricta, así como sus ideas políticas, aferradas al más profundo fascismo. Y como ocurre siempre en estos casos, esa moral se tiñe de hipocresía. A pesar de mi corta edad, me daba cuenta de que don Ángel Ezcurra, ese hombre recto y de elevados principios, no dejaba de ser un hombre como cualquier otro común. De sus ojos no veía miradas paternales, sino aquellas teñidas de oscuros deseos». (México, *Somos*, 2000)

Más adelante el autor del texto continuaba en la misma tesitura con otras citas de Sara:

«Una vez me llevaron a una reunión celebrada en una gran casona de las afueras de Valencia. No había mucha gente y allí don Ángel Ezcurra habló con dos señores que respondían a los nombres de Goebbles y Canaris. Como comprenderás, no me dijeron nada hasta muchos años después». (México, *Somos*, 2000)

Aunque ya no se podría verificar con Sara el porqué de esta cita, ni la certeza de haber participado en dicha reunión, sí ha quedado establecida la asociación de CIFESA con el resto del cine europeo, desde su fundación en la década de los años 30, como medio de propaganda NAZI y promoción de los ideales franquistas. Al igual que también lo fue la creación del NO-DO como noticiario cinematográfico español a partir de 1942.

Próxima pregunta de Argente:

> «María Antonia: Estás con los Ezcurra, estudias, te tomaste algunas fotos provocativas, ¿y...?». (*Somos*, México, 2000)

Tantas interpretaciones que se podrían derivar de esta última cita sin finalizar por parte del entrevistador. Al parecer, Sara, o el periodista, lo dejó así, sin una respuesta concluyente o definitiva, con todo el propósito para que cada lector pudiese interpretarla y finalizarla de acuerdo a sus propios criterios y conclusiones. Pero en el fondo se encuentran en juego muchos factores importantes en relación con su adolescencia y el nacimiento de la diva y del mito que personificaría con el tiempo. La moral de su patrocinador sería cuestionable ante el acoso sexual que podía ejercer como hombre poderoso con el mundo en sus manos. De él dependía su carrera, su honra, su integridad y su credibilidad. Para concluir el tema sobre los Ezcurra con la mayor prudencia y delicadeza posible, Sara sintetizó su trayectoria hasta 1944 de la siguiente manera:

> «Los Ezcurra seguían tutelándome, pero ya no quise a Fina, la acompañante que me habían impuesto. Luego perdí a mi hermano José, quien murió abatido por la tuberculosis. Tenía 26 años. Mi madre se vino a vivir conmigo, sin embargo, seguía fiel al tutelaje de los Ezcurra, les escribía cosas como: Hago una vida de monja, toda la tarde del día de fiesta metida en el hotel... Yo siempre deseando devolverles el dinero que ustedes gastaron conmigo y pasa el tiempo y nunca llega esta alegría para mí... Sepa don Ángel que no he ido a ningún espectáculo ni a verbenas, no salgo con nadie y, cuando descanso, estoy junto a mi madre, mientras ella se la pasa cosiendo». (México, *Somos*, 2000)

En esta cita, el entrevistador de la revista *Somos* logró captar y señalar una serie de detalles que cambian la dinámica y el contexto establecido en relación con los Ezcurra. Por un lado, este texto refleja el nivel de saturación de la actriz que ya comenzaba a emanciparse y sentirse autosuficiente gracias a su participación en las primeras tres películas del cine español para las que fue contratada entre 1944 y 1945. El mismo «cambio de guardia», contar con la compañía y todo el cariño de su madre, María Vicenta, en lugar de la imposición de la señorita Josefina García (Fina) como dama de compañía, muestra lo que estaba aconteciendo y la rápida madurez de Montiel a los 16 años de edad. María Antonia se iba convirtiendo en una mujer independiente. Instalada en un piso en Madrid, con un trabajo remunerado, donde ni siquiera tenía que cumplir con la asistencia y participación en la Sección Femenina. Vivía una situación atípica a las demás jóvenes de su generación dentro de la España de posguerra a la que pertenecía. El tercer detalle significativo que se da a conocer en esta última cita es el hecho de que ella misma le narrase al entrevistador un fragmento de su propia escritura epistolar. El mismo proviene de una carta tipo informe a los Ezcurra. Un texto supuestamente escrito por Sara durante esa etapa de su vida cuando no sabía escribir. A menos que solo se tratara de una técnica de redacción o estilo narrativo del periodista de *Somos*. En cualquier caso, el tipo de informe epistolar que brinda el ejemplar de la revista transmite el posible resentimiento del deber y la obligación de tener que rendirle cuentas a un tutor posesivo y celoso, aun estando al lado de su madre. Mucho más que un saludo y una simple nota de seguimiento a unos tutores legales y responsables de su bienestar y su progreso laboral.

Todo el testimonio de Montiel recuperado y redactado por Argente como colaborador de la revista *Somos*, curiosamente, quedó fuera de sus *Memorias* publicadas en el 2000. Esta entrada biográfica, finalmente publicada bajo el título de «La mujer que burló al destino», con un pliego de 15 folios de fotografías en su mayoría inéditas, conserva una interesante perspectiva en muchos sentidos. De acuerdo con el autor, la artista describió con madurez y agudeza aquel ambiente torcido y hostil que formaba parte de sus secretos más íntimos de aquella época. El texto biográfico incluido en esta revista, aunque novelado, expone una serie de puntos claves, necesarios al querer comprender y visualizar sobre la mesa la secuencia de los momentos cruciales durante los orígenes y la temprana evolución de Montiel.

Entonces, siguiendo sus pasos desde el principio, con la histórica mudanza de su familia a Orihuela en 1934, cuando tenía seis años de edad, María Antonia, sin saberlo, había comenzado su virtuosa trayectoria. Valencia y Madrid fueron sus próximos puntos geográficos en el largo camino hacia el éxito que le esperaba por delante. A partir de 1944 se encontraba haciendo sus primeros papeles para CIFESA, la primerísima empresa del cine español para aquella época. Comenzó a actuar con apenas 16 años de edad al lado de Fernando Fernán Gómez, que ya había cumplido los 23. Fue durante la filmación de *Empezó en Boda* (1944), *Se le fue el novio* (1945) y *El capitán veneno* (1950) que en los momentos libres y múltiples descansos de actuación su colega Fernán Gómez le pedía a Montiel que le cantara «Vereda tropical». Toda una premonición. Aquel bolero tan popular del compositor mexicano Gonzalo Curiel, compuesto en 1937 y estrenado en 1938 en la película *Hombres de mar*, le acompañaría por el resto de su vida. Sin haberlo planificado, muy pronto lo interpretaría en una de sus películas mexicanas más reconocidas, *Piel canela* (1953). Las continuas peticiones de su colega Fernán Gómez le sirvieron de incentivo para justificar sus primeros intentos musicales. Fue, hasta cierto punto, un estímulo como cantante y compañera de actuación. Aunque también hay que reconocer su intervención musical en más de una ocasión durante estas primeras películas españolas de la década de los años 40, incluyendo en las que participó en compañía de Fernán Gómez.

Muy pronto comenzarían los problemas que empañarían aquel mundo agridulce de sus primeras experiencias como actriz. Su padre, Isidoro Abad, como ya se ha señalado, murió justo en diciembre de 1944, a los 41 años de edad. Tal vez con la pena de haber firmado aquella autorización o poder notarial. Había entregado a su hija menor, en contra de su voluntad, a manos de un empresario y de aquel mundo sórdido de la inmediata posguerra, con tal de no tronchar o interrumpir sus sueños de llegar a ser una estrella. Se sentiría responsable, con cargos de conciencia y conflictos internos por haber concedido el permiso para que los Ezcurra se llevaran a su querida hija a Valencia. Luego, gracias a los Casanova, quienes le habían brindado sus primeras oportunidades de actuación y una posición dentro de sus estudios de cine, finalmente se establecería en Madrid, donde la actriz vería a su padre por última vez durante el estreno de su primer film en 1944. Sin más alternativas había aceptado el destino impredecible y aventurado de su querida hija menor, aunque se agravara su salud por lo que implicaba para esa época tener una hija artista y como consecuencia haberse tenido que mudar de vuelta a Cuidad Real por el «qué dirán social» al que tenía que enfrentarse a diario en Orihuela. La combinación de todos estos factores pudo haber sido la causa de sus sufrimientos y la provocación, acelerada, de su muerte.

Para María Antonia Alejandra, la pérdida de su padre sería sumamente traumática y representaría un verdadero reto por sentirse culpable y responsable a la misma vez de lo que le aconteciera. Como ella misma señalaría por el resto de su vida en tantas entrevistas, en sus *Memorias* y por todas partes, siempre se fijaría y se sentiría atraída por hombres mayores de edad, debido a la temprana muerte y a la ausencia del señor Abad. Pero esto no fue todo. Le seguiría la pérdida de su hermano José, que, como ya se ha dicho, había fallecido de tuberculosis durante su servicio militar después de la Guerra.

Durante esta primera etapa, a mediados de la década de los años 40, es precisamente cuando aparece en su vida, como un padrino enviado del cielo, **Miguel Mihura Santos** (1905-1977), su «primer amor», como ella solía clasificarlo, a quien tal vez se podría identificar mejor como una ilusión de juventud que tomó lugar entre 1945 y 1950. En definitiva Mihura fue la persona que ejerció, desde muy temprano, un papel crucial en la evolución del mito. En plena juventud, destinada a trabajar desde los 16 años y habiendo quedado huérfana de padre en 1944, Montiel encontró en el distinguido dramaturgo una figura paternal que le ilusionaba enormemente. Su mera presencia le ofrecía una seguridad que nunca había experimentado hasta entonces. Aquella imagen intelectual de Mihura, reflejo de todo lo que producía en el teatro, en el cine y en el mundo editorial, era sin la menor duda el mayor atractivo que arrastraba a la actriz novel. Aun dentro de aquel estrecho y limitado ambiente cultural de la posguerra, controlado por la censura del régimen, era admirable cómo Mihura contaba con la simpatía y el éxito en todas sus empresas. El escritor, aun sumergido dentro de su mundo intelectual, de 1945 en adelante vendría a ser el nuevo Pigmalión de Sara Montiel. No es difícil comprender cómo un hombre de su estatus social y cultural, además de su estabilidad económica dentro de aquella miseria de la España de los años 40, tuviese la buena intención de orientarla y brindarle cualquier impulso que estuviese a su alcance. Ella, agradecida, claro está, se sentiría en las nubes y terminaría locamente enamorada de él. Aquel hombre tan interesante que le prestaba tanta atención y le encaminaba por el camino correcto para alcanzar sus metas y ser Sara Montiel, le había cautivado el alma y su corazón. Mihura representó y representará una figura fundamental y la influencia más importante de este primer período de su larga trayectoria. Ante sus ojos vería a una María Antonia que se transformaba en una Sara Montiel con mucho mundo por delante. Siendo huérfana y desamparada, agradecería para siempre todo el afecto y el cariño desinteresado que el escritor le dedicaba con tanto placer, casi paternal, a su pupila dotada de gracia y belleza natural. Atravesando por ese cambio de niña a mujer durante la inmediata posguerra, soñando despierta, cualquier consejo sería bien recibido. Entonces, tampoco es de extrañar por parte de Sara, que pudiese llegar a sentir algo muy especial por su maestro y mentor intelectual, al haber perdido a su padre justo un año antes de conocerlo. En esos momentos solo contaba con una mínima educación, prácticamente analfabeta, cuando apenas había aprendido el abecedario, hacer labores y cantar con las monjas Dominicas de Orihuela durante los escasos e interrumpidos períodos de tiempo que las circunstancias se lo permitieron.

Aunque ya estaba predestinada al cine, a la música y al mundo del espectáculo, contando tan solo con la experiencia de la participación en sus dos primeras películas, encontraría en Mihura un mundo abierto de posibilidades. Las nuevas oportunidades que podría explorar y los conocimientos que absorbía al lado de Mihura le servirían de trasfondo cultural. Es fácil visualizar el impacto y la influencia que este escritor ejercería desde esta etapa de su juventud y por el resto de su vida. Al cuantificar toda la comprensión y el estímulo que recibía a diario de ese gran desconocido, no es de extrañar que viese en él una persona especial, en todos los sentidos. Cuánto sería el tiempo compartido y cuál sería el grado o nivel de intimidad que se desarrollaría en el día a día entre Antonia y Miguel y cuánta distancia o cercanía mantuvieron los dos durante esos cinco años de tutelaje cinemático y cultural solo ellos lo habrán podido establecer y definir. Además de su gran espíritu, tenacidad y sus habilidades interpretativas en combinación con la belleza física que podía proyectar ante las cámaras, carecía de otros factores y de cualidades necesarias para triunfar en un campo tan exigente y competitivo a la vez. Lo importante fue que pudo contar con el maestro Mihura y así lo hizo. De acuerdo a los hechos, María Antonia contaba con el respaldo que recibiría a diario por parte de su mentor. Su distinguido amigo le proveía posibilidades de progresar en su campo, aun tomando en cuenta las limitaciones y los constantes retos que iba experimentando en el transcurso de los cinco años de aquella relación. Como quedará demostrado, Sara continuó trabajando y aprendiendo todo lo que podía bajo la supervisión y el amparo de Mihura. De todas formas, no faltarían contratiempos. También contraería la tuberculosis. Sería víctima de aquella epidemia pulmonar que resurgía y volvía a hacer estragos. Esto significaba enfrentarse a la misma condición que había sido la causa del fallecimiento de su hermano José pocos meses después de la muerte de su padre.

Podría haber miles de conjeturas y especulaciones acerca de las relaciones amorosas que la actriz mantuviese con Miguel Mihura. Tal vez Sara hiciera responsable al escritor ante la posteridad por el nivel de intimidad que ambos desarrollaron y el posible romance que quizás solo se trataba de una «amistad amorosa», literalmente basada en su significado lingüístico francés, «amitié amoureuse», pero ¿cuán inverosímil o difícil sería poder comprender el amor y la gratitud que, bajo sus circunstancias, llegara a sentir y le inspirara la imagen de aquel hombre tan interesante que evocaba Miguel Mihura? Si bien era cierta la diferencia de edad, 23 años para ser más preciso, y las condiciones físicas del hombre, también eran sobresalientes los muchos atributos positivos y atractivos del fundador y primer director de *La codorniz* (la revista de humor gráfico y literario que se publicó desde 1941 hasta 1978). Además de su imagen paternal, con su agudeza intelectual y su madurez, sería capaz de seducir a cualquiera. De esta relación que pudiese haberse desarrollado entre ambos, quedan las películas que Miguel realizara especialmente para Sara, *Confidencia* y *Vidas confusas*, de 1947. Las dos fueron dirigidas por su hermano Jerónimo y con la cooperación estratégica del escritor y del director, finalmente Sara pudo asumir algún protagonismo y papeles principales. La evidencia consiste en el legado de estas dos películas.

Bajo su positiva influencia y orientación, la artista también pudo fomentar sus cimientos con la mayor solidez posible para aquel entonces. Aunque sus experiencias profesionales fueron surgiendo a muy temprana edad y a gran velocidad, todo le beneficiaría a largo plazo y sería parte de su progreso tanto en el cine como en el mundo del espectáculo. De esta manera, animada y ungida por Miguel Mihura, Sara llegó a México en 1950. Allí continuó trabajando sin límites, como se explicará en el próximo capítulo. No sería la última vez que Montiel se enamoraría y daría acceso en su vida a una relación íntima con un hombre mucho mayor que ella, mezclando así la profesión, el amor y los sentimientos.

Entonces, ¿cómo clasificamos a Mihura en el contexto amoroso de Montiel? ¿Como su primer amor o Pigmalión? El 19 de abril de 2016, Mariló Mihura, la sobrina y heredera universal de Miguel Mihura, durante nuestro encuentro planificado repasaba con mucha atención sus recuerdos sobre la histórica relación entre su tío y Sarita Montiel. La entrevista se realizó en Vigo, la ciudad donde reside desde hace muchísimos años la sobrina del escritor, encargada de preservar y promover el legado intelectual y literario de su tío. Durante la reunión, Mariló recordaba con pena y resentimiento todo el asedio y persecución por parte de la prensa amarilla y otros muchos medios de comunicación que ella tuvo que confrontar a partir de la publicación de las *Memorias* de la actriz en el año 2000. Sus declaraciones fueron las siguientes:

«No dejaban de contactarme… Todos querían saber la verdad de la historia entre Montiel y Mihura. Si yo no podía ir a los medios, ellos venían a por mí... Sara Montiel, con todo el éxito de su carrera artística, sin necesidad, decidió hacer declaraciones innecesarias sobre las personas que le ayudaron. Cuando ya estaba en una posición aventajada, hablaba sobre personas que ya habían muerto y no podían defender su posición. Sara Montiel debía haberse retirado a tiempo. En su lugar, decidió continuar con su protagonismo hasta la muerte; a cualquier precio».

Como es sabido, no se puede ofrecer o brindar lo que no se tiene. También hay que reconocer que el autor de *Tres sombreros de copa* tenía sus limitaciones. Ya fuese por su estilo de vida o a consecuencia de una poliomielitis sufrida durante su niñez o adolescencia, el escritor padecía de problemas respiratorios y alguna dificultad o incapacidad para caminar correctamente. De hecho, de acuerdo con el profesor Patrizio Rigobon, uno de los expertos en su legado literario, Mihura estuvo mucho tiempo enfermo de cama durante su juventud, precisamente cuando escribía algunas de sus obras más conocidas. Pero aun considerando estos factores, la actriz siempre lo incluiría desde un principio en todas sus entrevistas o narraciones autobiográficas como una figura fundamental en su profesión y en su vida sentimental. Sin embargo, a pesar de esa necesidad que sentía Montiel de involucrar a Mihura dentro del texto biográfico de sus *Memorias*, su narración no sería del todo convincente y daría mucho de que hablar. Mariló, meditando sobre la relación entre Sara y su tío, también expresó el siguiente testimonio durante nuestra entrevista exclusiva:

> «La condición física del escritor, en combinación con la diferencia de 23 años de edad entre los dos, además de su vida bohemia, bastante liberal para su época y a la misma vez, subyugado por una madre totalitaria..., la suma de todos estos factores habría hecho imposible una relación a largo plazo entre ambos. Además, el narrar toda esta historia dentro de sus *Memorias* fue un poco atrevido por parte de Sara. Yo no creo que nada de esto hubiese ocurrido. Tal vez todas estas declaraciones sobre ella y mi tío Miguel han sido un poco exageradas por su parte para mantenerse en la mirilla pública y llamar la atención. Es como levantar un falso testimonio sobre la memoria de mi tío. Cuando

se conocieron, en 1945, ella era una menor y mi tío hubiera estado cometiendo un delito».

Aunque entre ambos existió alguna correspondencia entre 1950 y 1957 que pudiese esclarecer un poco mejor la polémica sobre esta histórica relación, desafortunadamente no ha sido posible contar con ella. Si al menos se hubiesen podido localizar las cartas que la actriz le enviaba desde México y California, con una letra un tanto pueril, pero con todo su cariño de entonces, habría una evidencia textual y una perspectiva más realista sobre lo que sucedió entre los dos. Las epístolas de la artista, donde le dedicaba un espacio exclusivo y le manifestaba sus pensamientos más íntimos desde la distancia, hubiesen sido cruciales para poder definir mejor esa relación y ese compromiso que quiso dejar establecido a largo plazo. Pero ni Sara dejó ninguna referencia sobre las cartas de su querido Miguel, ni ha sido posible dar con el paradero de su correspondencia al escritor, donde de seguro también le contaba lo mejor posible la cronología detallada sobre sus éxitos y el progreso en América. Sería lógico pensar que en ellas también tomara la oportunidad para expresarle sus sentimientos, revelando lo que fue de aquella relación. Es una verdadera lástima no poder contar con la escritura íntima de sus misivas dedicadas a Mihura que servirían como documentación sobre esta primera faceta de su vida, una base importantísima donde continuaría apoyándose para poder crecer y desarrollar sus próximas etapas.

Según ha sido confirmado por su sobrina Mariló, todos los manuscritos, papeles y documentos personales que Miguel Mihura poseía en su domicilio y despacho fueron robados *ipso facto* al morir el escritor el 28 de octubre de 1977. Incluso, todos sus archivos y correspondencia privada desaparecieron misteriosamente al día siguiente de su fallecimiento. Entre ellos muy probablemente también se encontraba la correspondencia que Montiel aseguraba que le había enviado desde América entre 1950 y 1955. Tal vez algún día puedan reaparecer esas cartas reveladoras de las que la artista hacía referencia y sirvan de material documental para comprender a fondo el tipo de relación que ambos habían establecido. Sin ellas se desconocen las consecuencias de la «amistad amorosa» que existió entre Mihura y Montiel.

Por otro lado, a medida de contraste con el eterno relato de Sara Montiel en relación con sus apasionados sentimientos hacia Miguel, de acuerdo a su hermana Ángeles Abad, según lo recordaba durante nuestra entrevista con toda lucidez: «Para aquella época, Miguel Mihura estaba liado con otra actriz, que se llamaba Carmen Salas». Salas (1929-2009) fue una actriz y cantante española, contemporánea a Montiel, que eventualmente también emigró a México a finales de la década de los 50, hasta su fallecimiento. Se destacó en la industria del doblaje, en telenovelas y series de televisión. Un detalle contradictorio al que Sara nunca hizo referencia ni llegó a compartir por ningún medio ni bajo ninguna circunstancia. Sin embargo, aparte del relato de Ángeles Abad, tampoco existe evidencia alguna de una relación formal o casual, ni a corto ni a largo plazo, entre Mihura y Salas. Aunque, aun para la época, de haber tenido lugar, ambas situaciones románticas hubiesen sido factibles y comprensibles en la vida del escritor. Luces y sombras perdurarán sobre la historia amorosa, o la íntima relación docente, de discípula y maestro, que pudiese haber existido entre Montiel y Mihura. Lo que sí queda claro y reconfirmado por la sobrina del escritor son los hechos sobre su carácter bohemio y su condición física.

La aportación de Ángeles Abad a través de toda la entrevista no podría haber sido más significativa. Sencillamente una narración iluminadora y necesaria para poder comprender la intrahistoria de la primera etapa y la evolución de la estrella. Aunque viviese un poco a la sombra de la estrella, no deja de ser la mejor fuente fidedigna y referencia biográfica para esclarecer la trayectoria inicial de Sara Montiel. Su versión, viva y elocuente, producto de sus íntimos recuerdos y sus amplios conocimientos artísticos, provee nueva evidencia sobre los acontecimientos de esta primera etapa que habían sido reservados o ignorados hasta el presente. Por delicados que fuesen los temas de la larga entrevista, considerando su amplia perspectiva sobre cada uno de ellos, también se pudo apreciar su realismo y la neutralidad que mantuvo en todo momento. La manifestación de su testimonio desde su modesto hogar, donde sus mayores lujos eran las fotografías y las publicaciones sobre Montiel, también reflejaba el amor y el orgullo que todavía continúa sintiendo por su hermana menor. Toda una recuperación de la historia familiar y sociocultural que les tocó vivir.

Siguiendo la secuencia cronológica de su carrera en el cine, entonces, su primera etapa queda establecida y enmarcada en este período de tiempo, entre 1944 y 1950. Aunque no hayan sido los años más productivos, los mismos representan un momento histórico crucial para Montiel dentro de aquel contexto de la posguerra española. Aun así, desde otro ángulo, al transcurso de esos primeros seis años en la industria del cinema, desde sus 16 años hasta haber cumplido su mayoría de edad. A esa experiencia primaria habría que acreditarle parte de su desarrollo y alguna formación en el cine español, a pesar de los límites y restricciones de la censura y del régimen en general. Un período que ella asumió y recorrió con orgullo, responsabilidad, entusiasmo y esa energía típica de juventud. Llena de positivismo, a pesar de las adversidades inherentes al contexto histórico y a la sociedad franquista a la que pertenecía, intentaba aprovechar al máximo todo lo que le ofrecían y le brindaba el destino, desde 1944 hasta 1950. Un sinnúmero de acontecimientos y nuevas experiencias iban emanando de estos primeros seis años de aprendizaje. Su vida iba evolucionando a la misma vez que su carrera iba definiéndose aceleradamente. El ambiente de los estudios cinematográficos, aun bajo los límites sociopolíticos del régimen, iba moldeando su personalidad durante esa compleja transición al mundo de los adultos. Sus espacios geográficos, debido a los estudios de grabación en esos años, alternaban mayormente entre Madrid y Barcelona. Como actriz ponía todos sus esfuerzos en lo que hacía, con la poca educación y formación que había recibido. Permaneciendo siempre acompañada, al lado de su madre, después de esta haber enviudado, como era de esperarse en el régimen franquista.

Aunque Sara siempre se manifestaba segura de sí misma delante de los medios de comunicación en relación con su nacimiento en el cine español, nunca llegó a hacerlo en su totalidad o con entera libertad de consciencia, ya que había otras personas envueltas. Lo mismo se podría decir del resto de las diferentes etapas de su vida dentro de los estudios de cine, sobre los escenarios o en los platós de televisión. Siempre logró dejar apartados algunos secretos o los detalles que estimaba necesario ocultar. Ya fuese por pudor, prudencia o por falta de concordancia con la versión original que había elaborado y establecido desde un principio, procuraba continuar con el mismo relato y callar lo que fuese necesario hasta el final. Así debería hacerlo, en especial si los hechos fuesen diferentes o contradijesen su concepto y filosofía de vida manifestados bajo el genial título de sus *Memorias, Vivir es un placer*. Sin embargo, este no fue el caso. En su afán de conservar y proyectar su imagen pública bajo sus criterios, considerando la manera que deseaba ser recordada, también dejó muchísimo material biográfico disponible. Contradiciendo lo establecido, la mayoría de las veces se puede contar con más de una versión sobre el mismo tema documental. Algo que no siempre resultaría beneficioso o a su favor.

En una de tantas entrevistas televisivas, en 1984, dentro de una serie llamada «La noche del cine español», realizada por Fernando Méndez Leite, la actriz narraba a su público en detalle la realidad de esta importante primera etapa de su profesión en la España de posguerra. El programa fue emitido por la cadena 2 de TVE y era parte de la sección documental que precedía la presentación de un film español. La entrevista de Montiel sería de las primeras ediciones de un total de 92 programas que se produjeron entre 1984 y 1986. Como documentación biográfica representa un testimonio genuino, narrado desde su punto de vista, pero utilizando una voz que ella misma fue incapaz de proyectar en sus propias *Memorias*. Con la madurez de sus 56 años de edad, la actriz y cantante realizó uno de los mejores recorridos de su trayectoria filmográfica al ir analizando de la mano del entrevistador e interlocutor su obra completa correspondiente a los años cuarenta en la España de posguerra.

Luego de describir su debut y su papel en *Te quiero para mí*, cuando se llamaba María Alejandra, siguiendo el discurso de su narrativa, elaborada con sus recuerdos y comentarios al margen, este programa resulta uno de los mejores y más interesantes repasos sobre su desempeño y aportación durante esta etapa cinematográfica. Su segunda oportunidad en el cine español de los años 40 fue como protagonista en la comedia romántica *Empezó en boda*. Ambas producciones fueron realizadas y estrenadas en 1944. Este segundo film representó un verdadero salto para Montiel en muchos aspectos. En esta primera colaboración con el actor Fernando Fernán Gómez, a pesar de sus 16 años de edad, tendría que desempeñar un papel de adulta. Además de actuar como enamorada, era necesario besar a su pareja por primera vez en la pantalla. Una tarea difícil y comprometedora debido a la falta de experiencia, de acuerdo a la actriz. También sería el momento histórico cuando de la mano de su nuevo promotor, Enrique Herreros, estrenaba su legendario nombre sonoro de Sara Montiel, que con sus variaciones de Sarita, o Saritísima, le acompañarían por el resto de su jornada. Como parte de la campaña promocional de Herreros, el humorista de *La codorniz*, quien desde ese momento se convirtió en su representante, hasta 1963, la actriz fue cobrando rápidamente un aire de mujer adulta y coqueta.

Sin tomar en cuenta la relevancia o el tipo de papel para el cual fuese considerada, no lo pensaría dos veces durante esta temprana etapa de su carrera. CIFESA disfrutaba de su mejor momento y Montiel aprovecharía y aceptaría cualquier oportunidad que le pudiesen ofrecer, sin importarle la envergadura o repercusión del mismo. Hacía todo lo que podía, papeles pequeños, grandes, serios, de comedia o dramáticos. Siempre decía que sí a todo lo que le ofrecían. La realidad es que tampoco tenía muchas alternativas para elegir. Comprendía que no podía ir con exigencias ni actitudes que no le favorecerían en ningún sentido. Lo importante era hacer cine, trabajar en el cine. Luchaba para obtener esos papeles: «Yo no era nadie…», decía. Además, se encontraba sola con su madre en Madrid, huérfana de padre y a la merced de lo que le propusiera la industria. Pensaba que no había un papel que no fuese importante. Esta fue la clave de su mensaje durante una entrevista que llevamos a cabo en Cincinnati en la primavera de 2012. A continuación la cita textual como parte de su herencia para las futuras generaciones interesadas en la actuación y en el cine, en palabras de Sara Montiel:

«Aceptar todo papel, por pequeño e insignificante que parezca y hacerlo bien, lo mejor posible, con todo el interés, compromiso, disciplina y profesionalismo que cada cual pueda poseer, cultivar y ofrecer. Como si fuese una representación de *Don Quijote*... Solo así se podrá obtener el éxito deseado y poder triunfar en esta industria del cinema».

Como resultado de esta primera etapa y de la filosofía que había adoptado como actriz, también se pueden apreciar su actuación y su participación en la siguiente lista de películas, pertenecientes a la segunda mitad de la década de los años 40. Además de las que ya se han mencionado, todas suman un total de quince películas que forman parte del legado de Montiel para la posteridad. El producto y la evidencia de su ardua labor de juventud queda disponible como parte de esta primera etapa.

Una jovencísima Sara con 17 años. Fotografía aparecida en la revista *Medina* el 28 de octubre de 1945, en el artículo «Sara Montiel, la artista que vive más cerca del cielo», firmado por Sofía Morales. © de la fotografía desconocido.

Se le fue el novio (1945) sería el tercer film y a su vez la segunda ocasión en que actuaría a lado de Fernando Fernán Gómez. En su entrevista televisada le recordaba a su público que se trataba de una comedia donde tendría la oportunidad de cantar un aria de ópera. De esta manera, a medida de récord histórico, Montiel señalaba el momento en que comenzó a cantar por primera vez en sus películas. A los 17 años de edad, desde esta primera etapa de su larga carrera como actriz, también comenzaba a cultivar su instinto musical. Uno de los títulos de sus primeras canciones en esta película sería «Desde que tú te fuiste». Entonces, su carrera como cantante fue evolucionando de forma paralela a su desarrollo cinematográfico. Ya desde 1945 en España y más adelante tal como se puede apreciar durante su participación en el cine mexicano, se va descubriendo el popurrí de estilos y géneros que poco a poco fue cultivando e incluyendo dentro de su filmografía. Su faceta como cantante no surgió exclusivamente a partir de *El ultimo cuplé* en 1957. Montiel comenzó experimentando y ganando experiencia con todo tipo de géneros y contextos musicales desde muy temprano. Así fue ampliando su repertorio y elaborando su filmografía. Como otra de sus confesiones provenientes de la más extensa de nuestras entrevistas en Cincinnati, durante la primavera de 2012, quedó establecido que ella misma consideraba y reconocía que su faceta musical ha tenido más peso e impacto a largo plazo que su propia carrera como actriz.

El siguiente título dentro de su filmografía sería *Bambú*, también de 1945. El mismo representaba un sueño hecho realidad. Esta comedia histórica le brindó a Sara la oportunidad y la experiencia de compartir la pantalla al lado de Imperio Argentina, quien había sido para ella su ídolo y su gran inspiración. El film captaba un episodio basado en la Guerra de Cuba, ambientada en 1898, cuando España perdió sus últimas colonias. *Por el gran premio* (1946) fue la comedia que compartió con Tony Leblanc, en la que interpretaba a una reportera deportista.

Confidencia y *Vidas confusas* (1947) fueron oportunidades muy significativas para la actriz que apenas comenzaba a sobresalir. Como ya se ha señalado, la realización de las mismas se debe gracias a los hermanos Mihura. Juntos le dedicaron toda su atención y parte de su obra con la confección de estas dos producciones creadas especialmente para Montiel, con guiones escritos por Miguel, y dirigidas por Jerónimo. Ambos trataron de impulsar su carrera y promover su carismática figura, según lo aseguraba la actriz en sus entrevistas.

Le siguió *Mariona Rebull* (1947), donde hacía el papel de Lula, de chica «mala», de «ligerita» o prostituta. Aquí estrenó su primer cuplé, que fue compuesto especialmente para ella, si saber que justo diez años más tarde sería quien recuperaría el género, y, al hacerlo, le convertiría en una estrella. El título de este cuplé sería «El tipitón». Fue un film dirigido por José Luis Heredia, con quien terminó haciendo un total de tres películas. Ese mismo año se estrenó *Don Quijote de la Mancha* (1947), en esta ocasión participó haciendo el papel de sobrina de Don Quijote. Un año más tarde también participó en *Alhucemas* (1948). Su papel en este film era de una recién casada que enviudaba de un militar. Su director en esta ocasión sería José López Rubio, quien había trabajado en Hollywood durante la década de los años treinta. También participaría como guionista en otra de sus películas, casi veinte años más tarde. En compañía de Jesús M. de Arozamena y Rafael Gil, sacarían adelante la producción de *Samba* (1965).

Su promotor, Enrique Herreros, paso a paso había ido cambiando su imagen a una Montiel más adulta y sensual. Además de haberle presentado a Miguel Mihura, también la iba adiestrando para su participación en el nuevo paso de CIFESA hacia un cine más histórico y melodramático. Ese giro paulatino alcanzó su culminación con el gran éxito que lograron los Casanova al producir *Locura de amor* en 1949. Fue el film más importante y de más peso escénico de todos en los que participó durante este primer ciclo de cine Montielano. Así, Sara fue experimentando un abanico de interpretaciones, pero siempre limitadas como ya se ha explicado y se podrá corroborar a lo largo de sus próximas etapas.

Luego de aquellas películas rosas, típicas de la época, su participación en *Locura de amor* (1949) fue algo especial. Alternando sus interpretaciones y tratando su suerte como actriz en otros géneros, en películas que ensalzaban lo histórico y la leyenda cultural, sus labores como actriz iban cobrando relieve. De todas las películas en las que tuvo la oportunidad de actuar durante esta primerísima etapa de su carrera, esta fue considerada la más relevante en muchos sentidos. Por un lado, se trataba de una de las producciones de más repercusión hasta la fecha en la historia cinematográfica de CIFESA. La misma sería reconocida y valorizada de inmediato por su impactante venta de taquillas y otros muchos aspectos. Tanto así que marcó un giro de dirección en términos de temática y de género. Alejándose también de la comedia estilo estadounidense, ante el éxito cinemático de *Locura de amor*, a partir de ese momento la empresa se inclinaría por la producción de las películas históricas, volviendo a enfatizar el nacionalismo y los valores culturales. Aunque Sara ya empezaba a destacarse y a mostrar su presencia escénica y su desarrollo como actriz, fue precisamente durante la filmación de esta obra cuando contrajo y mostró los primeros síntomas de la tuberculosis. Al caer enferma, terminó siendo ingresada por varios meses en el sanatorio de San Rafael, precisamente víspera al estreno de este film. Dicho sanatorio se había fundado en 1943 y se encontraba localizado en la sierra de Guadarrama, entre Madrid y Segovia. Para aquel entonces, el reposo absoluto y el aire puro de las montañas eran cruciales como parte del tratamiento de la enfermedad y proceso de recuperación. Esta infección pulmonar fue una de las principales causas de mortalidad entre los siglos XVIII y XX, cuando apenas se había descubierto su bacteria en 1882.

En este nuevo film de CIFESA, Sara hacía de princesa mora, en compañía de Jorge Mistral y Aurora Bautista. Su actuación como Aldara fue sobresaliente. Aunque no obtuvo el protagonismo, ni asumió el papel principal de Juana la Loca, el público quedó encantado con ella. Al salir del teatro decían: «La que está bien buena es la mala». Paradójica observación, claro está, refiriéndose a Sara Montiel en su papel de actriz secundaria. Tal como lo había narrado en sus *Memorias* y en muchísimas entrevistas, ella misma se perdió el estreno de este film por estar ingresada en el sanatorio. Invadida por su propia pena y sus circunstancias, mientras combatía aquella inesperada e inoportuna tuberculosis, solo pudo escuchar el estreno gracias a la emisión y la narración del evento por la radio, tal como se solía hacer en aquellos tiempos.

La mies es mucha (1949), fue otra película de gran éxito taquillero. Aquí Montiel volvió a actuar en compañía de Fernando Fernán Gómez, entre otros conocidos actores, donde hacían de misioneros. En *Pequeñeces*, de 1950, haría un pequeño papel bajo la dirección de Juan de Orduña, sin saber que sería precisamente con él con quien, siete años más tarde, se convertiría en una estrella, de la noche a la mañana, al estrenar *El último cuplé* en 1957. Tema que se discutirá en detalle en el Capítulo IV.

A estas últimas dos les siguió *El Capitán Veneno*, producida en 1950 y basada en la novela onomástica de Pedro Antonio de Alarcón que había sido publicada en 1881. La comedia histórica que ya contaba con un par de producciones en América, marcaría también su última aparición en esta primera etapa de su carrera del cine español de posguerra. Fue también la tercera película en la que Sara compartiría su actuación al lado de Fernando Fernán Gómez, con quien venía colaborando desde 1944. Su director, Luis Marquina, terminaría dirigiendo otro film de Montiel en 1968. Hasta aquí llegó su aportación al cine español, justo un año después de haberse contagiado con la tuberculosis y haber tenido que someterse a los únicos tratamientos disponibles para aquel entonces. Aprovechando una aparente recuperación parcial, en medio de tantos conflictos, con mucho esfuerzo comenzaba a planificar su emigración a América. Esta última película se estrenaría finalmente en noviembre de 1951, cuando Sarita ya se encontraba establecida en México.

De la transición entre España y México quedó también *Aquel hombre de Tánger*, de 1950. Una producción americana-española que curiosamente se repite y se estrena en su versión americana, con el mismo título traducido al inglés, *That Man from Tanger* tres años más tarde, en 1953. Aceptar el contrato para actuar en este film implicó regresar desde México a España, meses después de su partida inicial. Sin haberlo planificado, volvió a instalarse en Madrid por una temporada, entre verano y otoño de 1950, exclusivamente para poder interpretar su papel en esta producción.

Todas las películas en las que participaba, pertenecientes a esta primera etapa de su carrera en el cine español, tenían que ser aprobadas por la censura del régimen franquista. Sus actuaciones y las de todos sus colegas, eran controladas y limitadas a través de los mecanismos establecidos y utilizados por el gobierno. Su crecimiento como artista dependería también, directa o indirectamente, de muchos de estos factores socioculturales y políticos. Por más que hubiese querido obtener éxito y reconocimiento público durante estos primeros seis años (1944-50), no hubiese podido. Las circunstancias no se lo hubieran permitido. Aparte de las oportunidades que se le presentaron y que aprovechó al máximo, considerando todas sus desventajas, por ejemplo, la falta de formación, su inexperiencia escénica y cinemática, las imposiciones de la misma industria, resulta fácil comprender cómo, al intentarlo, las realidades de la época se lo impedirían. En términos personales, de seguro que la orfandad paterna, la muerte repentina de su hermano, la interrupción de la tuberculosis, además del acoso y abuso sexual de los que había sido víctima, fueron los factores negativos que más le afectaron muy dentro de su intimidad, aunque no lo demostrara. Serían muchas las limitaciones externas e internas en contra de su desarrollo y sus posibilidades de triunfar en aquellos momentos. ¿Cuál sería el precio que tendría que pagar para alcanzar su sueño y su meta de llegar a ser una superestrella en el cine y en el mundo del espectáculo? Sin duda alguna que llegaría a serlo más adelante, pese a todos los impedimentos, interrupciones y la serie de obstáculos que tuvo que sortear desde un principio y a los que se enfrentó con valentía. Para Montiel fueron solo retos y contratiempos que tuvo que solventar ante la amenaza que representaban en su momento. Pero aun en contra de la corriente, a trancas y barrancas, su fuerza y su tenacidad fueron mayores, venciendo todo lo que fuese necesario para llegar adonde quiso. A todo esto, Montiel solo esperaba el reconocimiento del público y de sus seguidores; esa sería su mayor recompensa y satisfacción personal.

No cabe duda que tanto su trayectoria vital como sus diferentes etapas cinematográficas y musicales transcurrieron en línea paralela a los cambios sociopolíticos y culturales que iban aconteciendo con el tiempo en la España contemporánea. Siguiendo y analizando muy de cerca esas coordenadas vitales, se podrá visualizar cuáles fueron sus pasos dentro del mapa montielano que ella misma trazó. Estas coordenadas y puntos claves facilitan la manera de visualizar el camino que tomó para vencer obstáculos, triunfar y alcanzar sus metas. Mediante su proyección universal, tan avanzada para su época, se distinguiría del resto de las actrices y cantantes de su generación de cara a la posteridad.

Al querer definir y valorizar su legado cinematográfico de esta primera etapa de los años 40, Montiel estaba convencida de que nunca tuvo la repercusión ni la importancia debida. La actriz comparaba todos los tiempos pasados con su verdadero éxito a partir de 1957. Para María Antonia se trataba simplemente de un camino que tuvo que recorrer para llegar a ser Sara Montiel. Era más bien el precio que tenía que pagar para materializar sus sueños de infancia de convertirse en una verdadera estrella de cine. Desde su perspectiva, esta etapa fue tan solo un requisito y un compromiso consigo misma. Aunque su evolución como actriz no dependería solamente de esta primera etapa, la misma podría visualizarse como uno de los cuatro pilares donde su legado descansaría a largo plazo. Ante su propio criterio y autoevaluación, aun considerando su exitosa productividad durante la posguerra y después de finalizar el régimen franquista, nunca hubiese admitido o acreditado algún valor extraordinario a este primer período de su vida laboral. Aun así cada faceta jugó una función o sirvió como un eslabón crucial para la creación de ese personaje llamado «Sara Montiel» que todavía conserva un impacto en el presente como un punto de referencia cultural difícil de borrar. La combinación maestra de todas las etapas y los segmentos conectores que las entrelazan, se debe en gran medida a la creatividad, a la magia y a ese toque especial por parte de la artista. Edificar sus escenarios y su propia plataforma corría por su cuenta. Más bien sería mérito de la mujer que desde esta etapa iba escribiendo su propia leyenda.

En el próximo capítulo se sabrá lo que le deparaba México a partir de 1950. Se identificarán sus próximos maestros, «pigmaliones», o protectores y el resto de las celebridades y «personajes de película» que llegaron a ser parte de su entorno americano. La actriz tendría que enfrentarse a nuevas aventuras y retos dentro del contexto cinemático y musical del Cine de Oro Mexicano.

Continuaría aceptando las películas que debería realizar y asumiendo tanto las responsabilidades como las consecuencias dentro de la industria. Muchas de ellas merecerían ser proyectadas en su propio festival como tributo a ese período de su cine hispanoamericano. Considerando su génesis en el cine español, se identifican mejor los obstáculos y los puentes por los que tendría que atravesar desde un principio. Parte de su evolución fue aprender a superar lo que fuese necesario para obtener el título y categoría de estrella internacional una década más tarde. Cómo lo hacía, sería cosa de tiempo, además de tener que pagar el precio de su formación. El proceso de transformación en esa superestrella que se había propuesto a sí misma dependería de su fuerza y determinación para impedir que nada ni nadie intentase detenerle o interrumpirle jamás.

Felicitación navideña de 1957 de Sara a Alfonso Reyes.

Barcelona 20 - 12 - 56.

Sarita Montiel
Paseo de Gracia 44
Barcelona
España.

Queridísimos Doña Manuela
y don Alfonso = ¿Cómo están? ¿Y
usted mi don Alfonso, cómo se siente?
¿Todavía conserva su hermosa barbita para mí? A mediados de
Enero vamos para allá especialmente por verles a ustedes. Aquí me
tienen trabajando como una negra
sin parar. He regresado apenas dos
días hace de la montaña donde
estuvimos rodando bastantes escenas
de la película; y me pongo a escribirles estas líneas (que aunque no
se escribir muy bien) pero van llenas de amor para mi barbitas y
para mi Manuela.
          Mi abrazo y un beso
en X   Mª Antonia

Carta de Sara a Alfonso Reyes desde Barcelona, en diciembre de 1956.

México, D. F., 20 de marzo de 1958.

Sra. Sarita Montiel,
2016 Cold Water Canyon,
Beverly Hills,
Los Angeles, California,
U. S. A.

Sarita ADORADA:

Ante todo, cariñosos saludos de casa y nuestros votos mejores para tí y el querido amigo Tony.

He visto El último cuplé ¡seis veces! Lo que nunca he hecho en mi vida. Aquella palomita que vi aletear hace años, se remonta ahora como águila caudal que a la vez fuera ave del paraíso. Me acuerdo de cuando me cantabas en Cuernavaca para hacerme olvidar, en 1951, las molestias de mi reciente infarto cardíaco; de tu casita y tu buena cocina en Galeana; de todos los instantes de esta cálida y sincera amistad que desde el primer día nos acercó, y que afortunadamente puede mirar a los ojos sin ruborizarse ni andarse con guiños de malicia.

En México, el cine se ha encargado de traerme la imagen de tu presencia. En Cuernavaca (chez Gastón: Piano-Bar: la Universal), el pianista Matacárdenas suspende sus ejecuciones cuando yo llego, para que se oiga el disco de tus canciones. Pues todos saben que eres mi/hija predilecta. Barrios Gómez, en una de sus crónicas ("Ensalada Popof"), contó que habías sido huésped nuestra.

Por septiembre del año pasado, sufrí la extirpación de la próstata (a que se ven orillados muchos hombres de cierta edad). He quedado algo flojillo de las piernas. Además, el corazón sigue debilitándose un poco y, a veces, hay leves ahogos (¿anuncios de la puesta de sol?). Pero el asunto mismo de la operación fue un acierto, me salvó de la muerte y (con permiso de Tony) me ha dejado estupendo. Como fuere, en mayo completaré la escabrosa edad de 69 años!

Trabajo mucho. Llevo 7 gruesos volúmenes en la colección de mis Obras completas, y creo que llegaré a los 20, si Dios no lo remedia.

No pierdas el tiempo en escribirme una carta en forma. Una tarjetita en que tú y Tony me digáis simplemente: "Te recordamos", me haría mucho bien... ¡Ah, y el retrato que siempre te has olvidado de mandarme! El que poseo es ya antiguo.

Manuela y toda mi tribu (singularmente las netezuelas) se unen a mí para desearos mil venturas y prosperidades y para aplaudir tus triunfos.

Tu viejo, fiel y devoto amigo

Alfonso Reyes.

Carta de Alfonso Reyes a Sara, instalada en
California, fechada en marzo de 1958.

CAPÍTULO II

Las Américas: emigración a México, 1950

«... Aunque me hice en la España franquista, también es cierto que salí de España y me vine a México en el año 50 y permanecí aquí hasta el 56, en España me ahogaba, porque veía que aquello no era para mí, no tenía una salida para mis inquietudes. Quisimos hacer *Divinas palabras* de Valle Inclán y no se pudo, pensamos en montar otras obras y tampoco se pudo, entonces comprendí que la actitud dictatorial prevalecía no solamente en el terreno artístico, también en el comportamiento de la vida que tenías que llevar...». («SARA MONTIEL y *El último cuplé*», Entrevista de Carlos Landeros, *SIEMPRE!*, 1984).

Aquel recibimiento extraordinario que Sara Montiel experimentó cuando llegó a México en la primavera de 1950 sería un recuerdo que le acompañaría por el resto de su vida. Tanto fue el aprecio y tal fue la bienvenida a nivel de adopción desde el primer momento, que incluso fue elegida como la Reina de la Primavera 1950. Buen augurio y una señal inminente de lo que le acontecería por el resto de su estancia en el país hasta 1956. Desde un principio pudo establecer contacto directo con la mayoría de aquellos intelectuales españoles afincados en México que de alguna manera y con mucha valentía habían ido emigrando desde antes de 1939. Lanzándose a la aventura de un exilio involuntario, escapaban

Fue Miguel Mihura quién exhortaba a Sara a buscar nuevos
horizontes artísticos, asegurándole que no tenía nada más que
hacer en la España de posguerra. © autoría desconocida.

de una España franquista y conservadora en busca de todas las libertades (artísticas, políticas, de expresión creativa) que deseaban conservar y que merecían. Se trataba de un ideal o denominador común que compartían y los unía como una gran familia. La Guerra Civil y la derrota de la República los marcaron para siempre, siendo las causas principales para el éxodo de miles de españoles que iban emigrando tan pronto y tan lejos como les fuera posible, ante la imposición de la dictadura franquista. Las Américas sería una constante como una de las mejores opciones o alternativas en la vida de los españoles que se veían forzados a salir de su país urgentemente a consecuencia de la guerra o del franquismo. Marcharse a América se convirtió en una de las soluciones más viables, ya fuese por necesidad o en búsqueda de un mejor estar, antes de continuar sometidos a la voluntad del régimen.

Argentina en Suramérica, Cuba o Puerto Rico en el Caribe, o México en América del Norte serían los destinos idóneos y más recurrentes desde finales de los años 30 y las próximas dos décadas de los años 40 y 50. A los españoles les seguirían otros emigrantes de otros países europeos que sufrían consecuencias sociopolíticas similares en sus respectivos países al finalizar la Segunda Guerra Mundial, desde el 1945 en adelante. El desarrollo económico en combinación con la hospitalidad, el calor humano, esa identidad cultural, gracias a la realidad histórica colonial donde todavía podían encontrar lazos y vínculos familiares a tan solo unas décadas de distancia, definían estos destinos como puntos geográficos claves para su exilio. La diversidad y las ventajas que estos países les ofrecían en América serían algo extraordinario. El clima, la lengua española como idioma oficial, la gastronomía y las costumbres eran solo algunos de los aspectos positivos y de los factores más atractivos a considerar durante la toma de decisiones al elegir un nuevo hogar. La riqueza de América del Sur, desde Argentina a Venezuela, en términos territoriales y de recursos naturales, la estrecha relación todavía existente entre España y sus últimas colonias: Cuba, Filipinas y Puerto Rico, la grandeza cultural de la que una vez llamaron La Nueva España, hoy México y su conexión geográfica inmediata con los Estados Unidos de Norteamérica, harían de estos puntos geográficos los más populares y deseados. Países y territorios llenos de alternativas y oportunidades para aquellos emigrantes republicanos que tenían que huir sin más remedio, al igual que para otros que simplemente se sentían oprimidos y comprendían que necesitaban y esperaban encontrar mejores alternativas. Aun para los apolíticos las Américas representaban la oportunidad de desarrollarse e intentar lograr sus metas y el éxito en sus respectivos campos profesionales, comerciales o artísticos. Era una nueva oleada de emigrantes, similar a la anterior de unos 40 años atrás cuando a partir de la depresión nacional de 1898 muchos encontraron refugio en estos mismos lugares. En ambas ocasiones la mayoría de ellos se quedarían para siempre, sin posibilidades de regresar a la madre patria, provocando nuevas separaciones familiares, temporeras o permanentes. Hablamos de familias que una vez más por razones sociopolíticas quedarían divididas y dispersas en estos diferentes puntos geográficos y escenarios americanos. En el caso de México, la intervención gubernamental del presidente por aquel entonces, el General Lázaro Cárdenas del Río (1934-1940), les garantizaba una plataforma o tabla de salvación a todos aquellos emigrantes que necesitaban una garantía de libertad, dignidad y seguridad humana. La misma protección que le proveyó al presidente de la Segunda República, Manuel Azaña y a toda su familia, fue la misma que extendió y le aseguró al resto de los españoles interesados en México como destino final de aquel exilio inevitable. Así de firme fue su compromiso con todos aquellos españoles que de alguna manera también lograron llegar a México a raíz de la caída de los republicanos. En palabras del propio Cárdenas dirigidas al sobrino de Manuel Azaña, Enrique de Rivas, este fue el mensaje que el presidente mexicano quiso enviar a todos los españoles en plena posguerra de 1943: «Cuando vuelvas a tu patria platícales que la inquietud que en esta hora viven los hogares españoles hizo nacer en el corazón de los mexicanos un mayor sentimiento de fraternidad hacia toda España». El mismo sentimiento filosófico y político que ya había extendido a favor de la viuda de Azaña, Dolores Rivas Cherif, quien vivió como refugiada en México por el resto de su vida, hasta 1993. Fue precisamente en México donde la viuda del presidente republicano, después de su muerte en un pueblo de Francia bajo la protección mexicana, en 1940, logró publicar entre 1962 y 1968, con ayuda de su hermano mayor, Cipriano (cuñado y amigo íntimo de Azaña), la biografía y toda su obra, el legado y patrimonio cultural español del expresidente exiliado. Manuel Azaña murió a los 60 años de edad en Montauban, legación y territorio mexicano dentro de Francia gracias a las gestiones del presidente Lázaro Cárdenas, y fue enterrado con el sudario de la bandera de México como símbolo de la protección de este país, a él y a todos los españoles republicanos que necesitaran o desearan tal ayuda. Su viuda Dolores, con la visita y reconocimiento de los Reyes de España en México, después de 1975, finalmente pudo comenzar a recibir la pensión correspondiente, por parte del gobierno español, como viuda de un expresidente.

Pues gracias al amparo y la protección que recibieron los españoles en suelo mexicano, en su mayoría humanistas, académicos, científicos, intelectuales y artistas, como quedará ilustrado durante el transcurso de este capítulo, diez años más tarde, para 1950, al darse cuenta de que ya no podrían regresar a su tierra, muchos decidieron echar raíces y comenzaron a establecerse y crear instituciones que les ayudaran a conservar sus valores e intereses culturales desde la distancia. Como un ejemplo de esta empresa nostálgica también se encuentra hoy en día el Ateneo Español, promoviendo hasta el presente el legado de los republicanos en el exilio y como una sede oficial de la conservación cultural española dentro del contexto latinoamericano.

Ese era el trasfondo histórico y el ambiente sociocultural español que reinaba en México para 1950. En cambio, la aparición y la notabilidad de Sara Montiel en el escenario artístico de este país, se debía en gran medida al vínculo que ella misma había desarrollado con sus amigos, colegas y sus relaciones en la industria cinematográfica dentro del mundo intelectual y artístico en que ya se desempeñaba en España desde sus humildes comienzos en 1944. En este aspecto es necesario volver a reconocer como un agente clave en su carrera profesional a Miguel Mihura y su íntima relación con quien en realidad estableció los primeros contactos y le impulsó, aun en contra de sus deseos, a dar el salto trasatlántico.

A él y a sus relaciones públicas se le acredita la acertada gestión de su primer contrato de cine y tan singular recibimiento en territorio mexicano.

Llegar a México en la primavera de 1950 se trataba de haber alcanzado el lugar ideal en el momento más preciso para una joven artista llena de aspiraciones y con la mayor ilusión de convertirse en una gran estrella. Le esperaban por delante los mayores retos como actriz y cantante, pero sus incentivos y su tenacidad eran suficientes para lograr sobresalir aun sin recursos ni la formación adecuada. Aparte de sus modestas raíces, proveniente de la España de posguerra y sus primeras experiencias en el cine del 1944 al 1950, solo contaba con su juventud, su belleza, sus talentos artísticos y el apoyo continuo de su madre, siempre a su lado sin condición alguna. Sus conocimientos sobre el mundo del cine y la música al que se enfrentaba en Latinoamérica eran escasos, limitados o nulos. Sin embargo, la sugerencia de Mihura a la joven actriz, con escasa experiencia y sin estudios académicos, de que se mudara de territorio artístico no pudo ser más acertada. En todo caso, su consejo reflejaba la gran visión profesional del escritor. Mihura había sido su gran apoyo en España durante los últimos cinco años y en ese momento representaba la figura paternal que le aconsejaba, le guiaba y que le servía de vínculo con Latinoamérica. De acuerdo con la historia, fue el padrino que le proveyó los medios para que pudiese ejecutar ese gran salto de España a México. Su empeño y su pronóstico sobre las nuevas oportunidades y posibilidades que su querida Sara encontraría en América muestran los conocimientos y la madurez artística que poseía como crítico al impulsar a su aprendiz a emprender aquel vuelo. Muy poco o casi nada se sabe de futuras comunicaciones, contactos o encuentros que pudiesen haber ocurrido entre ambos después de su partida definitiva a México al finalizar la producción de *Aquel hombre de Tánger*, desde el verano-otoño de 1950, hasta el fallecimiento del talentoso dramaturgo el 28 de octubre de 1977. Por parte de Sara sabemos que le enviaría algunas cartas desde la capital azteca, con una letruja de quien apenas sabía escribir. Por lo menos eso decía y así murió pensando que su mentor recibiría las misivas y que de seguro sus herederos las conservarían, pero desafortunadamente no fue así.

Como una reflexión en torno a este traslado a México en 1950, se podría visualizar como la mejor fuente de ficción para su personalidad artística y creativa al querer recrear y elaborar más adelante, con toda gracia y encanto, sus imágenes y nuevos relatos correspondientes a esta segunda etapa artística. Sin duda alguna, la mudanza fue un acontecimiento real que también produjo una mezcla de sentimientos y conflictos al tener que tomar este tipo de decisión a los 22 años de edad. Mihura le exhortaba a buscar nuevos horizontes artísticos, asegurándole que no tenía nada más que hacer en la España de posguerra. Los consejos del escritor eran más bien por ayudarle y servirle un poco de padre intelectual. Como ambos podían percibir, su futuro profesional estaba limitado dentro del rígido ambiente cinematográfico que se producía durante el franquismo. El cine de posguerra, además de las limitaciones y censuras del régimen, ya contaba con actrices de primera categoría. Existía la gran dama del teatro y del cine español, Amparo Rivelles, una de las mejores amigas de Montiel, desde que se conocieron en CIFESA hasta la muerte. De hecho, ambas fallecieron en 2013. También Imperio Argentina todavía era un ídolo, para Sara y para todos, aunque con ella tuvo la suerte de hacer a su lado un pequeño papel en *Bambú* (1945). Estos son solo ejemplos con los que Montiel ni siquiera hubiese podido competir durante su primera etapa artística en la España franquista de los años 40. Mihura, entusiasmado por sus encantos y los talentos de la joven actriz, le buscaba alternativas y contactos. Aunque la propuesta de México como destino artístico sugiere una doble intención por parte del escritor. Además del ambiente tan propicio y progresista para la cultura hispanoamericana que ofrecía México en los años 50, cuando todavía valoraban su gran producción de cine de entretenimiento, para Mihura sería una solución a su relación con la futura estrella. Las mismas oportunidades que encontraría como artista en México representaban una posibilidad de liberación mutua ante el compromiso en el que se enredaban cada vez más. A finales de la década de los años 40 sus expectativas se volcaban cada día más hacia Mihura. Estudiando sus posibilidades para llegar a ser una artista de primera línea, tenía que tomar una decisión. O se marchaba a México a probar fortuna y «hacer las Américas», o se aferraba más a la figura paternal que le inspiraba Mihura, en quien deseaba encontrar la estabilidad de todo tipo. Como es sabido, optó por la primera opción. Apoyada precisamente por su querido Miguel, aunque fuese en contra de su voluntad, decidió marcharse a México. Tal como quería dejar establecido en tantas entrevistas y en sus *Memorias*, Miguel Mihura muy bien pudo haber sido «el primer amor de su vida», luego de tantos años de relación y orientación profesional. De seguro que vivía ilusionada con él y hasta soñando despierta con un compromiso y una boda que nunca llegarían a realizarse. En cambio, Mihura, según Sara, en conversación privada con su madre, les convencía de que aquello no podía ser, tanto por la diferencia de edad como por otros factores y motivos que guardaba para sí.

Montiel, huérfana por parte de padre desde 1944, con una mínima educación y la poca experiencia del cine español, a sus 22 años de edad, ya necesitaba un plan de acción. Hasta el momento no había alcanzado ni la posición artística ni el éxito deseado. Ni siquiera había participado en la Sección Femenina, requisito para todas las chicas en la España franquista, excusada por su actuación en el cine como parte del equipo cultural, de acuerdo a sus declaraciones en nuestra primera entrevista de Tabarca, el 27 de julio de 2011. Tampoco contaba con suficientes ingresos para valerse por sí misma y mantener su hogar madrileño en compañía de su madre, mientras apenas se recuperaba de la tuberculosis. Entonces fue cuando bajo todas estas circunstancias aceptó el buen consejo de Mihura de emigrar a México, aunque hubiese preferido casarse con el distinguido humorista, fundador y escritor de *La Codorniz* y contar con su propio hogar y el apoyo de su marido en su territorio. Pero tal vez Mihura no era el candidato ideal para ofrecerle esa estabilidad y seguridad en la vida. Aun así, sería una falta de consideración ignorar o no analizar sus sentimientos hacia su mentor y Pigmalión de la manera en que se ha venido haciendo desde el principio. Mihura es, de hecho, un requisito y punto de partida, antes de su etapa mexicana. En todo caso, como mínimo, es necesario hacer mención honorífica a la imagen que Sara idealizó y conservó para siempre de su maestro intelectual desde el día en que lo conoció en 1945.

La realidad es que Mihura siempre le ayudó y le brindó todo su apoyo y cooperación. Hasta le pagó los billetes para su viaje a México, de acuerdo a sus *Memorias*. También le despidió en el aeropuerto de Barajas en compañía de su querida amiga María Dolores Pradera. Incluso, ambos le compraron el vestuario necesario para su viaje. «En el aeropuerto nos despedimos de María Dolores y de Miguel. Fue terrible. En las fotografías se me ve con los ojos pequeñitos de tanto llorar». Así narraba Sara dentro de sus *Memorias*, a sus 72 años de edad, el episodio de la despedida justo antes de marcharse a México en 1950, aunque meses más tarde hubiese otro reencuentro.

La actriz disfrutaba cuando describía sus recuerdos y las emociones que experimentaba al lado de su madre durante este primer viaje a México. Ambas salieron de Madrid dando comienzo a una nueva aventura, como emigrantes en busca de nuevas oportunidades y con todas las incertidumbres que conlleva este tipo de cambios. Madre e hija, procedentes de la posguerra española, donde solo se tenían la una a la otra, viajando en avión por primera vez, sin un céntimo y sin ni siquiera saber leer ni escribir formalmente. Viajaban solo con sus expectativas, confiando en las promesas y en las oportunidades profesionales que le habían ofrecido antes de salir de Madrid. Sin embargo, llegaban a una ciudad donde se hablaba español, considerada también la meca del cine y de la música hispanoamericana durante aquellos años.

Aparte del largo trayecto y de ir soñando despierta, e imaginándose cómo se desarrollaría su carrera de actriz y cantante en América, también podía percibir la ansiedad de su madre y compañera de viaje. Pero ya a su hija le invadía su propia tristeza al marcharse de Madrid sin haber alcanzado el éxito como actriz que tanto anhelaba en el cine español de aquella época. Además, tampoco podía dejar de pensar en lo que suponía su separación de Mihura. Despedirse equivalía a ponerle punto final y terminar cualquier tipo de relación sentimental que hubiese tenido con «su primer amor», según lo recordaría hasta el final de sus días. Por otro lado, María Vicenta Fernández viuda de Abad venía en el avión en un silencio total y con un profundo malestar que se reflejaba en su rostro. En un momento determinado, antes de llegar a la tierra prometida, su querida hija decidió preguntarle sin más reparos a qué se debía aquella angustia. Tratando de establecer una conversación abierta con su madre donde pudiesen dialogar y expresar sus preocupaciones, aun con muy pocas esperanzas de obtener respuesta alguna, le preguntaba lo siguiente:

«Pero María, ¿qué te sucede?»

«Nada, hija, nada…» (Le contesta su madre.)

Así continuaron por buen rato hasta que por fin su madre le confesó sus temores y todo lo que venía pensando durante el largo viaje:

«Es que, según me han dicho antes de salir de España, todas las mujeres que trabajan y participan en el ambiente artístico del cine y del mundo del espectáculo en México terminan alcohólicas o, aún más, como prostitutas…».

Sesenta y dos años más tarde, precisamente durante la primavera de 2012, en su último viaje a los Estados Unidos, analizando su pasado en plan ameno, contaba la misma anécdota con toda gracia. Como su propio personaje de «La pícara ingenua», más bien con la intención de hacer reír a su público, luego de la fascinante narración, añadía:

«Bueno, lo primero, nada. Pero lo segundo, bueno…, un poco tal vez…». Lo repetía como una demostración de su buen sentido del humor y de la capacidad que tenía de hacer una parodia y reírse de sí misma, aun delante de su público.

Independiente de los temores de María Vicenta, la hazaña que realizaba justo al haber cumplido sus 22 años de edad sería recompensada de inmediato. Ahora daba comienzo a la segunda etapa de su carrera cinematográfica, llena de fructíferas consecuencias a corto y a largo plazo. Todos los esfuerzos y gestiones que su amigo y maestro realizara desde Madrid para que pudiese emprender su viaje de conquistadora y llegar a salvo a la Nueva España con un precontrato de cine en sus manos, tuvieron buenos resultados. El solo hecho de alejarse de aquel medioambiente deprimente y tirante de la España del régimen era, ya de por sí dar un paso adelante en su vida y en su carrera profesional. Estaba claro que en España de momento no había espacio para desarrollarse ni crecer.

En cambio, la industria cinematográfica en México le ofrecería todas las posibilidades que soñaba: contratos para desempeñar papeles principales como protagonista, trabajar al mismo nivel que los demás actores, actrices y directores de cine más destacados en Hispanoamérica, además de la oportunidad única de lanzarse y abrirse paso como cantante. En fin, México sería una gran oportunidad en todos los sentidos.

Sarita, como la bautizaron de inmediato, llegaba a tiempo para alcanzar las últimas etapas de la Época de Oro del Cine Mexicano que había comenzado en los años 30. En su primera película mexicana, *Furia Roja* (1951), actuaría como protagonista al lado de Arturo de Córdoba, uno de los actores mexicanos más importantes de esa época. México recibió a la actriz española con los brazos abiertos, como solían recibir a la mayoría de los exiliados intelectuales, artistas y otros profesionales que emigraban desde España durante la posguerra en busca de oportunidades o asilo político. Llegaban a un país donde ya existían lazos socioculturales correspondientes a diferentes momentos históricos. A medida de ejemplo del exilio español en este país, uno de los primeros en llegar y establecerse a partir de 1938 fue el polifacético escritor León Felipe. Considerado uno de los mejores y más destacados poetas contemporáneos y amante del teatro, logró ocupar también una posición especial como figura central del resto de los republicanos exiliados en México. Su nombre y su imagen siempre marcarán dentro de la literatura y la cultura española un momento histórico, símbolo representativo del exilio intelectual español. Su vida y su hogar en México serían una extensión de España para el resto de los exiliados, hasta su fallecimiento el 17 de septiembre de 1968. Felipe fue, además, una personalidad crucial, dentro de aquel recibimiento lleno de calor humano y apoyo que ganó Montiel de inmediato, desde que aterrizó en la Ciudad de México en compañía de su madre. Más aún, continuó la labor de maestro y Pigmalión en la vida de Montiel, luego de Miguel Mihura. Ambos fueron figuras claves y agentes positivos en su educación y en su desarrollo, tomando en consideración las escasas posibilidades de formación académica y artística con las que contaba como mujer durante la posguerra española y el humilde ambiente familiar de donde procedía.

León Felipe (1884-1968) fue quien ocupó el primer lugar de sus nuevas relaciones, en orden cronológico a partir de 1950, desde que la actriz llegó a México. Gracias al doctor José Puche, otro refugiado republicano en México desde 1939, a quien había recurrido para atenderse su salud, fue como conoció a su primer admirador y amor platónico en este territorio, «el último trovador», Felipe Camino Galicia de la Rosa.

«Mi vida dio un nuevo giro cuando conocí a León Felipe. Estaba casado con Berta (Gamboa), mujer fiel y callada y fue mi segundo Pigmalión, el primero fue Mihura. Gracias a él aprendí a leer, a escribir y a conocer la historia de México. Por él conocí a figuras como: Alfonso Reyes, Pablo Neruda, Octavio Paz, Diego Rivera y Frida Kahlo. En el otoño de su vida se enamoró de mí. Me sentía culpable porque me expresaba sus sentimientos, incluso ante Berta, quien jamás me reclamó nada. [...] Me obligó para que fuese a estudiar con el prestigioso profesor de arte dramático Seki Sano». (*Somos*, México, 2000)

A todo esto, de acuerdo con Sarita, también aprendería una lección de por vida gracias a su gran maestro que ya contaba con 66 años de edad. «Aprendí que nunca se le debe decir a un hombre abiertamente *no te quiero*». (Cita de nuestra primera entrevista en Tabarca, 27 de julio de 2011). Como resultado, el célebre poeta de Zamora, exiliado en México desde 1938, país que ya conocía desde 1922 gracias a Alfonso Reyes, le dedicó a su última musa uno de sus poemas finales donde se puede percibir y apreciar el tono melancólico y nostálgico de su obra:

En tus bellos pardos ojos
el sol de La Mancha ríe,
en tu boca los claveles
de tus labios hacen nido;
la rubia era, caliente
voló formando tu pelo,
y las bodegas, umbrías,
y el rojo vino, sombrío,
savia a tu cuerpo dieron,
como la tierra a las tejas,
pan que fuese de trigo,

ruboroso, bien oliente,
nutritivo y entrañable,
La Mancha es en ti mujer
y en mi corazón un dardo.

Mientras tanto, Felipe, el poeta anarquista, su primer maestro y fiel admirador en este país, se consumía de celos por la diversidad de amistades y las íntimas relaciones que Sarita, una de sus últimas inspiraciones literarias, desarrollaba y establecía con todos los demás.

Como queda establecido, de manos de Miguel Mihura pasó a manos de León Felipe, ellos fueron sus grandes maestros. La educación continuada bajo la supervisión de Felipe fue sin duda un gran acierto y uno de sus mayores beneficios una vez en México. Aparte del calor humano tan importante en ese proceso de adaptación cultural, gracias al poeta aprendía todo lo posible sobre historia y política, sobre los clásicos de la literatura española y hasta a dominar mejor su propia lengua en sus diferentes aspectos lingüísticos de la dicción, la lectura y la escritura. Pero en este caso, Felipe fue más allá, incluso le guió al estudio de los clásicos del teatro y la literatura latinoamericana. Fue también Felipe quien le sirvió de enlace cultural y de hilo conductor como buen educador después de Mihura. De seguro le orientaba hasta en el proceso de seleccionar las películas que más le convenían o le iban mejor en la meca cinematográfica hispanoamericana. De seguro que fue él mismo quien le aconsejó que no aceptara las ofertas que recibió por parte de Luis Buñuel en más de una ocasión para hacer cine con él.

El director exiliado se había establecido en México a partir de 1946, procedente de Los Ángeles, California. De acuerdo a la actriz, a principios de los años 50, entusiasmado por haberle conocido en aquel círculo de amigos y con la mejor intención de que interpretase para él papeles de protagonista, le envió en un par de ocasiones los libretos de sus futuras películas. Se trataba de *Subida al cielo* (1952) y *Él* (1953). Al comparar el cine social y comercial que se producía en México durante esos años, con el mundo cinematográfico de Buñuel, es fácil comprender que ni Montiel ni Buñuel hubiesen querido someterse el uno al otro. Es muy probable que no hubiesen podido trabajar unidos en la producción de un mismo film y que a largo plazo hubiesen terminado mal. En cualquier conversación con Montiel sobre el cine de esa época, cuando se mencionaba a Buñuel se percibía el mismo conflicto. La actriz siempre señalaba la diferencia de intereses cinemáticos, haciendo hincapié en sus diferentes oficios como iconos del cinema hispanoamericano. Aunque coincidieran en el mismo círculo social y compartieran su tiempo libre con los mismos amigos en común, cada cual tenía sus respectivas agendas y perspectivas sobre la industria del cinema. De haber trabajado en equipo, hubiesen terminado imponiendo sus propias metas artísticas, sus pasiones, sus conocimientos y sus expectativas. Es de suponer que cualquier proyecto entre ambos no hubiese tenido un final feliz. Sus intenciones y sus deseos de lo que anhelaban alcanzar, como director artístico conceptual y como actriz en el mundo del espectáculo donde quería triunfar como estrella, simplemente eran diferentes. En todo caso, a Sarita no le interesaba el cine de Luis Buñuel. Pidiendo licencia y excusándose como «ignorante», repetía que su cine le parecía «horrible», en fin, que no era de su gusto. Como estrategia profesional, tampoco le convenía ni tenía la intención ni la necesidad de identificarse aún más con las ideologías comunistas existentes en ese país. Colaborar con sus líderes o máximos representantes no era lo ideal en aquella época, si tenía verdaderos deseos y buenas intenciones de llegar a Hollywood algún día.

La realidad es que, de acuerdo a Felipe, Montiel debía haberse dedicado al teatro. Consideraba que su fuerza y su lenguaje corporal serían atributos más adecuados y mejor utilizados en su medio artístico preferido y con el que como escritor se sentía más identificado. Hasta le impulsó a hacer estudios avanzados de teatro con el mejor profesor disponible en la Ciudad de México para esa época, el maestro Seki Sano, (1905-1966). Sano, actor, director y coreógrafo japonés, considerado uno de los responsables del teatro moderno mexicano, también llegó a México en la época del presidente Lázaro Cárdenas, en 1939, al igual que muchos de los exiliados españoles. De la mano de Felipe, Sarita también se dirigió a la Embajada Norteamericana en México con el propósito de solicitar el visado y los permisos necesarios para poder viajar a los Estados

Unidos, invitada por el maestro Agustín Lara como vocalista de su orquesta e intérprete de algunos de sus boleros.

Sin duda alguna, Montiel llegaba al lugar correcto, en el momento más preciso. Una vez en México, *Furia roja* fue el título del film que le serviría como billete de entrada para poner un pie en América. Fue también el inicio de la docena de películas que llegaría a protagonizar en este país, marcando el comienzo de la segunda etapa de su carrera. Un mundo nuevo le abría sus puertas a la artista, como emigrante, pero muy segura de sí misma. La serie de acontecimientos que le surgirían a cada paso una vez dentro del círculo intelectual que le aguardaba desde que aterrizó en la Ciudad de México y lograba integrarse en el Cine Mexicano en su Época de Oro no tenía precedentes. Aquellas humildes viajeras que dejaban atrás la España de posguerra no se podían imaginar ni por un instante todo lo que les esperaba por delante. Pronto se verían en una nueva posición y bajo unas circunstancias profesionales, económicas y sociopolíticas muy distintas a las que habían vivido hasta el momento. Las ofertas y oportunidades dentro y aun fuera del cine mexicano serían infinitas. Sara terminaría aceptando contratos y participando como actriz principal por lo menos, en promedio, un par de películas al año. El protagonismo que le ofrecían junto a los artistas más reconocidos en el ámbito internacional, como Arturo de Córdoba, Pedro Infante o Agustín Lara, sería considerado haber dado un paso adelante de forma definitiva para el resto de su carrera y su currículum profesional. La futura diva daba rienda suelta a su imaginación creativa y artística mientras continuaba aceptando casi todas las oportunidades que le ofrecían. Siguiendo el ejemplo de tantos españoles republicanos exiliados en ese país, promovía su propia evolución como artista. Con los ingresos de sus primeras películas mexicanas y como parte de ese desarrollo profesional y económico, Sarita había decidido invertir su dinero y comprar su propio domicilio para ella y para su madre. De la noche a la mañana devengaría lo suficiente para valerse por sí misma como mujer profesional e independiente. Además de ocuparse de su madre, con sus mejores intenciones hasta llegaría a pensar en establecerse a largo plazo en este país si hubiese sido posible. Luego de su primer piso en la avenida Insurgentes, en el centro de CDMX, por la altura de la ciudad y otros factores personales se habían desplazado a Cuernavaca, donde en principio alquilarían una casita y muy pronto compraría su chalet de propiedad, que será un importante punto de referencia más adelante.

Para poder cobrar por su participación como actriz en estas películas que le ofrecían y que ella aceptaba con toda ilusión, tenía que solicitar y asumir la ciudadanía mexicana a la mayor brevedad posible, pero sin renunciar a su ciudadanía española. Gracias a su radiante personalidad y sus talentos artísticos iba desarrollando su nuevo círculo de amigos que le abrían los brazos de inmediato. La mayoría de estos artistas e intelectuales en el exilio ya estaban afincados en México al menos por los últimos diez años, o desde finales de la Guerra Civil. Con toda su gracia y su buena estrella, que siempre le acompañarían en perfecta armonía con su belleza física, se abría paso para conquistar al mundo entero. Sería capaz de seducir, en el buen sentido de la palabra, a aquellos conquistadores que ya se encontraban al otro lado de todo por la diferencia generacional y sus circunstancias particulares. El nuevo ambiente artístico que le ofrecía México resultaría propicio para nuevas vivencias y aventuras a todo color.

La popularidad, la aceptabilidad y su crecimiento en la pantalla mexicana llevaron a la nueva Sarita de inmediato a una posición privilegiada. En un año estaría protagonizando una trilogía con el primerísimo actor y cantante mexicano Pedro Infante. Sería la pareja estelar perfecta para lo que se convertiría en una serie cinematográfica: *Necesito dinero, Ahí viene Martín Corona* y *El enamorado (Vuelve Martín Corona)*, todas con estreno en 1952. Montiel, a partir de este nuevo comienzo cinematográfico en México, en especial con su participación en esta trilogía, lograría algo muy particular. El solo hecho de protagonizar estas películas como pareja estelar de Infante ya era una promoción extraordinaria para la actriz y para su carrera. «Me hicieron famosa...», solía decir, en sus propias palabras, refiriéndose en específico a esta trilogía. Con la proyección de su nueva imagen, sin descartar ni por un momento sus talentos, en combinación con la fuerza de su personalidad, ponía a prueba al macho del cine mexicano, de acuerdo con los mismos críticos, especialistas e historiadores de este país. Recién llegada de España y profundamente enamorada de su profesión, con las armas de su sensualidad y femineidad, retaría continuamente al personaje heroico que interpretaba aquel apuesto actor y cantante. La protagonista interpretaba su parte, sirviéndole de punto de apoyo y de desafío escénico al que ocupaba la cima de su carrera artística, tanto por los papeles que desempeñaba, como por su música y su popularidad fuera de serie. Sarita Montiel compartía con Infante el impacto social, además del éxito cinematográfico y taquillero de aquellas películas, a la misma vez que su nombre e imagen crecían dentro y fuera de México.

A modo de repaso, la invitación inicial para participar como actriz y protagonista en su primer film mexicano, *Furia Roja*, le abrió las puertas y fue solo el comienzo de un fructífero período. A continuación la lista de las próximas doce películas mexicanas en las que participó seguido de su primer contrato, durante la primera mitad de la década de los años 50. Sobre estas producciones se hará referencia más adelante:

Cárcel de Mujeres (1951)
Necesito dinero (1952)
Ahí viene Martín Corona (1952)
El enamorado (Vuelve Martín Corona) (1952)
Ella, Lucifer y yo (1952)
Yo soy gallo donde quiera (1953)
Piel Canela (1953)
Porque ya no me quieres (1953)
Se solicitan modelos (1954)
Frente al pecado de ayer (Cuando se quiere de veras) (1954)
Yo no creo en los hombres (1954)
Donde el círculo termina (La ambiciosa) (1956)

Pero además de su madre, quien permanecía siempre a su lado disfrutando cada instante de aquella evolución artística de su hija, un nuevo personaje real entraba en escena. Al haber dejado atrás la figura paternal y protectora de Miguel Mihura, en menos de un año aparecería otro protector mucho más apuesto y audaz.

Su nombre completo era Juan Manuel Plaza Huerta (1909-¿?), o simplemente Juan Plaza, quien pretendía administrar y hacerse cargo de la nueva actriz española-mexicana en todos los sentidos. Entonces, de todos los personajes históricos que conocería en América, motivada por sus expectativas de apoyo y orientación profesional, hasta el momento había dado cabida en su vida a León Felipe y Juan Plaza. Sin embargo, sería Plaza el hombre que lograría convertirse de la noche a la mañana en su representante y *manager*. Sin ella apenas darse cuenta, iba ganando terreno hasta ocupar una posición central en su vida. Además de gerente artístico y relacionista público, pronto sería padre, hermano, primo, pareja sentimental y marido de Montiel. Fue también la figura masculina que logró enamorarla y seducirla como nadie había sido capaz de hacerlo hasta el momento. Más allá de León Felipe, su primer maestro intelectual en México a partir de 1950, Plaza sería quien podría satisfacerla en muchos otros aspectos. Asumió, sin ninguna pérdida de tiempo, el rol de guía oficial para la chica inexperta de 22 años que se integraba de lleno dentro de aquel sistema artístico tan diverso y particular de la Ciudad de México. Por eso resulta necesario analizar a este interesante personaje, quien jugó un papel importantísimo en esta faceta de su desarrollo profesional. Aparte de su activa participación en el cine mexicano de los años 50, su vida social también evolucionaba drásticamente dentro de su nuevo ambiente. Sin embargo, entre todas las celebridades e iconos culturales que iba conociendo desde que llegó a México, Montiel encontraría en Juan Plaza su primer gran amor. Además de poner en sus manos todos sus asuntos y compromisos profesionales, con él daba comienzo a una intensa relación. Pero a pesar de la gran influencia que llegaría a ejercer en su vida, las consecuencias no serían del todo favorables.

La relación entre la figura caballeresca y enigmática de Juan Plaza y Sarita Montiel nació justo al comienzo del largo período que la artista habría de pasar en América. Una vez más se hace reconocimiento a Juan Plaza como la primera pareja y el primer marido no oficial de la actriz en México, entre 1951-1955. Además de promotor, un gran amor a quien hasta se le pudiese atribuir haber sido el padre biológico de su hijo secreto en este país, como se analizará más adelante. Al llegar a México, Sarita encontró en Plaza otra figura masculina-paternal que vendría a sustituir la imagen de Miguel Mihura a largo plazo. Consciente o inconscientemente repetía el mismo patrón. Poder contar con la orientación y el apoyo de un compañero mayor de edad y bien establecido en su campo laboral, con quien también pudiese compartir sus intereses culturales y artísticos en común se convertía en un objetivo recurrente.

Una vez en México, *Furia roja* fue el título del film que le serviría como billete de entrada para poner un pie en América. Fue también el inicio de la docena de películas que llegaría a protagonizar en este país.

Después del mal sabor y la profunda confusión, gracias a la distancia aquel amor se desvanecía en el pasado y un océano se encontraba de por medio. Dejando atrás la tristeza de sentirse rechazada y enviada en un avión directo a México, por quien ella creía e insistía que sería su marido a finales de la década de los años 40, Montiel volvía a rehacer su vida. La pena que le invadió en un momento dado por no haber logrado que su relación con Mihura culminara en matrimonio, ni haber podido consolidar su carrera como actriz dentro del cine español de la época, quedaba a sus espaldas para siempre. En México le esperaba un mundo por delante, un futuro colorido y lleno de sorpresas, muy diferente al austero ambiente madrileño de donde provenía. Por otro lado, sin apenas saber leer o escribir de corrido, ella le escribía cartas a Mihura desde la Nueva España con el propósito de mantenerse en contacto y describirle el maravilloso panorama que tenía de frente. Aquel país que le abrió sus puertas y le adoptaba, gracias a su consejo e insistencia, se convertía en su realidad delante de aquellos ojos pardos que cautivaban a todos los que le rodeaban a cada paso que daba. Es una verdadera lástima no poder contar con la evidencia de esas cartas que Sarita le escribía al autor de «*Bienvenido Míster Marshall*». Como se ha explicado antes, al morir Mihura, el 28 de octubre de 1977, todos sus papeles, documentos personales y cartas desaparecieron misteriosamente de su domicilio sin esperanza de recuperación, de acuerdo a su sobrina y heredera Mariló Mihura.

Una vez más, después de Mihura, Sarita había encontrado el apoyo desinteresado, además del cariño genuino y sincero que le profesaban muchos de los intelectuales republicanos, en su mayoría comunistas, afincados en la Ciudad de México por lo menos desde una década antes que ella. Aún se pueden reconocer algunos de esos nombres que ella misma repetía constantemente. Pero más allá de esos personajes, todo le hacía una gran ilusión en América y muy pronto dejaría de sufrir por la separación y el posible sentimiento de abandono y olvido de aquel que le compró los billetes de avión, a ella y a su madre, para emigrar a su destino americano.

Para entonces, con la serie de contratos y las oportunidades de aprendizaje que le brindaban en el Cine de Oro y su dimensión musical veía con claridad sus posibilidades de triunfar y todo lo que le había sido vedado en aquel Madrid de la posguerra. En México encontró, sin duda, su nuevo hogar y un amplio campo laboral. Juan Plaza, cuatro años más joven que Mihura, pero aun casi veinte años mayor que ella, por el momento representaría su nuevo apoyo profesional y su nuevo protector. En cambio, él encontraría en ella la nueva ilusión de su vida. Sarita Montiel sería para él la chica perfecta en todos los sentidos. Se trataba de una «Venus», como caída del cielo. Manchega igual que él, llena de ímpetu y ambiciones artísticas, que llegaba a sus puertas necesitada de apoyo, amor, cariño, pero sobre todo de la mayor protección posible. Para él representaba un buen negocio en ambos aspectos, como empresario y como hombre. A cambio de brindarle a su protegida la orientación y representación artística necesaria, como su agente y relacionista público, él ganaba el amor de una nueva compañera sentimental, aun siendo un hombre casado y con sus propias responsabilidades. Pero la remuneración que recibiría de Montiel, como mujer y clienta, no podía ser mayor. Además de sus talentos y extraordinarias cualidades, Sarita era una mujer profesional e independiente. Al contrario que él, libre y sin compromisos. Una chica que tan solo con su juventud y belleza continuaría eclipsando a muchos a su paso. En términos económicos, además de mantenerse a sí misma y a su madre, de sus propios ingresos también le pagaría a su representante y gerente su debida comisión y más. Plaza no demoraría ni un minuto en brindarle toda su ayuda y sus servicios profesionales. Sin pensarlo dos veces, se tiró de pecho a ofrecerle a Montiel todo lo que podía y lo que no podía. Lo curioso es que Sarita, muy al contrario de lo que acostumbraba, de acuerdo a sus declaraciones públicas sobre la mayoría de estos personajes que formaron parte de su historia, rara vez incluía a Plaza o profundizaba demasiado sobre ese gran amor y gerente artístico. Ni en sus entrevistas, ni cuando repetía la historia oficial de sus novios, maridos, amantes, aventuras, pretendientes o admiradores, incluía el nombre de Juan Plaza, como solía hacer con los demás. Más bien apenas se le oía hablar sobre Plaza, ni ante su público por los medios de comunicación, ni en sus crónicas escritas sobre el pasado. Se limitaba a mencionarlo lo menos posible en alguna que otra entrevista, o como algo muy fugaz dentro de sus *Memorias* o cualquier otro tipo de autobiografía publicada. Pero, si lo hacía, siempre de manera muy puntual y casual, apenas entraba en detalle, ni le daba el reconocimiento o la importancia necesaria, muy a vuelo de pájaro. Sin embargo, sobran evidencias de su existencia para haberle dedicado un espacio cuando relataba sus memorias. Como se verá más adelante, sus razones tendría para no hacerlo. Los mismos acontecimientos proveen la certeza de que ocupó un lugar muy especial en su vida y en su corazón. Por el momento cabe señalar que no hay duda de que perteneció a su historia profesional y sentimental.

Gracias a su hermana Ángeles Abad hoy se sabe que Sarita ya estaba predestinada a conocer a Juan Plaza tan pronto llegara a México gracias a la recomendación y a los arreglos establecidos de antemano por parte de Ángel Ezcurra. El periodista valenciano que había descubierto e impulsado a la artista, abriéndole las puertas al cine español en 1944, pretendía continuar su tutelaje hasta el final. Al menos así quedó demostrado la víspera de su partida en 1950. Ezcurra, que ya conocía a Plaza desde sus años laborales en Valencia, había intervenido y le había encargado continuar el cuido y asesoramiento a su antigua protegida. Al recordar que su colega de los medios de comunicación vivía felizmente establecido dentro del ambiente cultural de México, aun como exiliado político, no vaciló en contactarle y pedirle apoyo profesional para la joven actriz. Plaza se había tomado tan en serio el encargo de Ezcurra que hasta se le podría atribuir la paternidad del hijo secreto de Sara Montiel.

Años más tarde, en una de sus múltiples entrevistas, Sarita recordaba el momento en que conoció a Plaza: «El doctor [José] Puche, quien me atendió de aquel catarro que cogí durante la filmación de *Furia roja*, me invitó a la fiesta de cumpleaños de uno de sus hijos. Allí conocí al comunista Juan Plaza. Creo que comenzaba 1951[...]». Así se expresaba Montiel cuando ya todo pertenecía al pasado. Pero en el presente, gracias a la escritura íntima de Alfonso Reyes, se puede visualizar la imagen completa de esta relación. Sus diarios han sido preservados para la posteridad como parte de su legado. Al consultar la reciente publicación de sus archivos privados pertenecientes a su casa-museo Capilla Alfonsina, de esos fondos se ha podido extraer la información referente a Montiel desconocida hasta el momento, según se irá presentando a continuación.

De acuerdo al archivo de emigración entre España y América, o el registro de Movimientos Migratorios Iberoamericanos y a los datos que aparecen en su ficha de extranjeros en México, todo indica que Plaza entró a este país por el Puerto de Veracruz, en el Buque Ipanema, el 7 de julio de 1939. De acuerdo a su perfil profesional en el momento de su entrada al país, era un escritor, director de cine y teatro, que llegó a los 29 años de edad como refugiado y asilado político. Tal vez iba en busca de aventuras y oportunidades lejos del régimen, o como un comunista infiltrado con su propia agenda de trabajo. Nació en la municipalidad de El Pedernoso, de la provincia de Cuenca. Lo que concuerda perfectamente con el recuerdo de Enrique Herreros, el promotor artístico que bautizó a Montiel, cuando expresaba que «Plaza era manchego, igual que Sara».

Unos 19 años mayor que Montiel, cuando conoció a la artista ya era un hombre casado y además padre de dos niñas. También quedó establecido que entre sus tareas principales como líder comunista en México tenía asignada una encomienda política especial desde la Unión Soviética. Debía proveer asistencia y estar a cargo de la protección y seguridad de Jaime Ramón Mercader del Río dentro del Palacio Negro de Lecumberri. Era parte de sus responsabilidades políticas que a Mercader no le ocurriera nada y que tuviese todas las comodidades necesarias dentro de aquella penitenciaría mientras cumplía con el resto de su condena. El catalán Ramón Mercader se encontraba confinado en la cárcel de la Ciudad de México, pagando una sentencia de 20 años (1940-1960), por haber asesinado al revolucionario marxista León Trotsky. Mercader había sido indoctrinado por una madre fanática y desequilibrada. Como un comunista militante del PCE, también fue sometido e impulsado a la tarea de asesinar al organizador de la revolución y creador del Ejército Rojo. Y así lo hizo, de la forma más violenta que humanamente pudo, en su propio domicilio-fortín de la calle Viena, en Coyoacán, México, donde el líder político permanecía en el exilio. Durante una visita inesperada de Mercader, el 20 de agosto de 1940, con el pretexto de revisar su escritura de un artículo político, Trotsky sería traicionado doblemente y recibiría aquel golpe en el cráneo, a sus espaldas, con el piolet que le ocasionaría la muerte 24 horas más tarde.

De hecho, en un documental sobre estos acontecimientos, con el título de *Asaltar los cielos* (1996), dirigido por José Luis López Linares y Javier Rioyo Jambrina, Sarita también llegó a participar y a ofrecer su testimonio acerca de una visita que ella le hiciera a Mercader en compañía de su pareja Juan Plaza, en la cárcel de Lecumberri en los años 50. En una de sus intervenciones, la actriz y cantante recordaba ese episodio de su vida de la siguiente manera:

> «Llegué a México y fue algo increíble… Pues, yo aquí [en España] tenía muy poco trabajo después de la Guerra. Éramos todos rojos… Conocí a gente refugiada allí… A León Felipe, a Renau, Juan Plaza, a Prieto, a mucha gente… Fui con Juan Plaza a la cárcel a visitar a Ramón Mercader…».

En este país donde surgió una mutua adopción en términos culturales, también dejó grandes huellas. Hasta sus visitas a Ramón Mercader en la cárcel de Lecumberri quedaron documentadas y darían de qué hablar. A continuación encontramos otra perspectiva o testimonio más reciente sobre la primera visita de Sara Montiel a Ramón Mercader en la Cárcel de Lecumberri:

> «Una vez vino un comunista español [Juan Plaza] con la mujer más hermosa que he visto en mi vida. Ahora es muy famosa por sus películas, se llama Sara Montiel. No te imaginas lo que es ver a ese animal a un metro de ti… Es de esas mujeres que dan ganas de comer tierra, de hacer cualquier cosa…».

Así se expresaba Mercader, perpetuando parte del mito y la leyenda gracias al profundo recuerdo e impacto que había dejado la artista en México, a través de la narración de Leonardo Padura, en su libro titulado *El hombre que amaba a los perros* (2009). En discrepancia con la realidad, fueron muchas las visitas de Plaza y Montiel a Mercader, no fue solo una vez.

Ahí viene Martín Corona y *Vuelve Martín Corona* (*El enamorado*), ambas de 1951, y *Necesito dinero* de 1952 (imagen inferior), películas dirigidas por Miguel Zacarías y protagonizadas en compañía de Pedro Infante, son ejemplos de su participación y su legado en aquel cine que tuvo un gran impacto sociocultural. © Cineteca Nacional de México.

Un acercamiento más interesante y dramático lo provee el profesor Gregorio Luri en su libro sobre los Mercader, titulado *El cielo prometido; una mujer al servicio de Stalin* (Ariel), publicado en 2012. Debido a la complejidad y la relevancia de esta relación entre Plaza y Montiel, vale la pena continuar analizando los hallazgos a la luz de la investigación de Luri. A continuación se incluyen algunas citas seleccionadas por el mismo autor en exclusiva para este estudio sobre el tema bajo discusión:

«Sara encontró a Mercader tan atractivo que, cuando vio la película de Joseph Losey sobre el asesinato de Trotsky protagonizada por Alain Delon, exclamó: «Ramón era más guapo». Laura Mercader Mendoza me comentó que, en efecto, Sarita visitó «muchas, muchas veces» a su padre en Lecumberri. Tantas, me dice, que aprendió a leer con él. Me asegura, con insistencia, que esto último lo reconoció la misma Sara públicamente en la televisión mexicana. «Mi padre admiró mucho a Sarita y yo, para complacerlo, jugaba a imitar a la actriz, cosa que lo divertía mucho». Ramón nunca se perdió una película o una actuación de la artista en Moscú».

Estos son algunos de los testimonios de su hija adoptiva, Laura Mercader, en relación con Montiel, que también coinciden perfectamente con sus declaraciones hechas dentro del documental que López y Rioyo le dedicaron a su padre. En palabras de Gregorio Luri, a continuación se incluyen sus citas más relevantes en cuanto al vínculo Montiel, Plaza y Mercader. Las mismas han sido extraídas de su obra y proporcionadas gentilmente por el propio autor del libro dedicado a la familia Mercader:

«Las reiteradas visitas de una actriz tan explosiva como Sara a Ramón Mercader en la cárcel de Lecumberri alimentaron inmediatamente las imaginaciones más dispuestas a la combustión erótica espontánea. Así, según Arturo García Igual, fue Juan Manuel Plaza, que entonces era su pareja, quien llevaba a Sara a visitar a Mercader "para satisfacer el morbo" de la actriz».

«… Efectivamente, Juan Manuel Plaza y Sara Montiel estaban viviendo una tórrida relación amorosa, pero parece que era autosuficiente. Lo que hay que resaltar aquí es que Plaza era un comunista valenciano a quien el PCE había encargado proporcionar a Ramón la tecnología electrónica que él no podía conseguir por su cuenta. Sus frecuentes visitas a Lecumberri, por lo tanto, no tenían nada que ver ni con el sexo ni con regalos desinteresados. Ramón no estaba "muy mal" en la cárcel. Plaza era el director de Sprint, una importante empresa mexicana de distribución de componentes electrónicos y había firmado un contrato con Ramón para suministrarle los componentes más avanzados. En consecuencia, los receptores de radio que se montaban en su taller, entre cuarenta y ochenta mensuales, podían competir ventajosamente con los de cualquier marca comercial. Con razón, pues, los presos que trabajaban a su lado eran los mejor pagados de la penitenciaría».

«Cuando pensaba que podía poner el punto final a este capítulo, el periodista mexicano Juan Alberto Cedillo, un investigador del México de los años cuarenta y cincuenta, me comunicó que, en su opinión, probablemente Sarita fue amante de Ramón y que su primer encuentro pudo tener lugar en el segundo semestre de 1950, pero me añadió inmediatamente que el padre de su hija "pudo ser" Miguel Alemán, presidente de la República de México entre 1946 y 1952. No me atrevo ni a darle la razón ni a quitársela».

Gracias a la selección y contribución de estos textos por parte del profesor Luri, se puede ampliar el panorama y considerar las diferentes perspectivas sobre esta etapa mexicana de Montiel. Su larga investigación representa una extraordinaria fuente de información adicional acerca de la época y de todo lo relacionado con la historia de esta familia catalana.

Aun luego de haber pagado su condena de 20 años, Mercader tuvo que reportarse a la Unión Soviética en categoría de «héroe nacional». De seguro que volverían a rencontrarse a partir de 1960 a propósito de las futuras actuaciones y presentaciones públicas de la actriz y cantante en ese país. Como se puede observar, existen varias versiones o teorías sobre una posible maternidad de Montiel en México. Aún queda pendiente por conocer la verdadera historia y los hechos, además de haberse podido corroborar cuál hubiese sido el testimonio de la actriz que indiscutiblemente ocultó hasta el final. De esta segunda etapa artística y los personajes involucrados en sus historias se podría elaborar otro libro aparte. Sin embargo, del mismo contexto de sus vivencias mexicanas que aquí se tratan, también se desprenden otras discrepancias, producto de las realidades y las ficciones del mito, que por el momento merecen toda la atención. La primera sería sobre el rumor y la delicada hipótesis de su maternidad oculta en este país y la segunda en relación con su alfabetización y sus estudios históricos y culturales. Temas abiertos que se irán discutiendo y analizando en detalle más adelante.

Por el momento, la alegría y el entusiasmo que le produjo el ciclo cinematográfico Infante-Montiel fue algo contagioso que se extendía fuera de la pantalla, permeando en la vida íntima, romántica y amorosa de la protagonista. El caso histórico de la trilogía: *Ahí viene Martín Corona* y *Vuelve Martín Corona*, o *El enamorado*, ambas de 1951 y *Necesito dinero* de 1952, películas dirigidas por Miguel Zacarías y protagonizadas en compañía de Pedro Infante, son ejemplos de su participación y su legado en aquel cine que tuvo un gran impacto sociocultural. En ellas se percibe un reto al estereotipo del macho mexicano, lo equivalente al «cowboy» norteamericano. Esta obra cinematográfica de tipo comedia-dramática-romántica-musical y secuencial, presenta al público hispano una verdadera confrontación social. Se trataba de un desafío impredecible y sin precedentes en la pantalla mexicana por parte de su protagonista Rosario, papel interpretado de manera insustituible por Sarita Montiel. La producción y la proyección de estas películas fue una verdadera revolución cinemática y sociocultural, donde el amor y el machismo se confrontaban continuamente.

Sin embargo, muy poca atención se le ha prestado al legado de su extraordinaria participación y actuación en la mayoría de sus películas mexicanas que en muchos sentidos se pueden considerar clásicos del cine latinoamericano. Por ejemplo, de todas ellas también es necesario señalar *Furia roja*, versión hispana de *Stronghold* con Veronica Lake, o *Cárcel de Mujeres*, ambas estrenadas en 1951, esta segunda con su equivalente en Hollywood, *Women's Prison* (1955). También hay que destacar las siguientes coproducciones mexicanas con localizaciones en Cuba, *Frente al pecado de ayer*, (o *Cuando se quiere de veras*) (1954), con este subtítulo por el bolero del compositor cubano Gonzalo Roig que Montiel interpretó en una escena del film. La próxima sería *Yo no creo en los hombres*, también de 1954. Por el rodaje de estas citas y el tiempo que pasó en Cuba, la actriz justificaba el haber podido socializar y conocer íntimamente a Ernest Hemingway y hasta haber aprendido a fumar puros con él. Precisamente cuando el escritor había ganado el premio Pulitzer (1953) y víspera de recibir el Nobel (1954). Estas películas ofrecen el contexto visual de una Habana muy moderna y liberal, adelantada a su época, unos cinco años antes de la Revolución. También vienen a ser un preámbulo y un adelanto a las obras literarias feministas que comenzarían a darse a conocer a principios de la década de los años 60. El escritor-guionista, director y productor mexicano Juan J. Ortega se valía del vehículo romántico. En ambas Ortega proyectaba la típica historia de una chica pobre y humilde, pero bella y con todos sus encantos y atributos femeninos, dentro del contexto latinoamericano de la época en que fueron producidas. En las dos historias la protagonista aspiraba a formalizar su relación amorosa con un chico guapo, rico, poderoso y proveniente de una alta clase social. Unos padres clasistas, llenos de prejuicios sociales y opuestos por completo al éxito de esas relaciones, le pondrían toda clase de obstáculos a las parejas. Aunque en las dos producciones Sarita Montiel protagonizaba el papel de víctima, en la primera de ellas hacía de campesina (guajira en el léxico cubano) dentro del contexto rural de una hacienda, que al final de la historia milagrosamente logra ver su sueño hecho realidad, a pesar de los retos impuestos por una sociedad machista y abusiva. En la segunda, la actriz interpreta la versión opuesta en términos sociales, donde viene a ser una chica de ciudad y de clase trabajadora, taquígrafa o secretaria, típico para esos años. Su personaje sorprende al público con un discurso feminista de autodefensa en la Corte donde está siendo enjuiciada por el asesinato de su examante en defensa propia. La voz de Montiel en su papel de víctima resignada a ser sentenciada y pagar su condena, injustamente acusada por un crimen que no había cometido, se proyecta muy alta en su confesión por medio de un discurso de defensa propia, pero no solo por ella. También lo hacía por todas las mujeres que hubiesen sido engañadas, violadas o utilizadas por los hombres, robándoles su honra y su dignidad dentro de una sociedad hispana y machista. Ambas películas pueden considerarse o clasificarse de crítica sociológica.

A consecuencia de su éxito y de todo lo que había ganado como producto de sus actuaciones en su nuevo territorio artístico y aconsejada por su nuevo *manager*, su mundo geográfico se extendía. Luego de la realización de la primera media docena de películas, la artista afianzaba sus pasos como actriz y se desempeñaba con orgullo y satisfacción en todo lo que quería, tanto en el cine como en la música, muy al contrario del ambiente precario y mezquino que había dejado atrás en Madrid hacía apenas un año. En México no daba abasto con todos los contratos y las nuevas oportunidades que le surgían a diario como actriz y cantante. Le sobraban las ofertas.

Sus experiencias y su participación en el cine mexicano, dicho por ella misma en nuestras entrevistas durante la primavera de 2012, son ejemplos de su aprendizaje y de su crecimiento artístico dentro de la industria hispana, antes de dar el gran salto a Hollywood. Si bien es cierto que el cine mexicano tuvo muchos años de gloria y su época de oro, hoy en día pertenece al pasado y a la historia sociocultural hispanoamericana. Aun así resulta desmesurada la falta de atención y de importancia que se le ha brindado a la participación especial de Montiel en estas películas. De seguro que la mayoría de las nuevas generaciones, en España y en todas partes, desconocen la riqueza de esta filmografía. No sería sorprendente que aun en su momento de esplendor hubiesen pasado inadvertidas por muchos. Sin embargo, cabe señalar que sin la participación de Sarita como coactriz o protagonista, habrían sido muy difíciles de concebir. Ella era la nota especial y el elemento femenino sobresaliente en la mayoría de estos títulos. Sin Sarita Montiel ya no hubiesen sido lo mismo.

Opuesto a lo que acontecía en España, las industrias cinematográficas y musicales que iban de la mano en aquella «Época de Oro» mexicana, realizaban su obra sin los límites ni las censuras del régimen. Sus intervenciones musicales en algunos de los más lujosos y famosos centros nocturnos de la ciudad capital ampliaban el alcance de sus posibilidades artísticas. El famoso Salón Versalles en el Hotel del Prado que había sido inaugurado recientemente gracias al dueño del mismo hotel y todavía presidente de México, don Miguel Alemán (1946-52), fue uno de esos escenarios donde Sarita pudo participar e integrarse al mundo musical. Paso a paso, con mucha tenacidad y todas las fuerzas de su juventud, alcanzó a protagonizar más de doce películas en un periodo de cinco años. A su vez, seguía cultivando sus posibilidades como cantante de relleno y acompañante de la orquesta del maestro

Agustín Lara dentro de los espectáculos y programas musicales de aquellos clubes nocturnos. Sarita iba ganando experiencia y lograba posicionarse con toda su gracia y talento. Participando en estos programas musicales, compartía el escenario con las grandes estrellas del momento, como Jorge Negrete y Pedro Vargas. Como actriz y cantante no podía sacarle más provecho ni ventaja a la fortuita mudanza y su larga estadía en América. Su popularidad mexicana ya estaba establecida. Contaba con la oportunidad única de desempeñarse como profesional, a la misma vez que iba aprendiendo el oficio cada día más. Para aquella época ya Montiel era parte de un mundo artístico completamente desarrollado. Había que considerar su relevante participación en el Cine de Oro y sus pinitos musicales dentro de aquellos clubes nocturnos donde competían las mejores orquestas, compositores y cantantes hispanos en busca de fama y reconocimiento. Además de El Versalles, existían El Ciro's, El Capri, El Patio, El Universal o el Noche y Día, donde todos los grandes en la música latinoamericana disfrutaron su momento. El mundo artístico en México, al estilo de Las Vegas, estaba por esos años muy adelantado y muy por encima de cualquier otro país hispano, incluyendo a España, claro está.

Su vida en México no podía ir mejor gracias al ritmo y progreso laboral que experimentaba desde el día que llegó. Ya era hora de establecerse y formar un hogar. Al estilo de la mayoría de los artistas e intelectuales de esa época en aquel contexto histórico, Sarita también llegaría hasta Cuernavaca, en las afueras de la Ciudad de México. Conocida como la Ciudad de la Eterna Primavera, por su clima y su medioambiente mucho más favorable que los de la altura de la Ciudad de México, fue donde finalmente decidió instalar su domicilio. Primero en el hotel Marik, donde pasaban largas temporadas, luego en la casita de alquiler, hasta que por fin compraría su primera propiedad. El 29 de mayo de 1953, Alfonso Reyes (1889-1959), otro de sus grandes maestros y padrinos intelectuales en México, aseguraba en su *Diario* que recibió la visita de Sarita, en compañía de su marido Juan Plaza, «para ofrecerle con gran hospitalidad su casa de Cuernavaca…». Gracias al hallazgo de estas entradas en el *Diario* de Reyes se confirma la estabilidad que Sarita iba logrando, tanto en el aspecto profesional y económico, como en lo sentimental. Por la narración de Reyes como parte de su escritura íntima y cotidiana, se puede dar por hecho la relación de marido y mujer que existía entre Juan Plaza y Sarita Montiel. Lo que tal vez nunca se imaginaría la actriz era que su vida y sus situaciones privadas no pasarían desapercibidas por la capacidad observadora del humanista universal, Alfonso Reyes. Como escritor no menospreciaría el más mínimo detalle. Reyes no solo no perdería de vista a su asidua visitante y mimada aprendiz, sino que escribiría para la posteridad todo lo que pudiese. Tampoco excluiría de su escritura autobiográfica nada de lo que tuviese que ver con sus interacciones o experiencias con Montiel. Su compleja y fructífera estadía de aquellos seis años en México (1950-1956) quedaría retratada en clave dentro de los ocho tomos de los diarios del filósofo. El volumen número VII, que cubre desde 1951 hasta 1959, contiene más de veinte entradas acerca de todos los movimientos, coordenadas y progreso profesional de la joven artista. Pero, aún más, su escritura también informa y arroja luz al lector sobre las relaciones íntimas y los maridos de su querida Sarita durante esos años. Reyes escribía en sus diarios sobre todo lo que acontecía dentro de su propio entorno. Por ejemplo, la diversidad de sus temas sería inmensa, en ellos incluiría desde lo cotidiano, como sus problemas de salud, hasta cualquier evento sociocultural, político, académico o editorial, en especial tratándose del progreso de su propia producción literaria. También llevaba un registro detallado sobre los asuntos familiares de toda índole. Describía sus meditaciones y pensamientos más íntimos, incluyendo a Sarita Montiel como parte del ambiente que reinaba en su hogar durante esos años señalados. Casi por instinto de padre adoptivo, según se puede comprender y apreciar en la lectura de su *Diario*, Reyes seguía los pasos de esa hija platónica que nunca tuvo. La combinación de los talentos y el progreso de aquella chica humilde, pero llena de inquietudes y carisma, le llamaba la atención. El cariño y la admiración paternal de Reyes por Montiel quedaron reflejados para siempre dentro de su escritura diaria. ¿Cuál sería el destino, de acuerdo a aquel futuro prometedor y aquel giro escénico (México-Hollywood-España) y matrimonial (Plaza-Mann), que la vida le deparaba a la Sarita que tanto frecuentaba su casa durante la década de los años 50? Mientras Montiel lo llamaba cariñosamente «mi barbitas», también iba dejando huellas y testimonios de su paso y andanzas por México, de su transición a Hollywood, de su regreso triunfal a España y hasta de su cambio de maridos. Tanto sus entradas en el *Diario* como el par de cartas cruzadas, inéditas y adjuntas a este texto, sirven de evidencia y proveen la documentación necesaria para definir y completar la historia entre Reyes y Montiel. Y todo esto sin que la actriz apenas llegase a darse cuenta ni saber que sus coordenadas geográficas, profesionales y vitales quedaban grabadas en la escritura íntima de Reyes. Lo que sí tenía bien claro era el dulce recuerdo y el cariño que conservaba del maestro y de su familia.

Junto con Miguel Mihura y León Felipe, el poeta y diplomático Alfonso Reyes fue otro de sus grandes maestros y padrinos intelectuales en México. © Casasola Archive.

Entonces, también queda demostrado que Alfonso Reyes sería otro gran mentor y maestro para Sarita. Analizando el tema de Reyes y su punto de conexión con Montiel, habría que conocer sus propias experiencias y su larga carrera en el extranjero. Reyes se sentía en deuda por todos los años que había pasado como diplomático y Embajador de México en el extranjero, en especial en España, donde pasó los diez años más impactantes de su formación literaria, entre 1914 y 1924. Sus lazos históricos, políticos y culturales con España y con todos los exiliados españoles en su país hicieron que su interés y compromiso en apoyar, educar, ilustrar y hasta aconsejar a Sarita en todo lo posible fueran genuinos e incondicionales, casi a nivel de adopción por un padre intelectual. Así lo revela su registro en su *Diario* (tomo VII, desde 1951 hasta 1959), al que ya se ha ido citando y haciendo referencia de la lista íntegra y oficial que se presenta más adelante. Su *Diario* servirá por siempre como testimonio y documento biográfico, para Reyes y para todos los que en él se encuentran o participan. Las palabras del autor proveen validez y añaden relieve a las imágenes biográficas de Montiel que se van presentando.

Hasta el presente y a diferencia de los demás, Reyes apuntaba o señalaba por escrito para la posteridad algunos momentos claves de su carrera. Sus observaciones y comentarios permiten contextualizar el ambiente que le rodeaba en aquel México de los años 50. Como ya se ha indicado, su escritura manifiesta constancia de la transición de México a Hollywood, cambios de maridos (Plaza-Mann), y, en clave, la fuente de algunos de sus conflictos de pareja, desconocidos hasta hoy en día. En su *Diario* quedaron registradas las visitas y las estadías de Sarita en la casa del escritor. Asimismo existe el registro de los contactos telefónicos, referencias a sus viajes y detalles acerca de sus primeras actuaciones musicales en la Ciudad de México. El valor de toda esta información, incluyendo lugares y fechas, es incalculable. El alcance de la documentación de Reyes da a conocer cómo la actriz, ya viviendo y trabajando en Los Ángeles, California, desde 1955, continuaba viajando a México, por lo menos hasta 1957. La existencia del registro de estos datos biográficos ayuda a reconstruir gran parte de la historia antes desconocida sobre la relación y la ruptura de Montiel y su marido Juan

Plaza. Como se puede interpretar y deducir de acuerdo a la escritura de Reyes, Plaza había estado malversando o administrando indebidamente los ingresos de su pareja y protegida. Entre Plaza y Montiel se repetía el típico caso de la artista que un día descubre que su marido y representante, en quien confiaba y a quien amaba, utilizaba sus ingresos para su propio beneficio. En este caso las dimensiones de los conflictos de pareja y los desacuerdos económicos escalaron hasta alcanzar niveles judiciales, amenazas y persecuciones. Más aún, quedaría por verificar hasta qué punto, de haber habido una criatura de por medio. Así evolucionaba la vida privada de Montiel en México a partir de 1950 donde había llegado de la mano de su madre, provenientes del sórdido y censurado ambiente madrileño, controlado por el régimen franquista.

Toda esta investigación ayuda a comprender mejor el alcance del compromiso que se ha ido describiendo por parte de Alfonso Reyes hacia los exiliados españoles al regresar a su país después de un total de 25 años en Europa y Suramérica. Siempre partiendo del hecho de que fue bajo su solicitud al presidente Lázaro Cárdenas que se llevó a cabo la creación de la Casa de España en México. Designado por Cárdenas, Reyes sería la persona a cargo de esta institución en calidad de presidente del patronato, desde el 12 de marzo de 1939 hasta su fallecimiento en 1959. En este centro cultural se inició la ayuda y el refugio a los intelectuales españoles en el exilio entre 1939 y 1940. Después de sus primeros dos años de evolución se convirtió en lo que se conoce hoy día como El Colegio de México (COLMEX). Por los años que pasó en España y su estrecho vínculo con el mundo intelectual y literario español, Reyes, como un acto de reciprocidad siempre continuó apoyando a los españoles en su territorio durante el transcurso de los últimos veinte años de su vida.

El ensayista y pensador mexicano no solo mantuvo íntimos diálogos con Miguel de Unamuno, Ramón del Valle-Inclán, José Ortega y Gasset, Juan Ramón Jiménez o Ramón Gómez de la Serna durante sus años en España, sino que continuó esta relación intelectual con todos ellos una vez de vuelta a su país. Y lo hizo como un compromiso moral a largo plazo. Desde su domicilio, perteneciente al barrio de Hipódromo Condesa de la Ciudad de México, mantendría una estrecha relación y comunicación directa con todos los españoles que podía. Así mismo lo hizo con León Felipe, Luis Buñuel, Juan Negrín y toda aquella generación que de una manera u otra terminaron estableciéndose en suelo azteca, o lo que volvería a ser para muchos de ellos la Nueva España. Pues, a su hogar, donde frecuentaban todos ellos, también llegó Sarita Montiel según se ha podido confirmar. Precisamente a partir de 1951 se puede contar con la evidencia de las continuas visitas y del cariño mutuo que se profesaban el uno al otro. Aquella chica iletrada, en comparación con el resto de sus asiduos visitantes, que llegaba a sus puertas en compañía de su madre y de Juan Plaza que desde aquel entonces no le perdía la pista, recibiría toda su atención y simpatía. Indiscutiblemente que gracias a Reyes ha quedado demostrado el papel de Plaza en la vida profesional y sentimental de Montiel durante esta etapa mexicana. En su *Diario* se confirma que Juan Manuel, además de convertirse en el *manager* artístico de la futura diva, también se convertiría en su sombra. Aunque por un período de tiempo fingía ser pariente y asumía el papel de primo de la Montiel, eventualmente se revelaría su identidad como su marido para esa época.

En una entrevista especial en Ciudad de México, el 1 de agosto de 2018, Manuela Reyes Mota, nieta del narrador y poeta, evocó con nostalgia la imagen que aún conserva perfectamente en sus recuerdos de una Sarita Montiel amena, jovial y muy divertida, que visitaba a sus abuelos continuamente:

> «Era comiquísima. Siempre venía a la casa en compañía de Juan Plaza, que podía ser su padre... Hasta vivió algunas temporadas en la casa de mi abuelo. Era cariñosísima con nosotras y cuando íbamos a visitarla a Cuernavaca, nos ofrecía en secreto, casi a escondidas como si fuese un tesoro, bombones de *marron glacé*».

Aunque ya se ha hecho referencia y se han citando algunas de las manifestaciones de Alfonso Reyes sobre Sarita Montiel dentro de su *Diario*, además de haber resumido las impresiones generales acerca de esta escritura íntima y biográfica, a continuación se provee una transcripción textual e íntegra del resto de ellas:

Cuernavaca, sábado 16 febrero 1952

Sara Montiel (María Antonia), la estrella de cine español, hecha una sonaja. Buscamos casa o posada más tranquila y barata, sin suerte hasta ahora. (p. 40)

México, jueves 3 abril 1952

Sarita Montiel insiste amablemente en invitarme al Versalles para oírla cantar. Como esto siempre para en propaganda de fotógrafo y crónica y como aún no estoy para trasnochar, me disculpo. (p. 56)

México, sábado 14 junio 1952

Tarde: asuntos y acuerdos con Lida. Sarita Montiel con su primo-gerente... (p. 79)

México, viernes 2 enero 1953

Almorzar, de sorpresa, Sarita Montiel y su amiga la linda andalucita Antonia: que Plaza se rompió antes de ayer una espinilla bailando con ella en Cuernavaca y está hospitalizado. (p. 131)

México, viernes 29 mayo 1953

Sarita Montiel y Juan Plaza para ofrecer con gran hospitalidad su casa de Cuernavaca. (p. 164)

México, lunes 14 marzo 1955

A la siesta, Sarita Montiel (de vuelta de Sudamérica) con Juan Plaza. (p. 318)

México, viernes 8 julio 1955

Sarita Montiel con Juan Plaza a invitar a su cocktail de hoy. Me disculpo por mi cita médica con el urólogo... Manuelita va con Plaza un instante al cocktail de Sarita. (p. 348)

México, jueves 13 octubre 1955

Noche, de paso, entre uno y otro trabajo de cine (película de Mario Lanza), viene Sarita Montiel con Juan Plaza y la cantante Lydia Ibarrondo Jordan. (p. 375)

México, martes 21 agosto 1956

Me habla (al) teléfono desde Los Ángeles Sarita Montiel pidiendo venir a casa dos días para sus negocios y diciendo tiene que venir secreta y protegida. Imposible negarse y esto en momentos en que tengo también aquí a mi hijo refugiado por disgusto con su mujer. ¿Qué le pasará? Como se casó allá con Tony Mann ¿serán disgustos con Juan Plaza? Por lo pronto, no podré irme a Cuernavaca entre lo de mi hijo y lo de Sarita. (p. 472)

México, lunes 27 agosto 1956

Mal ambiente en casa de mi hijo. Esto se pone peor por instantes y solo vuelvo por aquí a sufrir y ver locuras. Lico con una rodilla lastimada. A merendar, Manuel Sandoval Vallarta. Sarita Montiel y su amiga la sevillana Antonia María. Locura, por todos lados mi hijo y Lico, Sarita y Plaza... (p. 474)

Cuernavaca, martes 25 junio 1957

¡Mala noticia: que se divorcian Sarita Montiel y Tony Mann! (p. 581)

México, martes 18 marzo 1958

Al fin veo *El último cuplé* de la preciosa Sarita Montiel. (p. 633)

México, martes 18 noviembre 1958

Siesta: habla Sarita Montiel de Hollywood: se envenenó con el gas del auto en Guatemala, a punto de morir. Ya bien, acompañada de su esposo Tony, y... [Enrique Herreros] del dibujante que la «descubrió» de jovencita en España. (p. 685)

Además de la presentación de estos textos extraídos directamente del *Diario* alfonsino, la transcripción íntegra de las dos cartas cruzadas entre Montiel y Reyes, de 1956 y 1958 (adjuntas al texto), muestran una imagen realista de su familiaridad y su amistad. Las fechas dentro de su *Diario*, publicado en su primera edición en 2015, sirven de guía, de contexto cronológico y hasta de referencia sobre los años de Montiel en México. También añaden una precisión temporal de sus futuros movimientos hacia sus próximos destinos profesionales y artísticos. En este registro autobiográfico se ilustra el círculo geográfico desde su bien lograda estabilidad en México, su paso por Los Ángeles y su regreso triunfal a España. Su escritura íntima proyectaba su voz, narrando de una manera muy sutil, puntual y esporádica, pero consistente, cada una de las visitas de Sarita a la Capilla Alfonsina. Hoy también proporcionan información y la certeza sobre algunos de sus compromisos y viajes profesionales.

En cuanto al tema ya mencionado sobre su maternidad en México, como punto de partida se puede comenzar a analizar la situación desde que realizó sus primeras declaraciones noveladas dentro de sus antiguas «memorias» que fueron publicadas en la revista *Lecturas*. En sus 25 entregas o capítulos, a partir del 24 de junio de 1983, explicaba a sus lectores sin ningún reparo el siguiente testimonio, en palabras de Montiel: «… Juan Plaza vino a sumarse al lío de mi vida. Mis relaciones con él fueron largas, pero siempre difíciles. Me quedé embarazada y tuve mi primer aborto: una niña que nació sietemesina ya muerta».

La próxima cita de Sarita Montiel forma parte de una entrevista que, aunque supuestamente novelada, resulta ser el acercamiento más certero a su realidad biográfica de esa época. La publicación fue firmada por Héctor Argente, un colaborador de la revista «*Somos*» de México que había dedicado una edición monográfica en homenaje a la actriz y cantante, a propósito de la publicación de sus *Memorias* en el año 2000. Su texto presenta una minuciosa investigación, contacto directo con Montiel, además de haber tenido acceso a las fuentes necesarias, aunque su narrativa conserva ese margen entre ficción y no ficción que suele suceder en el género biográfico.

> «… En tanto Juan Plaza —hombre casado, dulce, alto, rubio y ojos azules—, ganaba peldaños en mi corazón. Así, mientras moría Stalin en Moscú, Juan y yo nos convertíamos en amantes, secretos, pero amantes. Mi madre se sentía ofendida por esas relaciones. […] De pronto descubrí que esperaba a mi primer hijo, de Juan Plaza y el dolor anidó en mí al perder el embarazo…» (*Somos*, México, 2000).

Más allá de aprender a leer y escribir, el transcurso de esos cuatro o cinco años en México fue sin duda su universidad y su mejor experiencia académica. © Cineteca Nacional de México.

Aparte de sus conflictos con Plaza, era mucho lo que Montiel tenía que procesar debido a la riqueza de sus nuevas experiencias, los vínculos y relaciones establecidas en este país que le brindaba un segundo hogar desde la primavera de 1950. Sus venerados amigos, admiradores y maestros intelectuales, como León Felipe o Alfonso Reyes y todo el tiempo compartido con sus respectivas familias, forjaban sus mejores recuerdos de sus vivencias en México. También conservaría como un tesoro sus experiencias con los demás compañeros, actores y músicos, con quienes compartió momentos históricos, dentro y fuera de los estudios de cine o los escenarios musicales en los que participaba. Con su continua dedicación y cooperación iba ganando terreno y la confianza de sus colegas. A ellos también les debía en gran medida su rápida evolución y aquel progreso en sus diferentes facetas profesionales. Por ejemplo, años más tarde, el 15 de abril de 1957, Montiel lamentaría la trágica y repentina muerte del actor y cantante Pedro Infante que solo contaba con 39 años de edad. Para entonces Montiel llevaba un par de años en ese ir y venir, aclimatándose a Hollywood, su próximo hogar artístico después de México. También se encontraba en un proceso de transición, no solo en su carrera profesional, sino también en su vida amorosa. Sin saberlo, estaba a punto de convertirse en la señora de Anthony Mann y en una estrella internacional.

Por el *Diario* de Alfonso Reyes, ahora se conocen los motivos por los que Sarita continuaba visitando México, por lo menos hasta la primavera de 1957. De acuerdo a sus *Memorias*, para aquellas fechas se encontraba justo al lado de su futuro marido, el director de cine norteamericano Anthony Mann, convaleciente de un infarto cardiaco en un hospital de Nueva York. Todo esto formaría parte de la cadena de acontecimientos en la vida de Montiel a su regreso a los Estados Unidos luego de terminar el rodaje y la producción de *El último cuplé*. Existe un antes y un después de este film de bajo presupuesto que con su rotundo éxito le transformaría de la noche a la mañana en la diva que siempre había soñado ser, según se explicará más adelante. En el *Diario* de Reyes, aunque con algún retraso, se puede confirmar el incidente de los problemas de salud del famoso director y de su preámbulo nupcial en los Estados Unidos.

México fue una fuente de oportunidades para su crecimiento y su formación. Tomando en consideración las declaraciones históricas de Laura Mercader, entonces existe un total de tres diferentes posibilidades o alternativas de cómo, cuándo y con quién verdaderamente Sarita aprendió a leer y a escribir de corrido como adulta. Después de conocer el relato o testimonio sobre sus asiduas visitas a Ramón Mercader, tal vez sea más difícil poder descifrar exactamente quién fue su maestro definitivo y bajo qué circunstancias y etapa de su vida llegó a dominar la lectura y la escritura por completo. ¿Acaso con su «primer amor» Miguel Mihura antes de salir de España? ¿O fue con su querido poeta y fiel admirador León Felipe a su llegada a México? ¿O habrá sido con el líder comunista Ramón Mercader durante la segunda década de su sentencia en Lecumberri? Por otro lado, si fuera factible llegar a establecer una conclusión, lo más lógico sería inclinarse por la teoría de que todos ellos contribuyeron a su aprendizaje, mucho más allá de ayudarla a dominar la lectura y la escritura de corrido. Estando tan consciente de sus carencias y sus limitaciones a nivel intelectual, apreciaría infinitamente toda la educación y lo mucho que pudiese aprender de sus maestros. Además, rodeada y en continua interacción con todos estos escritores, pintores, políticos, científicos, músicos y grandes personalidades, Montiel obtuvo la mejor enseñanza posible. Contar con esta diversidad de tutores, responsables de tantas lecciones humanísticas y de sus estudios artísticos y culturales, en cualquier caso sería una experiencia envidiable. Más allá de aprender a leer y escribir, el transcurso de estos cuatro o cinco años en México fue sin duda su universidad y su mejor experiencia académica. Entonces, Felipe o Mercader no serían los únicos responsables de la educación y del desarrollo intelectual y artístico de Montiel una vez integrada dentro de ese ambiente sociocultural. Fueron muchos los factores a su favor, aun sin haberlos programado, que pudieron justificar su progreso y su éxito bajo territorio mexicano.

Como ha quedado establecido, Sarita llegó a tiempo para formar parte de la Época de Oro de la industria cinematográfica de este país. La proyección cultural que lograban alcanzar los actores y los cantantes de aquella época por medio del cinema mexicano a nivel internacional era inmensa. Existía también el interés y la tendencia, más bien el propósito de llevar la literatura a la pantalla grande, especialmente para las masas que de otra manera no tendrían acceso a la academia o al mundo literario. A no ser por el cine muchos no hubiesen tenido la oportunidad de conocer y disfrutar las obras clásicas latinoamericanas, como *Doña Bárbara* (1944), con la interpretación irrepetible de María Félix. Otro ejemplo clásico que ilustra la importancia cultural de esta tendencia sería *Santa* (1932), el melodrama con su pianista ciego, Hipólito, que animaba el burdel, donde el propio Agustín Lara era el compositor de la música e intérprete del personaje. O *Los de abajo*, esta obra con su adaptación para el cine realizada precisamente por Marcela del Río Reyes.

Porque ya no me quieres (con Agustín Lara) en
1953. © Cineteca Nacional de México.

La actriz, periodista, escritora y profesora del Río Reyes, pariente de Alfonso Reyes, también visitaba con frecuencia la casa de su tío. La Capilla Alfonsina vino a ser el cenáculo literario e intelectual de muchos, incluyendo a la mayoría de los españoles refugiados en México a partir de 1939. Aquellos republicanos que como se ha expresado vivían exiliados en México gracias al presidente Cárdenas, quien le abrió las puertas a todos por igual, disfrutaron en algún momento del amparo y la hospitalidad de Alfonso Reyes. Las puertas de su casa, que él mismo denominó Capilla Alfonsina, permanecieron abiertas para todo este gremio intelectual hasta el día de su fallecimiento, el 27 de diciembre de 1959. Las entrevistas realizadas a Marcela del Río Reyes, la sobrina-nieta del filósofo y escritor, también han sido una relevante contribución y una fuente de información viva y directa sobre el contexto histórico de esta etapa mexicana de Montiel. Del Río Reyes tuvo la experiencia y la oportunidad de trabajar para su tío a principios de 1950 y vivir así como testigo en un primer plano los acontecimientos de la Capilla Alfonsina.

Pero México también contaba durante esos años con la mayor producción musical de toda Hispanoamérica. Autores, compositores, músicos, orquestas, arreglistas, intérpretes de la canción y casas disqueras, todos, o estaban establecidos en México, o hacían lo que fuese pertinente para llegar a integrarse y participar dentro de aquel mundo musical. Por ejemplo, entre los grandes directores musicales y compositores mexicanos con quienes Sarita tuvo la oportunidad de colaborar y aprender, se encuentran Manuel Esperón, Gonzalo Curiel o el mismo Agustín Lara. Durante esos años Lara estaba en la cumbre de su carrera como compositor y maestro musical. Por su relevancia artística y el vínculo profesional que existió entre ambos durante la primera mitad de la década de los años 50, se ha hecho referencia a su nombre y su obra en muchas ocasiones. Mas todos ellos eran los máximos representantes y los más prolíficos compositores y productores de la música mexicana que servía de continuo complemento o música de fondo para las películas de la Época de Oro. Años después Montiel tendría la oportunidad de grabar e incluir en sus actuaciones algunos de sus temas musicales, sacándole todo el provecho a largo plazo dentro de su discografía como cantante internacional. Muchas de las famosas composiciones de estos músicos con quienes había colaborado a tan temprana edad, también contarían con una versión de la popular cantante durante las próximas décadas. Un detalle que ellos apreciarían infinitamente desde el punto de vista artístico y comercial. Ejemplos de estas melodías interpretadas por Sarita Montiel dentro de varias de sus películas, o simplemente incluidas en su repertorio musical durante el transcurso de los años, son: «Vereda tropical» (Curiel), «No volveré» (Esperón) y «Madrid», «Solamente una vez», o «Pobre de mí» (del maestro Lara). Hablamos de éxitos musicales que todavía resultan conocidos y familiares dentro del legado artístico de Montiel. La actriz y cantante continuaría recurriendo a ese acervo musical y utilizando la obra de otros compositores mexicanos que mejor complementara sus futuros melodramas del cine español, por ejemplo, «Bésame mucho», la obra maestra de Consuelo Velázquez, compuesta en 1940, o «Contigo aprendí», del insigne Armando Manzanero.

Agustín Lara era la primerísima figura musical y el compositor más importante en México y en toda Latinoamérica. Aun en el presente merece un reconocimiento especial como uno de los responsables de todo lo que acontecía en la música romántica y popular dentro de aquel panorama cultural. Lara fue el más distinguido de todos los compositores que vivían comprometidos con los géneros musicales de la época, tan populares en México como en el resto del mundo. Todo ese repertorio musical se promovía en el mismo cine en que Sarita participaba e iba obteniendo reconocimiento y prestigio artístico dentro de aquel contexto histórico.

El cine mexicano también hacía buen uso de la música como recurso poético y contexto cultural tanto dentro de sus melodramas como en cualquier otro género. Por otro lado, a su vez ayudaba a crear un espacio y proveer diferentes plataformas para aquellos géneros musicales y ritmos caribeños más populares que se utilizaban en la mayoría de esas producciones cinematográficas, como el bolero, la guaracha, el mambo y el chachachá. La interpretación a capela por Montiel del tema «Cuando se quiere de veras», del compositor cubano Gonzalo Roig, fue tan sublime e inesperada, que hasta se utilizó como subtítulo del film *Frente al pecado de ayer* en 1953. Otra oportunidad que no desperdició ni por un instante sería la interpretación de las rancheras. Género musical que todavía conserva ese reconocimiento y devoción como parte del *folklore* y del cinema mexicano de mediados del siglo pasado. Sus grandes intérpretes y sus iconos culturales dentro de ese campo, como Jorge Negrete, Pedro Infante, Javier Solís, José Alfredo Jiménez (compositor y cantante), Vicente Fernández, Miguel Aceves Mejía, Antonio Aguilar y su esposa Flor Silvestre, entre otros, nunca pasarán al olvido.

La evolución de Montiel como actriz y cantante, además de su éxito en el cine mexicano, desde *Furia Roja* o *Cárcel de mujeres* en 1951, su trilogía con Pedro Infante en 1952, esas películas en las que participaba durante esos años, tal vez sin ni siquiera habérselo planteado, le ayudaron a llamar la atención de los cineastas y las casas productoras en la meca norteamericana de Hollywood. Su

Sara alcanzó a protagonizar más de doce películas en un periodo de cinco años y seguía cultivando sus posibilidades como cantante de relleno y acompañante de la orquesta del maestro Agustín. En esta fotografía, el día de su debut en el teatro Puerto Rico, en Nueva York.

protagonismo en *Piel Canela* (1953), donde interpretaba el papel principal de Marucha, fue sobresaliente y la culminación de sus logros durante esa etapa. El título del film, inspirado a su vez en el tema musical del compositor puertorriqueño Bobby Capó, enmarcaría su actuación, promoviendo su figura y su imagen más allá de los límites del Cine de Oro Mexicano. Tanto había sido el éxito internacional del estreno de la canción por su cantautor con La Sonora Matancera, en 1952, que hasta merecía la recreación de una historia en esos momentos dentro de la pantalla mexicana generando a su vez mayores beneficios y promociones para todas las partes. Tanto el director y productor del film, Juan José Ortega, como el cantante mexicano Pedro Vargas, que se encontraba en el pináculo de su carrera, serían reconocidos y recompensados por sus respectivas aportaciones. Las consecuencias y repercusiones positivas serían distribuidas equitativamente en todas las direcciones.

Sarita no solo entró de lleno en el cinema mexicano por la puerta grande, sino que también tuvo la suerte de poder trabajar con el compositor y director musical más popular e importante de esa etapa artística y de todos ellos. Además de la película que ambos protagonizaron juntos: *¿Por qué ya no me quieres?* (1954), como habíamos señalado, Lara también le contrataba como cantante para que le acompañase dentro de su orquesta interpretando sus boleros. Gracias a la invitación del maestro Lara, Sarita recorrería los escenarios más importantes de México y de las ciudades de mayor público hispano en los Estados Unidos, como Nueva York y Los Ángeles, o donde quiera que solicitaran sus actuaciones musicales. Esta experiencia musical del brazo de Agustín Lara durante los años 50 le valdría de mucho para su portafolio artístico a largo plazo. No solo por la oportunidad de ampliar sus horizontes y abrirle las puertas al mercado norteamericano, sino también por poder diversificar dentro de la industria del espectáculo. Sería un logro importante, gracias a su perseverancia, México le brindaba una nueva dimensión, productiva y beneficiosa en todos los sentidos.

Todo este progreso artístico tendría su impacto en términos profesionales a corto y a largo plazo. Las consecuencias en el plano sentimental también serían profundas y de mayor envergadura. Fue precisamente en una de esas giras con el maestro

Lara cuando tuvo la oportunidad de conocer al científico y futuro Premio Nobel Severo Ochoa. Luego del histórico concierto de la orquesta de Agustín Lara en el Teatro Puerto Rico de Nueva York, todos acudieron a la recepción oficial del Consulado de México en esa ciudad. Allí tuvo lugar el primer encuentro con el que llegó a considerar el gran amor de su vida. Un tema que por su delicadeza y envergadura se tratará más adelante ya que está relacionado con los grandes amores de su vida.

Gracias a la entrevista a la profesora y escritora Marcela del Río Reyes, a quien ya se ha hecho referencia, en su domicilio de Cuernavaca en agosto de 2018, se obtiene una mejor visión, más actualizada, acerca del escenario sociocultural y artístico reinante en México durante la década de los años 50. La sobrina nieta de Alfonso Reyes nos provee una viva descripción del ambiente cine-matográfico que recibió a Sarita Montiel en la primavera de 1950. Por medio de esta reciente perspectiva tan detallada y auténtica de del Río Reyes, se ha podido obtener de primera mano la realidad y el propósito de la industria del cinema mexicano que se producía en aquella época. Citando a del Río Reyes:

«Las salas de cine en la Ciudad de México durante las décadas de los años 30, 40 y 50 (correspondientes a la Época de Oro del Cine Mexicano) eran enormes. Ya que no había televisión, todos iban al cine. El ir al cine era todo un acontecimiento y un evento social. Las colas eran inmensas. Había cines elegantes y cines populares. Por ejemplo, el cine Alameda, con aquel cielo de estrellas en su cúpula que parecía tan real y sus representaciones de los diversos pueblos mexicanos decorando atractivamente sus paredes… O el Arcadia… [Donde sin Montiel poder adivinarlo, a finales de esa misma década de los 50, se estrenarían y quedarían en cartelera por más de un año las películas que cambiarían el rumbo de su vida.] En los cines populares se ofrecían hasta tres películas por el mismo precio o boleto de entrada. El cine era parte de la vida misma del México de aquellos años».

Para entonces la industria cinematográfica no se limitaba a pro-mover el cine y a sus máximos representantes y artistas como María Félix, Dolores del Río, Jorge Negrete o El Indio Fernández, sino que iba más allá. Sus estudios se encargarían también de promover el rico y diverso mundo musical que se reproducía en aquellas décadas como parte del diario vivir. Un caudal artístico que sería para siempre parte del acervo cultural mexicano e hispanoamericano. No existían límites ni linderos entre lo cinematográfico y lo musical, más bien se complementaban. Las mismas estrellas, actores, personajes, intérpretes de la canción y compositores compartían la misma plataforma y los escenarios que vendrían a ser parte de la vida cotidiana de los mexicanos. Sin duda alguna, dentro de ese contexto histórico el cine era el medio de producción artístico por excelencia. Era un medio cultural y social donde se compartía diariamente lo bueno y lo malo, las penas como las alegrías, las ilusiones, lo dulce y lo amargo de la vida diaria que se proyectaba en la pantalla grande como un reflejo de la misma sociedad.

Eventualmente, tanto esta plataforma cinematográfica como su marido y *manager* Juan Plaza quedarían atrás para poder continuar su carrera y seguir adelante con su vida artística en el cine norteamericano de Hollywood. Aun viviendo en México ya había dado comienzo a su próxima y tercera etapa cinematográfica a partir de 1954 con su participación en *Vera Cruz*, según se explicará más adelante. A finales de 1955, un día muy temprano por la mañana, con sus maletas ya hechas y lista para emprender el viaje a Madrid vía Los Ángeles en compañía de su madre, Sarita se despedía para siempre de su marido en su domicilio de Cuernavaca. No sin antes haberle explicado que solo iban de vacaciones por unas cuantas semanas. Lo que Plaza no sabía era que se marchaba para siempre, abandonando su hogar para nunca más volver. Solo habían comprado billetes de ida. Su regreso sería planificado más adelante para instalarse directamente en su nuevo domicilio de Beverly Hills. Utilizando como pretexto su próximo film, primero visitarían a su querida amiga y salvoconducto Lydia Ibarrondo Jordan que vivía en la avenida Melrose de la ciudad de Los Ángeles. Una simple visita de rigor a su antigua amiga y conocida de Plaza, donde siempre acostumbraba hospedarse cuando iba desde México. La diferencia estribaba en que esta vez aprovechaba el viaje para llevar a cabo una pequeña mudanza. En realidad se trataba solo de una escala en su largo viaje de camino a

Madrid con el propósito de dejar la mayoría del equipaje destinado a su nuevo domicilio de Beverly Hills que muy pronto compartiría con su futuro marido Anthony Mann a la vuelta de sus vacaciones, ya en 1956.

Esta vez no se trataba de un viaje de esos que hacía en relación con un nuevo film o algún espectáculo musical. Sarita lo había planificado todo y había tomado una decisión en secreto con su madre y ya no habría marcha atrás. Nunca más volvería a ser parte de aquel hogar clandestino que ambos habían establecido en Cuernavaca, donde Plaza iba y venía a su aire desde su casa en Ciudad de México. Aprovechando la confusión del viaje a Los Ángeles en tránsito y en combinación con sus vacaciones a España, después de su larga estancia de cinco años en México, empacaba todo lo que pudiesen necesitar para las dos. Así ponía punto final a aquella relación tóxica y contraproducente que ya no tenía futuro ni solución. Terminar por completo sería lo mejor, aunque el precio fuese demasiado alto. Aparte de romper con su pareja, implicaba abandonar su casa y su hogar, lo que representaba toda la inversión de su etapa mexicana. Y aún más bajo la teoría de su posible maternidad oculta en México, lo que también implicaba y suponía el haber tenido que dejar a su propio niño en manos del padre en su hermosa propiedad residencial de Cuernavaca. Aunque de acuerdo a sus memorias narradas y publicadas en la revista *Lecturas* en 1983 y a su declaración sobre este importante tema maternal en el reportaje de la revista *Somos* en 2000, fuentes que ya han sido citadas, el hijo que había engendrado con Plaza nació muerto, existe la posibilidad, en teoría, de que ese no fuese el caso, y que aquella criatura recién nacida que convenientemente hubiese dejado en brazos del padre, eventualmente hubiese sido dada en adopción. Más aún, que ese niño o niña nunca llegara a saber que su madre biológica era Sara Montiel. Al haber cortado toda relación con Plaza luego de su dramática partida, pudo haber sido el caso que ella misma tampoco volviese a saber ni una palabra acerca de su niño. Dada la estrecha relación de Juan Plaza con Ramón Mercader, también cabe pensar que, de ser cierta esta teoría sobre la supervivencia del niño Plaza-Abad, una vez absuelto, su amigo pudiese haber tenido algo que ver con la futura adopción de la criatura. Nada de esto se ha podido comprobar tras los años de investigación, sin embargo, tampoco queda descartada del todo la posible historia y los pasos inciertos de aquella criatura producto de la apasionada relación entre Plaza y Montiel en México durante los años 50. Así se podría concluir por el momento esta teoría, que, de ser cierta, muchos nos hemos preguntado por qué ni la madre ni el hijo hubiesen intentado restablecer contacto a través de los años.

Montiel sabía que Plaza no la podría perseguir ni localizar en ninguno de esos destinos, ni en California ni en España, debido a su estatus de exiliado comunista. Plaza había jugado en secreto y con toda discreción su papel de primer marido y padre de un supuesto hijo. Mas Montiel fue la proveedora de lo que sería el primer y único hogar de la pareja en Cuernavaca y el día que decidió marcharse, Juan Manuel jamás le perdonaría el haber abandonado lo que fue aquel nido de amor. Más aún, le amenazaba de muerte por dejarlo atrás y haberle dado toda la prioridad e importancia a su carrera artística. Sarita tuvo que elegir y finalmente aceptar su realidad. Así fue como decidió darle más mérito y el peso necesario al futuro profesional que le proveía el destino en bandeja de plata, que al marido y a su primer hogar. La ilusión y la estabilidad que encontraba como mujer independiente por medio de sus nuevas oportunidades y contratos como actriz no se las podría proveer un hombre casado y controlador.

Aun así, por haberlo hecho de la manera en que lo hizo, cuando tal vez todavía amaba a su marido, no habría ninguna posibilidad u oportunidad de regresar a formar parte de aquel hogar que ella misma había fundado al invertir en la compra de aquella casa. Como ha quedado establecido en las entradas del *Diario* de Reyes, Plaza llegaría a perseguirla bajo amenazas por aquel abandono (y supuestamente haberlo dejado a cargo de un niño recién nacido). Sarita también actuaba bajo la presión de no ser identificada en la meca del cine norteamericano por su simpatía y su íntima relación con un líder comunista. Más aún, ¿qué rumbo hubiese tomado su futuro profesional ante las ofertas que recibía de Hollywood al descubrirse su vínculo con Plaza, incluyendo la posibilidad de haber tenido un hijo con uno de los máximos representantes de esa ideología política en México, donde ni siquiera era aceptada? Para poder alcanzar las metas que se había trazado una vez en Hollywood, primero tenía que resolver sus asuntos en México. Tenía que volver a tomar una seria decisión en su vida y romper con su pasado o dar por concluidas sus oportunidades artísticas en los Estados Unidos, al igual que sus intereses y prioridades como mujer profesional.

Pero Montiel, ante todas las ofertas y diversidad de contratos que le pudiesen presentar, ya no tenía ninguna otra alternativa que seguir adelante con su propia agenda, como si no hubiese pasado nada. Sin poder dar marcha atrás, pasaba la página, daba sus espaldas a México y a todo lo que se quedaba en ese país que representaba su segundo hogar y su segunda etapa cinematográfica. Sin más alternativas, teniendo que sacrificar y renunciar a tantas cosas en México por su ambición profesional, por el compromiso de un nuevo contrato en Hollywood y el futuro de su carrera, muy pronto daría comienzo al próximo capítulo de su vida a todo color. Hollywood sería su destino inmediato y su próximo hogar. Muy pronto comenzaría una nueva relación con el que sería su primer esposo oficial, el director de cine norteamericano Anthony Mann.

Para poder comprender mejor la situación en la que se encontraba, la presión o el peso que tenía sobre sus hombros y las circunstancias que le forzaban a comportarse de la manera en que lo hizo, sería necesario repasar lo que acontecía en los Estados Unidos y dentro de la industria en la que ya estaba completamente comprometida. Desde 1947 y en pleno apogeo a mediados de esa misma década de los 50, existía lo que se llamaba la Lista Negra, tanto en Hollywood como en el resto de los Estados Unidos. Se trataba de una campaña anticomunista que se extendía a todas las áreas profesionales. Por ejemplo, sus propulsores se enfocaban en las ciencias o en cualquier otro segmento donde se pudiese infiltrar tal creencia o ideología política. Tal vez con especial atención en el mundo de las comunicaciones, por su carácter divulgativo. Dentro de la industria del cine en Hollywood, esta Lista Negra se conocía como el instrumento a cargo de asegurar la práctica de negarle empleo a guionistas, actores, directores, músicos y cualquier otro profesional del mundo del espectáculo o de los medios de comunicación, por ser acusados de tener intereses o lazos comunistas. Aunque Montiel fuese apolítica y no hubiese tenido ninguna intención de trabajar en Hollywood, varios factores ajenos a su voluntad la llevaron en esa dirección.

Como Montiel narraba en una de nuestras entrevistas en Cincinnati durante la primavera de 2012: «Yo no fui a Hollywood en busca de empleo, fue Hollywood quien vino a por mí hasta México a ofrecerme contratos y oportunidades». Y así fue. De acuerdo a Sarita y los hechos históricos, los estudios en Hollywood mantenían su mirada fija y ejercían una búsqueda continua de nuevos talentos entre los jóvenes actores del cine mexicano. Un ejercicio práctico y lógico por la proximidad y la diversidad de los nuevos recursos y talentos que pudiesen encontrar en su país vecino. Columbia Pictures, United Artists y Warner Brothers, todas fueron en busca de Sara Montiel. En el próximo capítulo se estudiará cómo la combinación de todas sus experiencias en México impactó el rumbo que tomaría su carrera profesional en Hollywood y eventualmente en España.

Barcelona, 20 de diciembre de 1956
Sarita Montiel
Paseo de Gracia 49
Barcelona, España

Queridísimos Doña Manuela y don Alfonso:
¿Cómo están? ¿Y usted mi don Alfonso, cómo se siente? ¿Todavía conserva su hermosa barbita para mí? A mediados de Enero vamos para allá especialmente por verles a ustedes. Aquí me tienen trabajando como una negra sin parar. He regresado apenas dos días de la montaña donde estuvimos rodando bastantes escenas de la película y me pongo a escribirles estas líneas (que aunque no sé escribir muy bien) pero van llenas de amor para mi barbitas y para mi Manuela.

Mi abrazo y un beso,
en X M.ª Antonia

México, D. F., 20 de marzo de 1958

Sra. Sarita Montiel,
2016 Cold Water Cayon,
Beverly Hills,
Los Angeles, California,
U. S. A.

Sarita ADORADA:
Ante todo, cariñosos saludos de casa y nuestros votos mejores para ti y el amigo Tony.

He visto *El último cuplé* ¡seis veces! Lo que nunca he hecho en mi vida. Aquella palomita que vi aletear hace años, se remonta ahora como águila caudal que a la vez fuera ave del paraíso. Me acuerdo de cuando me cantabas en Cuernavaca para hacerme olvidar, en 1951, las molestias de mi reciente infarto cardiaco; de tu casita y tu buena cocina en Galeana; de todos los instantes de esta cálida y sincera amistad que desde el primer día nos acercó y que afortunadamente puede mirar a los ojos sin ruborizarse ni andarse con guiños de malicia.

En México, el cine se ha encargado de traerme la imagen de tu presencia. En Cuernavaca (Chaz Gastón: Piano-Bar: la Universal), el pianista Mascareñas suspende sus ejecuciones cuando yo llego, para que se oiga el disco de tus canciones.

Pues todos saben que eres mi hija predilecta. Barrios Gómez, en una de sus crónicas («Ensalada Popof»), contó que habías sido huésped nuestra.

Por septiembre del año pasado, sufrí la extirpación de la próstata (a que se ven orillados muchos hombres de *cierta edad*). He quedado algo flojillo de las piernas. Además, el corazón sigue debilitándose un poco y, a veces, hay leves ahogos (¿anuncios de la puesta del sol?). Pero el asunto mismo de la operación fue un acierto, me salvó de la muerte y (con permiso de Tony) me ha dejado estupendo. Como fuere, en mayo completaré la escabrosa edad de 69 años!

Trabajo mucho. Llevo 7 gruesos volúmenes en la colección de mis Obras completas y creo que llegaré a los 20, si Dios no lo remedia.

No pierdas el tiempo en escribirme un carta en forma. Una tarjetita en que tú y Tony me digáis simplemente: «Te recordamos», me haría mucho bien… ¡Ah y el retrato que siempre te has olvidado de mandarme! El que poseo es ya antiguo.

Manuela y toda mi tribu (singularmente las nietezuelas) se unen a mí para desearos mil venturas y prosperidades y para aplaudir tus triunfos.

Tu viejo, fiel y devoto amigo

Alfonso Reyes

CAPÍTULO III

Llegar a Hollywood, 1954

«Yo no fui a Hollywood buscando empleo u oportunidades. Hollywood vino a por mí a partir de 1953, después del éxito de mis películas mexicanas, en especial de *Piel canela*, donde yo estaba guapísima...». Con esta firme aseveración la actriz solía iniciar su narración sobre la tercera etapa de su carrera profesional. Así abordaba el tema durante una de nuestras múltiples entrevistas acerca de su faceta artística en los Estados Unidos y sus vivencias dentro de Hollywood. En palabras de Montiel: «En Hollywood estaban muy pendientes de lo que acontecía en el cine mexicano. Al igual que observaban de cerca a los nuevos talentos, actores y actrices que sobresalían en el país vecino. Así, decidieron contactarme...».

En el capítulo anterior se describían sus experiencias en México y se anticipaba el impacto de la combinación de todas ellas dentro de Hollywood y a lo largo de su carrera. Al cruzar la frontera le esperarían nuevos retos que se irán estudiando a continuación en este apartado dedicado a sus andanzas y sus nuevas alternativas profesionales dentro de Hollywood. Luego de explorar y destacarse en ambos territorios artísticos, tanto en el cine como en la música, como ella señalaba fue precisamente gracias a su actuación en *Piel Canela* (1953) cuando logró mostrar la culminación de sus múltiples talentos. A raíz de este film, Harry Cohn, fundador, presidente, productor y director de Columbia Pictures, por medio de otros colegas relacionados con el cine hispano, decidió invitarle a su despacho. Deseaba entrevistarle con el propósito de ofrecerle un contrato como actriz exclusiva dentro de su casa productora en Los Ángeles por los próximos siete años. Aun viviendo en México, estudiando sus posibilidades ante la pantalla americana, le contactaron, considerándole seriamente como actriz. Deseaban encontrar un remplazo para el espacio que iba dejando la figura de Rita Hayworth, el ídolo más glamuroso de la pantalla americana durante la década de los años 40. De acuerdo a sus recuerdos y sus impresiones de aquella reunión, Columbia había pensado en ella como una posibilidad. Hayworth (1918-1987) era unos diez años mayor que Montiel y terminaría participando en más de sesenta películas durante sus cuatro décadas de productividad como actriz, hasta los 54 años de edad. En cualquier caso, Columbia no sería la única productora de cine norteamericana que comenzaba a observar la evolución de Sarita al otro lado de la frontera. Muy pronto la actriz española-mexicana recibiría otros acercamientos y más ofertas desde Hollywood. Según ella misma lo reconocía y repetía sin ningún reparo, estaba en su mejor momento, «decían que en *Piel canela* estaba de morir...».

Aun así, por las razones que fuesen, por esa necesidad de libertad, de no comprometerse a largo plazo con las exigencias cinematográficas de Columbia Pictures, por las amenazas de su marido comunista Juan Plaza en México y la imposibilidad de entrar de su mano a Hollywood en aquella época, o por sus propias inseguridades al no dominar el inglés, Montiel rechazó la oferta de esta casa productora. Es muy probable que dentro de sí no fuese capaz de atarse por tantos años, donde tuviera que ceñirse a las reglas impuestas por la productora y limitar sus actividades personales y sociales de todo tipo para estar disponible y al servicio exclusivo de la agenda de producción. De seguro que se sentía cohibida ante las estipulaciones del contrato que le ofrecían. El no poder moverse ni dar un paso por siete años, ni siquiera viajar, ni casarse, ni tener niños, hasta cumplir con sus responsabilidades estipuladas en el contrato ya no era una posibilidad interesante para Montiel.

Se podría asumir que la suma de todos los factores anteriores impulsó a Sarita a rechazar una oferta tan espléndida. Ese sentimiento tan genuino que dictaba en ella de no querer perder las flexibilidades laborales y la vida liberal que llevaba en México, muy propio de su personalidad quijotesca de manchega universal, la detuvo en ese momento y le condujo en otra dirección. Lo veía todo muy complicado. Implicaba quedar a la espera de otras ofertas u oportunidades más propicias, más afines con su personalidad y sus circunstancias. En todo caso, y para sorpresa de todos, aquella chica soñadora de 25 años de edad no aceptó la primera oferta proveniente de Hollywood y tal vez la más importante de todas las que recibiría en el futuro. Pero aunque nunca lo expresó públicamente, de seguro que Juan Plaza tuvo mucho que ver con su decisión final. Aunque ella hubiese querido aceptar aquel contrato, tal vez la influencia y el control de su pareja tampoco se lo hubiesen permitido.

Sin embargo, la actriz conservaría para siempre dentro de sus recuerdos y con mucho orgullo aquel primer acercamiento espectacular que recibió desde Hollywood por parte de Columbia Pictures, cuando todavía vivía establecida en México. Pero rechazar un contrato de esta compañía, por lo comprometedor, o por sus circunstancias personales en México, es lo que queda en tela de juicio. Ella siempre lo justificaría en sus futuras entrevistas con los mismos argumentos: «¡Porque no podía casarme, ni tener hijos, ni viajar, ni absolutamente nada…, durante esos años que se supone que estuviera trabajando bajo contrato en exclusiva para ellos, donde esperaban que participara en siete u ocho películas en un período de siete años…». Un razonamiento que carecía de toda lógica. Primero porque era precisamente lo que venía haciendo en México desde 1950, sin ni siquiera contar con los mismos beneficios, *glamour*, o el prestigio que le ofrecía el cine norteamericano. Segundo, y además, esa era su meta y su prioridad, ser actriz, una estrella, no ama de casa ni niñera. Por lo tanto, esa justificación automática de haberse dado el lujo de rechazar la oferta de Columbia por las cláusulas del contrato no tiene mucha validez.

A raíz de su actuación en *Piel Canela*, Harry Cohn, fundador, presidente, productor y director de Columbia Pictures, por medio de otros colegas relacionados con el cine hispano, decidió invitar a Sara a su despacho. Deseaba entrevistarle con el propósito de ofrecerle un contrato como actriz exclusiva dentro de su casa productora en Los Ángeles. © Cineteca Nacional de México.

Fue entonces cuando finalmente otros productores, los de United Artists, siendo menos estrictos o rigurosos que los de Columbia, le ofrecieron un nuevo contrato para participar en *Vera Cruz*. Un film que se produjo y se estrenó en 1954. Este sería el primer contrato que aceptó para actuar en una producción norteamericana. Durante su participación en el rodaje de esta cinta, Sarita todavía vivía en México y pertenecía a ese mundo artístico de Hispanoamérica. En aquel momento esa película solo significaba poner un pie en el *star system*, o sistema de las estrellas estadounidense. Aun así, tanto en aquel momento, como en el presente, era dar un paso adelante con todo el valor y el peso del mundo. Significaba haber entrado por la puerta grande y haber tenido la oportunidad de colaborar al lado de estrellas de primera línea ya establecidas con todo su prestigio y brillo propio. Puede darse por contado el crédito y la experiencia profesional que ganaría al actuar bajo la dirección de uno de los mejores directores de entonces. Aunque se trataba de una película que se realizaría en gran medida en suelo mexicano, no cabe duda que le abriría las puertas a Hollywood y así lo hizo. La misma marcaba el inicio de su tercera etapa dentro de su carrera cinematográfica. En menos de un año, seguido de este primer contrato de United Artists, Warner Brothers le extendió otra oferta para un nuevo contrato. En palabras de Montiel: «La invitación de la Warner sería más limitada que la de Columbia, pero me ayudaría a continuar en Hollywood y a participar en más películas». Estas serían, primero, *Serenade* (1956) y seguidas, *Run of the Arrow* (1957) y *The Left Handed Gun* (1958). Este último título fue el film en el que por tantos motivos no llegó a participar, como se explicará más adelante.

Así, gracias a la existencia de estos contratos para la realización de estas películas americanas, es posible delinear el camino que tomó Montiel y definir cómo llegó a promoverse como actriz y abrirse paso desde México hasta lograr establecerse en la meca del cine norteamericano. Aunque también habría que reconocer que ya a mediados de esa década de los años 50 la industria cinematográfica iba cuesta abajo y no era lo que había sido. La «época de oro» de Hollywood que había comenzado al finalizar la era del cine mudo, a partir de 1920, se extendió solo hasta principios de los años 60. La introducción y la promoción de la televisión en los hogares norteamericanos, que estimaban que eventualmente suplantaría al cinema, afectó en gran medida la estabilidad y la posible extensión de aquel período dorado del cine norteamericano.

Indiscutiblemente que Sarita, luego de haber rechazado la primera oferta de Columbia, no desperdiciaría la nueva oportunidad que le brindaba United para participar en *Vera Cruz*. Máxime cuando la cinta sería realizada en gran escala en territorio mexicano. Por otro lado, considerando el declive que sufría el cine norteamericano y su época dorada, las ventajas económicas que ofrecía el país vecino para la producción de películas eran extraordinarias. La alternativa de filmar en sus estudios, utilizando sus escenarios y sus talentos artísticos, cobraba un verdadero interés comercial. Existía una tendencia sumamente atractiva para estas realizaciones, típica de esa época y beneficiosa para ambas partes, propicia incluso hasta para Montiel.

Robert Aldrich, director de *Vera Cruz*, quedó sumamente
impresionado con la belleza y el compromiso profesional de Montiel.
La joven mexicano-española que debutaba por primera vez en
el cine norteamericano ni siquiera aceptaba dobles para que la
substituyeran en las escenas peligrosas o más difíciles de realizar.

El título en español de su primer film norteamericano sería
Veracruz, una película de acción y aventura que llegó a ser distribuida también por Metro-Goldwyn-Mayer. Un film clasificado
como melodrama histórico de ficción que, por casualidad, coincide con el mismo tema y contexto histórico-político de su primera película mexicana, *Furia roja*, de 1951. La producción sería
de primera, tanto por los actores con quienes actuaría por primera
vez, Gary Cooper y Burt Lancaster, como por el director que en
esta ocasión sería Robert Aldrich. La elaboración de este drama
aventurero para la pantalla grande contaba con el presupuesto,
espléndido para aquella época, de $3,000,000.00. La gerencia de
United lo realizaría con todo entusiasmo por motivo de la celebración del aniversario de los 35 años de la casa productora (1919-
1954). Sarita Montiel fue seleccionada en aquel momento, en palabras de United Artists, como la figura artística más excitante y
sensacional de México, para desempeñar el papel de protagonista
femenina principal en la que vendría a ser su primera película
hollywoodense. La historia, escrita por Borden Chase, trataba de

dos aventureros americanos, durante la época de la revolución mexicana, en contra del emperador Maximiliano. Sarita tenía el papel de una chica muy entusiasta y liberal que, seduciendo o cautivando la atención de ambos amigos, logró influenciarlos para luchar a favor del pueblo mexicano. Todos terminarían de parte de los «juaristas», o seguidores del líder revolucionario Benito Juárez, finalmente presidente de la República Mexicana. Nina, personaje interpretado por Montiel, gracias a todos sus atractivos y atributos, termina enamorando a Benjamín Trane, personaje principal interpretado por Gary Cooper. Trane, con mucho sacrificio, logró recuperar todo el oro que había sido destinado por el Imperio para traer tropas militares desde Europa con el propósito de mantener a Maximiliano en su trono.

Sarita Montiel sería la nota hispana e internacional que procuraba y precisaba United Artists en esa época. Desde entonces, trataban de compararla con Marilyn Monroe y le preguntaban directamente cómo se sentía al ser llamada o bautizada «la Marilyn Monroe mexicana». A lo que ella contestaba con orgullo: «Hay una gran, gran, diferencia, la señorita Monroe es lo que ustedes llaman una chica glamurosa y yo soy una actriz». Para 1954 ya Montiel había participado en cerca de 30 películas, sumando las producciones españolas y las mexicanas. Entonces, incitada por la comparación y el tipo de comedias interpretadas por Monroe, añadía: «En México no hacemos tanta comedia. En cambio, hacemos drama. Así es la vida. La vida no es tan graciosa». A pesar de su juventud, ya conocía lo dulce y lo amargo de la vida y el precio de llegar adonde había llegado.

La producción de la película comenzó el 22 de febrero de 1954 y se llevaría a cabo en los Estudios Churubusco de la Ciudad de México. Aldrich quedó sumamente impresionado con la belleza y el compromiso profesional de Montiel. La joven mexicano-española que debutaba por primera vez en el cine norteamericano ni siquiera aceptaba dobles para que la substituyeran en las escenas peligrosas o más difíciles de realizar. Trabajaba de sol a sol, sin ninguna queja ni petición particular. El mismo director del film también la recordaría como una actriz excepcional, entre las más bellas en la historia del cine, comparable a Elizabeth Taylor o Ava

Gardner en aquel entonces. En línea paralela a este concepto, en el mismo comunicado de prensa de United Artists para la promoción de *Vera Cruz*, el gerente de relaciones públicas, Mort Nathanson, calificaba a Montiel como «la reina del *glamour* de México».

Como es normal, luego de visualizar aquellas imágenes tan románticas, sensuales y verídicas entre Gary Cooper (1901-1961) y Sarita Montiel que quedaron grabadas en el film para la posteridad, las mismas también estimularon la imaginación y la curiosidad de los medios y la audiencia en general. Muchos se han preguntado qué pudo haber pasado entre los protagonistas de aquella historia tan bien lograda que había sido proyectada en la pantalla con tanta veracidad. Otros asumirían que aquel romance pudo haber trascendido más allá del guion y de la producción cinematográfica. Sin embargo, no se ha encontrado ninguna evidencia más allá del juego de palabras entre los entrevistadores y la actriz sobre algún posible *affaire*. No hay registro ni evidencia por ninguna de las dos partes involucradas de alguna consecuencia amorosa en la vida real. Aparte de las insinuaciones y la lógica coquetería de Montiel ante los medios, Cooper nunca dejó saber, ni si quiera en sus memorias o biografías, nada más que el grato recuerdo de una buena experiencia profesional al lado de Montiel. En cambio, aparte de sus alegadas aventuras amorosas con otras compañeras actrices, incluyendo a Clara Bow, Ingrid Bergman o Patricia Neal, sí queda claro el nombre de su única esposa, Verónica Balfe, casados desde 1933 hasta el día de su fallecimiento a causa de cáncer de próstata en 1961, con tan solo sesenta años de edad. Según cuentan sus biógrafos, Cooper, desde mucho antes de los años 50, pensando en su única hija se había propuesto salvar su matrimonio. En ningún texto biográfico sobre el protagonista de *Por quién doblan las campanas* (1943) mencionan o vinculan a Montiel entre sus conocidos *affaires*. Algo muy posible de creer fue el haberlo ayudado a mantener sus extraordinarios ojos azules muy abiertos durante la producción de las tomas al exterior, gracias al peligroso uso de unas gotas que Sara traía desde México.

Por otro lado, la actriz de 26 años de edad con tanto potencial llevaba casi cinco años establecida en México trabajando en el cine y a la misma vez cultivando su talento musical como intérprete y cantante en muchas de sus películas. Dar el salto a Hollywood significaba un gran cambio en su vida. Años más tarde, ya en el 2011, reconocía y repetía en una de nuestras múltiples conversaciones su perspectiva: «Yo no era nadie. Solo había pasado un par de años en México trabajando como una esclava y nada más». Fin de cita.

Lo que en cualquier momento o contexto histórico, pasado, presente o futuro, implicaría el comenzar a hacer cine en Hollywood para cualquier joven con aspiraciones artísticas, para Sarita Montiel significaba un reto. Aunque a primera instancia lo percibiera como una oportunidad única, un sueño hecho realidad o un golpe de suerte, el proceso de entrada y la transición de escenarios artísticos no sería del todo fácil. Ese éxito tan particular de entrar a Hollywood con más de una oferta de contratos en sus manos se convertía en un suplicio. La excitante novedad que le brindaban los prestigiosos estudios cinematográficos en la ciudad de Los Ángeles representaba a su vez un verdadero conflicto en muchos aspectos y sentidos, como ya se podrá ir observando. Por un lado, no cabe duda que contaba con todos sus atributos y los talentos necesarios, además de su experiencia dentro de la industria desde muy temprana edad. Se puede decir que cumplía con todos los requisitos de entrada y por eso le surgían, como caídas del cielo, todas estas propuestas e invitaciones profesionales por parte de las más reconocidas compañías cinematográficas de Hollywood. Le abrían las puertas, brindándole alternativas y oportunidades en bandeja de plata. Sin embargo, ¿qué se supone que hiciera ante ese futuro agridulce que le ofrecía el destino? ¿Cómo lograría solventar sus circunstancias vitales, íntimas y personales para poder seguir adelante con su carrera y alcanzar sus metas artísticas? Tenía que aprovechar el momento. Era hora de sacarle partido por lo menos a alguna de estas nuevas ofertas profesionales que le brindaba el destino, aun considerando las limitaciones que le imponía su pasado inmediato en México.

«A mí, en la Embajada [americana] me tenían ligeramente vigilada por mi relación con Juan Plaza; es decir, con el Partido Comunista. Además, había ido con Plaza a la cárcel para visitar a

Ramón Mercader, el asesino de Trotsky y todo esto en la época de la Guerra Fría. Eran muy estrictos y tenían controlada la frontera por la inmigración. De todos modos, sabían que yo no era comunista y no pusieron dificultades…».

(Memorias, Vivir es un placer, 2001)

Entre todas las celebridades e iconos culturales que iba conociendo desde que llegó a México, Sara encontraría en Juan Plaza su primer gran amor. Además de poner en sus manos todos sus asuntos y compromisos profesionales, con él daba comienzo a una intensa relación.

A esto reduce y resume Sarita Montiel el momento cuando se dirigió, de la mano de León Felipe, a la Embajada Americana en la Ciudad de México a solicitar un permiso o el visado de trabajo correspondiente para viajar a Nueva York y a Los Ángeles con la orquesta de Agustín Lara. Para entonces todavía contaba con el apoyo y la orientación del poeta al momento de explorar sus futuras posibilidades artísticas. Al comenzar sus relaciones con Juan Plaza, todo sería diferente. Apenas podía o tendría la flexibilidad de considerar las ofertas y los contratos que muy pronto se le presentarían para marcharse a los Estados Unidos e instalarse en Hollywood de forma definitiva.

Los productores de su próximo film volvían a recurrir a la utilización de exteriores en México, por lo práctico y lo económico que resultaba para estas compañías de cine en términos de logística territorial. Aun así, esta segunda película requería su presencia y largos días de trabajo en los estudios de California. Gracias a haber aceptado el nuevo contrato de Warner Brothers, Sarita se comprometía de lleno con la industria norteamericana. Todo esto también suponía y exigía la necesidad de ocultar o romper en definitiva con su pasado borrascoso y todo vínculo social comunista que arrastraba consigo desde México. La posibilidad de quedar expuesta como simpatizante de ese partido era muy grande y hubiese sido fatal en todos los sentidos. No podía arriesgarse ni permitirse el lujo de verse involucrada con esta ideología política dando a conocer sus lazos sentimentales y su íntima relación con un líder comunista. El solo pensar que esto pudiese ocurrir y que su futuro profesional se viese afectado o interrumpido era una situación inconcebible para Montiel. Tenía que tomar todas las medidas y precauciones que fuesen necesarias para evitarlo a todo coste. Aliarse al mismo director de su nueva película no podía resultar una mejor estrategia, como ya se podrá observar a continuación.

Serenade (Dos pasiones y un amor) (1956). En 1955 comenzaba la producción de *Serenade*, que vino a ser la primera película donde Sarita participaría como actriz para Warner Brothers, al haber aceptado las condiciones del contrato de esta compañía. El film sería su segunda oportunidad hollywoodense, perteneciente a esta tercera etapa cinematográfica. Esta producción marcó justo el momento en que Sarita Montiel y Anthony Mann se conocieron por primera vez. Mann era el distinguido director que fue capaz de introducir el concepto filosófico del cine negro dentro del cine del oeste. Entre su importante filmografía de más de 40 películas se encuentran algunos títulos que ya habían recibido su merecido reconocimiento desde antes de conocer y dirigir a Montiel, entre ellos: *T-Men* (1947), *Winchester '73* (1950), *La historia de Glenn Miller* (1954) o *El hombre de Laramie* (1955). Mann, especialista entonces como director de películas del oeste con la particular incorporación innovadora del «cine *noir*», había alcanzado su prestigio y una respetable posición gracias a su arduo trabajo durante los años 40. Precisamente cuando la mayoría de sus colegas en Hollywood se habían marchado a participar en la Segunda Guerra Mundial, Tony Mann fue uno de los pocos directores que se quedaron en casa dirigiendo películas a sus anchas.

Conocer más de cerca a Anthony Mann (1906-1967) resulta una tarea completamente necesaria para poder comprender mejor la transición definitiva de su nueva actriz y protegida al mundo de Hollywood. El director de cine norteamericano sería el responsable del primer matrimonio oficial de Sara Montiel. Su futuro marido nació en San Diego, California, el 30 de junio de 1906 y su nombre completo era Emil Anton Bundsmann. El director Mann, quien ocupaba una cuarta posición cronológica en su lista de amores, vendría a ser 22 años mayor que ella.

Por medio de una entrevista exclusiva con su hija Nina Mann, en Los Ángeles, California, el 10 de agosto de 2018, fue posible corroborar la serie de datos biográficos necesarios para analizar más de cerca la vida y la trayectoria de Tony Mann. Tal como expresaba Montiel, es cierto que su marido tenía ascendencia de origen judío. Sus padres eran, en definitiva, personas con educación académica y una amplia cultura. Su padre, Emile Theodore Bundsmann, era un emigrante austriaco que llegó a los Estados Unidos en la primavera de 1891 con 22 años de edad y un doctorado en ingeniería química de la Universidad de Viena. Luego de establecerse en Macon, Georgia, en 1900 se casó con la madre de Anthony, Bertha Waxelbaum (o Weichselbaum), americana de ascendencia judía. En 1912, Emile Theodore enfermó y su esposa decidió acompañarlo desde donde vivían en Point Loma, San Diego, de vuelta a Europa. Esperaba que volviendo a su casa en su ciudad natal de Rositz, Bohemia, en Austria y con la atención médica necesaria, su marido y padre de Anthony pudiese recuperarse. Pero no fue así. Años más tarde Emile Bundsmann murió en su país de origen y nunca pudo regresar a los Estados Unidos. Su hijo permanecía como un huérfano donde lo habían dejado a los seis años de edad, en calidad de residente de una comuna localizada en Point Loma que servía de albergue a otros 500 niños. En esa institución, llamada Lomaland, comunidad teosófica (basada en el calvinismo) fundada y establecida en ese punto de California, en 1900, fue precisamente donde Anthony Mann nació y se crió hasta la adolescencia. Cuando su madre finalmente pudo volver a buscarlo, a insistencia de su familia, a la que no gustaba la manera en que trataban a su hijo Anthony en aquel lugar, ya había cumplido sus catorce años de edad. Desde San Diego, ambos se marcharon a Orange, Nueva Jersey, donde aquel chico adolescente, huérfano de padre y en compañía de su madre, apenas pudo terminar sus estudios escolares. Pero ni falta que le haría. Ya iba por la vida ungido por toda la educación académica Raja Yoga, la filosofía griega y la obra shakesperiana que había recibido durante su infancia y adolescencia en Lomaland. De joven adulto se interesaría en el teatro y en los medios de comunicación, tal vez influenciado por su madre, quien también había sido maestra de teatro en Lomaland. Sobre todo quería poner en práctica los conocimientos aprendidos en el programa artístico que le habían ofrecido durante su formación en aquella institución. Deseaba desarrollarse y evolucionar en las mismas áreas, materias académicas y actividades artísticas que había estudiado durante sus años como residente en Lomaland. Aquel centro filantrópico al que pertenecía desde que sus padres lo depositaron allí a tan temprana edad, prácticamente desde su nacimiento, había sido su única escuela y le debía toda su educación. Ya tendría la oportunidad en el futuro de poner en práctica todos sus conocimientos y experiencias, en combinación con su creatividad y su talento, tanto en el teatro como en el cine. Lo que también ejercería una gran influencia e impacto para alcanzar su éxito como director y creador de un cine filosófico y artístico.

Respecto al trasfondo histórico del lugar donde creció y se educó Mann, después de su fundación en 1894, la trabajadora social Katherine Augusta Westcott Tingley (1847-1929), con todo el peso sobre sus hombros de esta organización teosófica, asumía el cargo y la responsabilidad total como creadora del programa. Un par de años más tarde, en 1896, pasaba a ser la presidenta, hasta que en 1900 quedó finalmente establecida la institución y dio comienzo a su programa internacional, creando también la Escuela y Colegio

Raja Yoga y otras organizaciones similares en Point Loma. Tingley había implementado un centro para niños (en su mayoría huérfanos) que incluía música, drama y otras artes como partes integrales del currículum, donde los participantes, comenzando desde los tres años de edad, con o sin talento, aprendían a tocar un instrumento musical, a cantar en el coro, a experimentar en las artes visuales como el dibujo o la pintura y a participar en alguna forma de desempeño dramático. Como creadora y responsable de la academia se encargaría de que sus niños estuviesen expuestos a los clásicos del teatro inglés shakesperiano y de la filosofía griega. Una ardua labor que desempeñaría sin reparo hasta su muerte en 1929. Los padres de Anthony Mann fueron miembros y partícipes de este centro. De hecho, su padre, además de ayudar y apoyar a la directora del programa en cuestiones administrativas, era parte de la facultad académica de Lomaland, enseñando alemán, matemáticas, ciencias, e ingeniería. En cambio, su madre era instructora de teatro en Isis, el Conservatorio de Música y Drama de la misma institución.

Como producto de todas estas vivencias durante su niñez y adolescencia, nació y surgió la inspiración, un interés genuino y la evolución artística de Anthony Mann para la producción y dirección, tanto en el teatro como en el cine. Aparte de su particular origen y desarrollo académico, Mann, después de sus primeras y diversas experiencias laborales en la ciudad de Nueva York, finalmente, a principios de los años 40 logró regresar a California y buscar empleo como asistente dentro de los diferentes estudios de Hollywood. Sus pinitos en el teatro desde la década de los años 30, en particular a partir de su primer matrimonio en 1936 en la ciudad de Nueva York, le condujeron al cine de Hollywood. Una vez establecido, trasladó al resto de su familia, a su esposa y su primera hija, al que sería su nuevo hogar, en Los Ángeles, California.

Mann fue también el hombre con quien Sarita se involucró en términos sentimentales durante el rodaje de *Serenade* y con quien termina casándose dos años más tarde. Trabajando bajo su dirección, en una película al estilo de *Veracruz*, filmada en México casi en su totalidad, ambos darían acceso a un nuevo romance en sus vidas que culminaría en boda. La mayor parte de los exteriores de este film fueron rodados en San Miguel de Allende, cuando

Ahí viene Martín Corona.

El enamorado.

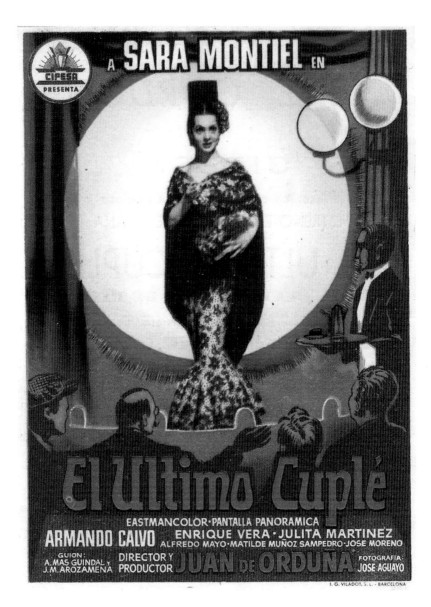

Programa de mano de *El último cuplé*, 1957.

Programa de mano de *La violetera*, 1958.

A partir de 1958 no habría marcha atrás ni manera de detener a Sara Montiel. Se convierte en la primera figura y actriz musical tanto en España como en el resto de Europa. Portada de la revista Cinelandia de ese mismo año.

Sara Montiel en 1952.
Imagen: Almuzara /Warner Bros/Kobal/Shutterstock.

Diversos momentos del último viaje de Sara Montiel a Estados Unidos, en la primavera de 2012, de la mano del autor.

Sus hijos crecieron con toda naturalidad y todas las ventajas y desventajas que conlleva ser hijos de personas famosas y figuras públicas. Con Thais y Zeus el día de la presentación de sus memorias. Jaime Villanueva/El Mundo.

Después del estreno de su última película en 1974 y al quedar convencida de que jamás participaría en aquel cine del «destape», era el momento de diversificar y dedicarse a cultivar su segunda pasión: la música. Disco recopilatorio de Sara.

Para la cultura latinoamericana, los personajes femeninos de las películas de Sara, mujeres fuertes y diferentes a lo establecido por la sociedad, que tienen que ser castigadas y pagar por sus errores, sus impulsos, sus decisiones, se convierten en ídolos. Retrato de Rodney Alexander Contreras-Miranda todavía Montiel y Plaza eran pareja y vivían en Cuernavaca. Aun residiendo en México, la actriz iba y venía a las localidades de su película americana, a la vez que seguía delante con sus previos compromisos en México, cumpliendo a cabalidad en ambos territorios. Así comenzaron sus frecuentes viajes a Los Ángeles en el otoño de 1955, para la realización de los interiores de *Serenade*. En ese ir y venir iba surgiendo otro conflicto en su vida. La admiración y la atracción mutua que iban creciendo entre el director y la actriz, dentro de aquella intimidad, borrarían los límites del trato profesional. Sin haberlo planificado, sus sentimientos le impulsaban hasta llegar a involucrarse con el director del film, quien muy pronto pasaría a ser también su próximo protector. La intrahistoria de la película iba dándose a conocer a medida que Sarita continuaba en contacto y rindiéndole informes del progreso de la producción a su querido Alfonso Reyes, como consta en el capítulo anterior. El título adoptado en español, *Dos pasiones y un amor*, iba convirtiéndose en su propia realidad. Cada día que pasaba a lo largo de esta filmación, a partir de septiembre de 1955, Sarita iba integrándose más y más al sistema cinemático de Hollywood. La actriz iba evolucionando con toda ilusión dentro de su nuevo personaje en el contexto de la nueva película y en los confines profesionales y sentimentales de su nuevo director.

En esta ocasión, se trataba de un melodrama-musical basado en una novela de James M. Cain que fue publicada por primera vez en 1937, escrita por el autor de tantos clásicos como *El cartero siempre llama dos veces*, *Doble indemnización* o *Mildred Pierce*. La obra ya había sido sometida y considerada por la Metro-Goldwyn-Mayer Pictures desde hacía muchos años atrás. Desde 1944, para ser más exactos. Finalmente Warner Bros. había decidido producirla y esta vez con el propósito principal de promover la figura y la voz del cantante y actor italoamericano Mario Lanza. El segundo aspecto que tendrían que considerar en los estudios de Warner sería el no ir en contra de la censura, desvelando el conflicto de la homosexualidad latente del personaje principal, Damon Vincenti. Warner Bros. había reservado ese papel principal en exclusiva para Lanza. Su protagonismo sería la mejor opción. Pero era necesario conocer el origen de ese «conflicto» para poder comprender a fondo el comportamiento errado, digamos «anormal» del personaje. Sin el conocimiento del conflicto y de los sentimientos internos del protagonista, al no poder manifestarse abiertamente, se desvirtúa el argumento del autor y su novela pierde validez. Por la censura vigente en Hollywood durante la década de los años 50, al adaptar la historia del libro a la pantalla, eliminaron la justificación y la veracidad de esa ambivalencia psicológica del personaje ya señalada. La homosexualidad del protagonista, un hecho y un factor crucial dentro del libro, quedó fuera de la trama de la película. Damon Vincenti (Lanza) se ve y se siente atrapado, obligado a decidir cómo poder establecer una relación con una de las dos mujeres con las que estaba involucrado y con las que se sentía comprometido. Por un lado estaba la mujer elegante, aristócrata y frívola, Kendall Hale, papel interpretado por Joan Fontaine, y por la cual Damon (Mario) sentía admiración, pero más que atracción física, gratitud y la obligación moral de corresponderle por su dinero y su poder. Es también por quien su personaje, enloquecido de celos, pierde la confianza en sí mismo y, lo más importante, su voz. Para enfatizar la frivolidad del personaje de Joan, se decía que «de niña hacía castillos de arena en la playa por el exquisito placer de destruirlos». Por otro lado se encuentra la joven inocente, bella, dulce y sensual, de raíces hispánicas y un antepasado mexicano, Juana Montes. Papel perfectamente representado por Sarita Montiel, quien finalmente, con un amor incondicional y toda su paciencia, ganaría el debate a su rival.

Considerando los hechos y volviendo a profundizar en el estudio de la producción y la historia de *Serenade*, la participación de Montiel como actriz resulta sumamente interesante. No solo por su acertada interpretación de chica hispana y haber encontrado a su marido americano, sino por haber hecho realidad parte del papel que le tocaba interpretar. En este film, como suele suceder en tantos otros casos de novelas llevadas al cine, la historia, una vez más, giraba en otra dirección y tomaba otro rumbo. Los productores proyectaban el triángulo amoroso de otra manera, como ya se ha explicado, ocultando el conflicto psicológico interno que experimentaba el personaje principal de la historia. La versión para la pantalla finalmente cobra otra dimensión y termina liberando al protagonista de ese peso psicológico, simplificando la historia lo más posible. La producción para el cine solo permite considerar como único problema la presión que sentía el personaje principal al tener que tomar una decisión y elegir entre las dos mujeres en competencia por su amor. Finalmente, el personaje masculino interpretado por Mario Lanza tenía que resolver su situación. Sus opciones o alternativas estarían limitadas por la sociedad. Tenía que escoger entre la chica inocente, humilde, de ascendencia mexicana, papel correspondiente a Montiel, en contraposición con la mujer madura, rica, ponderosa y sofisticada que interpretaba Fontaine. No había otra salida ni una tercera alternativa para Vincenti (Lanza). Ambas mujeres, conscientes de sus diferencias socioculturales y de sus respectivas posiciones ante el talentoso cantante, luchaban por el amor del protagonista, a la misma vez que sufrían las reacciones abruptas e inexplicables del personaje interpretado por Lanza. Por medio de sus recursos femeninos y su belleza, muy por encima de todo lo demás relacionado con la homosexualidad del tenor, apostaban por su amor y su cariño. La industria y la censura del cine de la década de los años 50 solo le permitían mostrar los celos y las inseguridades del personaje, sin revelar ninguna información o justificación adicional sobre sus sentimientos más profundos. Imposible llegar al fondo de todo y poder esclarecer la verdadera razón de aquella intransigencia, manifestando abiertamente una muestra de su homosexualidad y su imposibilidad de ser feliz o hacer feliz a ninguna de las dos mujeres que lo pretendían. El film queda inconcluso en este sentido, dejando a la imaginación del espectador el razonamiento detrás del conflicto interno y sus consecuencias.

Sin embargo, la representación del libro en el cine bajo la dirección de Anthony Mann adquiere un nuevo alcance tridimensional. La obra gana una nueva perspectiva que nunca se la hubieran imaginado ni el propio autor del libro, ni los productores de la película. Se trataba de una rivalidad real y existente entre aquellas dos actrices y divas espectaculares que cobraba fuerza y se convertía en algo personal y parte de las circunstancias que ellas mismas estaban viviendo. Aquella lucha campal, ficcionalizada, por lograr conquistar los sentimientos y el amor del personaje principal que interpretaba el tenor, se transformaría en un verdadero debate y desafío por el amor del director de la película, Anthony Mann. Aunque el director nunca fue parte de la novela ni del guion, las actrices lo tomaron como algo personal, dispuestas a competir por su hombre. Así, el enfrentamiento escénico final entre ambas toma relieve y se nutre de la vida misma. Sin embargo, aunque existía un motivo real para aquel debate campal entre las dos mujeres, el detalle pasó desapercibido por el público en general. Las dos actrices protagonizaban delante de las cámaras y en privado, un guion real, no planificado, de su propia rivalidad femenina y profesional por el amor de un hombre. Su actuación se manifestaba lejos de cualquier ficción, fuera del contexto de la novela en que se basaba aquella producción y más allá del alcance de los espectadores. Entonces, la relación que nace a partir de esta filmación, entre Montiel y Mann, es lo que podemos clasificar como un amor de película y a todo color. Pasaron un par de años desde el encuentro inicial entre la actriz de origen hispano y el distinguido director de cine del oeste hasta que ambos pudieran definir y formalizar su futura relación. Aquel romance a primera vista que había nacido en los estudios gracias a *Serenade*, seguiría su propia evolución y eventualmente cobraría forma, tornando en realidad el final de la película.

Juana Montes es precisamente el personaje de la chica con quien el protagonista decide quedarse al final de la historia, aceptando y apreciando su amor puro e incondicional, pero sobre todo su humildad. Tal era el entusiasmo y el compromiso profesional de Sarita en todo lo que hacía, que hasta asistía continuamente a los estudios durante la producción y el rodaje del film, aunque tuviese el día libre y no necesitara estar presente en el set. No solo iba a todos los ensayos que le correspondían, sino también a los ensayos musicales de las arias que interpretaba Mario Lanza. Y lo hacía todo por su propia iniciativa y ese genuino interés que sentía hacia su profesión, por lo que se distinguía y se caracterizaba desde el comienzo hasta el final de su carrera. Sin necesidad, o sin que su asistencia o participación fuese requerida, Sarita también le dedicaba su tiempo libre a sus compañeros. Consideraba su colaboración dentro de la misma producción como parte de su aprendizaje y su experiencia laboral, consciente de que todo repercutiría en su propio beneficio. Para ella eran una misma cosa y parte íntegra de la película para la cual había sido contratada. Esta información inédita proviene en directo de la actriz y cantante como resultado y producto de nuestras entrevistas y de la proyección del mismo film en la Universidad de Cincinnati, el 30 de abril de 2012. Aunque el éxito taquillero y el reconocimiento de esta película no fuesen los esperados, representarían para Montiel un gran aval. Era la evidencia de su segundo intento consecutivo después del estreno de *Vera Cruz* en 1954. Representaba una realidad y una película más dentro de su portafolio cinemático. *Serenade* confirmaba el haber sido aceptada como actriz dentro del mundo hollywoodense, donde le ofrecían más contratos. Independiente de los resultados del film, para Montiel implicaba algo más significativo aún, más trascendental. En el proceso había conocido al que sería su marido, Anthony Mann, y muy pronto lograría el establecimiento de su nuevo hogar. Esa vida profesional, compuesta de oportunidades y retos, que le ofrecían los Estados Unidos, por difícil y conflictivo que pareciera su acceso y ese proceso de adaptación, significaba también la liberación del yugo y de las amenazas de Juan Plaza. A pesar de haber sido su primer amor en México, en esta nueva etapa americana no dejaba de ser una interrupción en su vida y en su carrera. Finalmente, uno más de los que le hicieron sentirse utilizada, como un objeto sexual o una fuente de ingreso adicional. Con el tiempo, la imagen de Plaza llegaría a evocarle las sombras y los fantasmas que le perseguían. Llegaría a personificar el recuerdo de aquellos hombres poderosos y controladores que se aprovechaban de las circunstancias ante la condición de mujer indefensa. Como por ejemplo, el padre biológico de Antonio, su hermano mayor, a quien llamaban «el Jaro», que se aprovechó de su madre. O basado en su misma experiencia, cuando ella era adolescente y vivía bajo el amparo de Ángel Ezcurra durante sus inicios en Valencia. Sería un fenómeno recurrente y que hasta entonces continuaba repitiéndose.

Recurriendo una vez más al *Diario* de Alfonso Reyes, se conocen las fechas, el contexto y las circunstancias de todo lo narrado. Las muestras de la escritura biográfica del pensador y filósofo mexicano también proveen el entorno del momento histórico preciso en que la actriz y el director Mann se conocieron y comenzaron a colaborar juntos por primera vez en la producción de *Serenade*:

> México, viernes 23 septiembre 1955
> Me habla de San Miguel [de] Allende Sarita Montiel convidándome a pasar allá una semana… ¡Ay, imposible! (p. 369)

> México, miércoles 28 septiembre 1955
> Juan Plaza, entreacto de San Miguel [de] Allende, donde queda Sarita Montiel filmando (con) Mario Lanza y Carlos Fuentes de censor. (p. 370)

Desde nuestro primer encuentro, la actriz relataba que se habían conocido mientras le hacían unas pruebas de maquillaje para el rodaje del film, justo al comienzo de la producción en San Miguel de Allende. Apenas entrando a aquella sesión de maquillaje, al conocer frente a frente a Anthony Mann se abría una puerta ofreciéndole otras alternativas y posibilidades en su vida y en su carrera. Aunque por aquel entonces todavía vivía en México con su marido y *manager* Juan Plaza. Había aceptado este segundo contrato en la meca del cine norteamericano con toda ilusión. Nadie hubiese podido imaginar que estaba a punto de conocer a su futuro enamorado y mucho menos que sería su marido un par de años más tarde. La película se estrenaría finalmente en 1956.

Ambos, todavía comprometidos con sus respectivas parejas, se conocieron, se enamoraron y a pesar de la diferencia de 22 años de edad que existía entre los dos y tantos otros inconvenientes expresados a continuación, terminaron casándose contra viento y marea. El director Mann todavía estaba casado con Mildred Kenyon, la madre de sus dos hijas, Toni y Nina. Aunque desde hacía muchos años mantenía una relación amorosa fuera de su matrimonio con Joan Fontaine, a quien había conocido en 1940. Al entrar Sarita Montiel en el escenario, el director puso punto final a aquella relación con la veterana actriz de *Rebeca* dando acceso y la bienvenida a la actriz española, tanto en su mundo laboral como en su vida íntima. Desde el principio de la producción del nuevo film,

Sarita iba ganando terreno y aquella relación terminaría en boda. Los dos habían decidido unir sus vidas y sus destinos profesionales, dándole albergue a un matrimonio que duraría unos seis años (1957-1963), aparte de los dos años de noviazgo. Así fue el comienzo y el trasfondo histórico de la serie de contratiempos que la pareja tendría que solventar en el transcurso de sus dos primeros años de relación, entre 1955 y 1957.

También se han ido percibiendo los impedimentos a que Montiel tuvo que enfrentarse para poder llegar a Hollywood, establecerse, hacer cine y dar comienzo a su matrimonio. A continuación se presenta un interesante testimonio que se conserva gracias al *Diario* de Alfonso Reyes y sus entradas dedicadas a Montiel ya citadas en el capítulo anterior como ejemplo de su escritura autobiográfica y sus meditaciones internas:

> México, miércoles 22 agosto 1956
> Ayer me habló desde Los Ángeles Sarita Montiel pidiendo hospedaje y refugio en casa por dos días, no sé por qué. Naturalmente, acepté. Hoy la señorita Ibarrondo, su amiga, me habla desde allá diciéndome que llega hoy a las 11 ½ p.m. de avión. ¿Qué le pasará? Hacia media noche, llega Sarita Montiel, acompañada de José Romero, de Gobernación, que la acompañó en el viaje aéreo desde Los Ángeles. Viene con permiso de su futuro Anthony Mann (que ya le habló aquí por teléfono desde Los Ángeles) para anular los poderes de Juan Plaza, que la ha estado robando desde hace años y la tenía amenazada. Denunciado por ella, se fugó parece a Colombia. Ella ya está en tratos con su notario y entiende su negocio. Está preciosa. (p. 473)

Desde comienzos de 1956, los novios, Sarita y Anthony, pudieron continuar adelante con sus planes futuros, tanto profesionales como familiares. Sumando los próximos tres años, establecida en su domicilio del vecindario de Beverly Hills, en Los Ángeles, California (1956-1958), aprendiendo a dominar el inglés como segunda lengua, viviendo y trabajando de manera simultánea en Hollywood y en España, completaría lo equivalente a un máster de hoy en día con grandes honores. Mientras disfrutaba de su nuevo hogar en compañía de su marido americano, sería precisamente cuando le llegaría su golpe de suerte. Su verdadero éxito, que marcaría a su vez el rumbo de su dirección como actriz y cantante, se encontraba al volver la esquina. En este período de tiempo sería cuando se transformaría en una «superstar».

A principios de 1957, en pleno invierno, al finalizar el rodaje de la película que le convertiría en una estrella internacional, *El último cuplé*, Sarita regresaba acompañada de su madre y de Anthony Mann desde Madrid a Nueva York. Allí llegaron en tránsito, durante el mes de febrero, planificando pasar una larga temporada. Mann, de acuerdo a lo establecido por Montiel, había quedado en colaborar con su amigo y colega Arthur Miller en los ensayos y la dirección de una obra de teatro, posiblemente *Una vista desde el puente*, que se presentaba en el Teatro Coronet de Broadway, hoy con el nombre de Eugene O'Neill Theater. Información obtenida en conversación directa con Montiel durante la primavera de 2012, como parte del proceso de conocer mejor todos los aspectos sobre la vida profesional de Anthony Mann desde su perspectiva.

De igual modo es cuando la actriz relata la historia del momento en que su prometido sufrió un infarto cardiaco e ingresó en el Hospital de Manhattan de la ciudad de Nueva York. Siguiendo de cerca la mayoría de las manifestaciones de Montiel sobre este delicado incidente, se podría llegar a comprender la manera en que procuraba relatar lo mejor posible cómo lograría casarse con Anthony Mann *in articulo mortis*. Tanto en la diversidad de sus entrevistas y presentaciones por todos los medios de comunicación a través de la historia, al igual que en la redacción de sus *Memorias*, la artista proyectaba la ilustración más coherente posible de su legendario primer enlace matrimonial con el director Mann. Tantas veces llegó a repetir su narración sobre este asunto que su público llegó a creerla y darla por un hecho. Ya Montiel y Mann llevaban conviviendo juntos algún tiempo, de hecho más de un año, desde enero de 1956. Pero no sería hasta agosto de 1957 que el director y la actriz formalizaron su relación y comenzaron

Al entrar Sarita Montiel en el escenario, Anthony Mann puso punto final a la relación que mantenía con Joan Fontaine dando acceso y la bienvenida a la actriz española, tanto en su mundo laboral como en su vida íntima. Fotografía de ambos (página anterior) y certificado de boda.

su propio hogar libres de todas las ataduras o previos compromisos. De acuerdo con Sarita y de la manera que deseaba perpetuar su matrimonio con Mann para la posteridad, sería a raíz de este incidente cuando la hija mayor del director, Toni Mann, le pediría que se casara con su padre de aquella manera. Según sus recuerdos y tal como lo narraba, Toni, sabiendo que su padre siempre había querido casarse con la actriz y considerando las críticas circunstancias de salud en las que se encontraba el director, insistiría en ese casamiento. Según sus crónicas, se casarían por primera vez en una sala de cuidados intensivos en un hospital de la ciudad de Nueva York, en aquel crudo invierno de 1957. Si lo hicieron *in articulo mortis* era por lo enamorados que estaban, además de complacer a Anthony pensando que no sobreviviría y que así Sarita sería la viuda de Mann. Para completar el cuadro nupcial, en palabras de Montiel, el mismo Arthur Miller les serviría de testigo. La historia no podía ser más dramática.

En contraposición con la versión publicitaria de la actriz a través de los años, Toni Mann, la hija mayor del director, solo unos diez años más joven que Montiel, en nuestra entrevista telefónica del 4 de agosto de 2016, desde su residencia en Malibú, California, aseguraba que no fue así. Más aún, enfatizaba durante nuestra conversación que toda esa historia no es verdad, que aunque su padre sí sufrió un ataque cardiaco, no fue en Nueva York, sino en California. También se preguntaba con resentimiento: «¿Por qué razón iba ella a pedirle a la novia de su padre que se casara con él bajo aquellas circunstancias?». ¿Acaso los retos de su nueva relación y las discrepancias de su vida sentimental, además del ritmo acelerado de los compromisos profesionales, no serían suficientes motivos para provocarle un infarto? El mismo estrés generado por el divorcio de Mildred, luego de haberle puesto punto final a aquel matrimonio de 20 años de casados (1936-1956), pudo haber sido otro factor para acelerar una condición cardiaca preexistente. Sin embargo, había otros posibles motivos que pudieron haber contribuido a la gravedad del director Mann.

Otra contradicción sobre el relato original difundido por Montiel y el orden cronológico de los acontecimientos surge al leer el *Diario* de Alfonso Reyes. En el mismo, el autor incluye la narración de un viaje a la Ciudad de México que Montiel y Mann llevaron a cabo como pareja en la primavera de ese mismo año 1957. Considerando la altura de esta ciudad, sería lógico concluir que este viaje hubiese sido un factor contraproducente para su condición cardiaca, en particular desconociendo sus problemas de salud. Pero la evidencia de aquella visita relámpago y de sus negocios pendientes en territorio mexicano, se debe gracias a Reyes y a la escritura íntima de su *Diario*:

> México, martes 5 marzo 1957
> (…) Habla de Los Ángeles Sarita Montiel que viene pasado mañana con su esposo Tony Mann y no lograba por teléfono a Gabino Fraga su abogado: ya los puse en contacto para sus arreglos. (p. 540)

> México, viernes 8 marzo 1957
> (…) Llegó anoche Sarita Montiel con su marido Tony Mann, aunque amenazada por Juan Plaza. Vienen Sarita, Tony, Antonia María y García (de la Casa García). (p.541)

> México, martes 12 marzo 1957
> (…) Después Tony Mann y Sarita Montiel a despedirse, que se van mañana. (p.543)

Por lo tanto, de haber tenido algún padecimiento cardiaco para aquel entonces, de seguro que ni el viaje a México ni el agobio generado por los desacuerdos entre Montiel y Plaza le harían ningún bien. Su condición cardiaca sería precisamente la causa de su fallecimiento una década más tarde, el 29 de abril de 1967, con tan solo 61 años de edad. También sería una condición hereditaria que le provocaría la muerte a su único hijo varón Nicholas Mann, fruto de su tercer matrimonio con Anna Mann, quien murió a los 50 años de edad, en 2015. Entonces, de Los Ángeles, California, estuvo con su futuro marido en la Ciudad de México como un preámbulo al infarto por el que de acuerdo a Sara ingresaría en el Manhattan Hospital de Nueva York, supuestamente al volver de Madrid. Sin embargo, de lo que sí existe constancia y evidencia es precisamente de su viaje a Ciudad de México y de estar socializando, entrando y saliendo de la casa de Alfonso Reyes, o Capilla

Alfonsina, del 7 y al 13 de marzo de 1957. El propósito primordial en esta ocasión sería coordinar la anulación de los poderes de su exmarido Juan Plaza como *manager* y administrador de sus contratos artísticos y sus ingresos, por medio de un abogado llamado Gabino Fraga. Un mes más tarde ambos enfrentarían la difícil situación del infarto cardiaco que sufriría el director.

Fuere como fuere en los recuerdos íntimos de Montiel, unas tres semanas después de haber sufrido el infarto en Nueva York (o en Los Ángeles, California) a la vuelta de Madrid (o de Ciudad de México), contando con «el alta» de sus médicos, regresarían a su hogar en Beverly Hills para continuar recuperándose en su propia casa.

Ya fuera de peligro, instalados en su domicilio en California, pero como recién casados, siguiendo su cronología (dentro del imaginario Montiel), allí permanecerían luego de un largo viaje por tren desde la ciudad de Nueva York hasta Los Ángeles. La trayectoria que hoy en día, aun en un tren de alta velocidad, tomaría unas 67 horas, en sus recuerdos les tomó solo 48, hace más de 60 años. Tanto la declaración de Toni como el *Diario* de Reyes, contradicen a Montiel y ponen en tela de juicio la famosa boda *in articulo mortis*. La teoría que aquí se propone sería pensar que, tal como expresaba Toni durante nuestra entrevista y Reyes en la próxima entrada referente a Montiel y Mann dentro de su *Diario*, el infarto no ocurrió en la ciudad de Nueva York, sino en Los Ángeles. Tampoco en pleno invierno a su regreso de España, sino en primavera-verano, semanas después del viaje a México. De hecho, al leer la cita de Reyes se podría concluir toda esta información:

Cuernavaca, viernes 2 agosto 1957

Madrugada, 2 ½ a.m., telefonó Sarita Montiel, que me buscaba desde el lunes para saber si habíamos sufrido con el terremoto; que no es verdad lo del divorcio, que son felices y Tony Mann acaba de pasar infarto en coronaria y ya está bien: él me habló también. (p. 592)

Lo cierto es que unos meses más tarde, después de todos esos viajes y contratiempos de pareja, finalmente organizarían su boda oficial. Una vez reinstalados en su casa de Beverly Hills, luego de un largo verano, para finales de agosto de 1957 lo tendrían todo preparado y muchos motivos para celebrar. Tan importante sería la boda planificada, que ellos deseaban y merecían, como la recuperación de la salud del director tras el infarto. Además, todo coincidía con el sorprendente éxito de su nueva película en el cine español, *El último cuplé*. El acontecimiento filmográfico que le cambiaría la vida, como se analizará más adelante. La primera boda, si la hubo, habría sido más bien algo simbólico, solo por compromiso y la urgencia de realizarla dentro de la sala de cuidados intensivos de un hospital. Se podría interpretar que, si así lo hicieron, uno de los propósitos sería tal vez producir algún certificado y no dejar a Sarita completamente desamparada después de casi dos años de relación en territorio americano. En esta «segunda» ocasión, de acuerdo a la actriz, ya más organizados y con una boda mejor planificada, les servirían como padrinos para la recepción el Cónsul de España y Marqués de Alcántara, Carlos de Villavicencio Margheri y Weinlechner y el Cónsul de México, Adolfo Domínguez. Ambos destacados como cónsules de carrera en Los Ángeles, California, para esas fechas.

El documento expedido por la Corte de la Ciudad de Los Ángeles certifica la fecha del sábado 31 de agosto de 1957 como el día oficial de la unión matrimonial Montiel-Mann. Entonces, las dos bodas hubiesen transcurrido en un período de cuatro meses (entre abril y agosto) de 1957, dejando una gran curiosidad. Montiel siempre declaraba en la mayoría de sus entrevistas que su boda con Mann en California se celebró el 29 de agosto. La recepción de la boda tendría lugar en su domicilio de Beverly Hills. En cambio, como se puede verificar en la copia del certificado adjunto, en realidad la fecha que repetía la actriz solo coincide con el día en que obtuvieron la licencia matrimonial. Por otro lado, como indica la copia del acta o certificado matrimonial que se ha podido recuperar para este estudio, los únicos presentes en el ayuntamiento el 31 de agosto, además de los novios, fueron los administrativos: un testigo, Edmond Autman, un diputado B. Williams y el juez que los unió, C. Rickles. Separaciones de sus respectivas parejas anteriores, viajes, amenazas, denuncias, casos judiciales, desacuerdos, infarto cardiaco, hospitales, recuperaciones, rompimientos y reconciliaciones, todo esto sería necesario superar durante ese período de un año de «noviazgo» para finalmente poder celebrar su unión matrimonial oficial en Los Ángeles, California, el 31 de agosto de 1957.

Considerando la cantidad de fotografías de Sara Montiel, producto de sus 70 años en la industria cinematográfica y en el mundo del espectáculo, ¿por qué solo existen un par de ejemplos disponibles al público de su boda con el director Anthony Mann? Las publicaciones de cualquier material audiovisual sobre su vida artística y familiar, dentro de su universo profesional, son también parte de su legado para la posteridad. En cualquier caso, resulta comprensible que no existan fotos de la «primera ceremonia» celebrada dentro de un hospital. Pero para la escasez de documentación y de material celuloide ilustrativo sobre la boda oficial o enlace nupcial planificado por la pareja en Los Ángeles no existe una posible explicación. Habiendo sido una boda tan deseada, en especial por Anthony Mann, ¿por qué razón no podrían haber contado con más de un fotógrafo dispuesto a cubrir la ceremonia matrimonial y cualquier tipo de recepción que ambos hubiesen decidido celebrar? Por íntima o privada que fuese su boda, esa máxima discreción resulta cuestionable. Una vez recuperado de aquel infarto cardiaco, se podría asumir que el novio o la novia contarían con todos los fotógrafos y medios de comunicación deseados en la ciudad de Los Ángeles para cubrir su evento nupcial. ¿Cómo justificar la falta de cobertura sobre el evento por parte de los medios de comunicación? Se podría asumir que todo estaría relacionado con las presiones externas de los novios y sus respectivas relaciones matrimoniales anteriores. Aparte de las diferencias generacionales, culturales y lingüísticas, que pudiesen existir entre ellos, es lógico que existían otros motivos para celebrar una boda con tanta discreción y sobriedad. Siendo figuras de la industria del cine y del entretenimiento en Hollywood, parecía que escapaban a propósito de la mirilla pública. Pese a las expectativas de algunos de los columnistas de Hollywood dedicados al cine y sus celebridades, resulta muy difícil asimilar la poca o ninguna publicidad del evento. Ni siquiera las dos hijas de su primer matrimonio, Toni y Nina, ya adolescentes para esas fechas, conservan el recuerdo de haber asistido a las segundas nupcias de su padre y Montiel.

Las posibles respuestas o justificaciones en torno a este tema se podrían resumir de la siguiente manera. Primero, para elaborar una historia periodística o publicitaria sobre los novios y el enlace matrimonial, hubiese sido necesario indagar sobre sus respectivos pasados. El reciente divorcio de Mann, al finalizar un matrimonio de 20 años, además de su apasionada relación con Joan Fontaine, hubiesen sido temas todavía demasiado delicados en ese momento para compartirlos con el público en general. La reciente y abrupta separación de Sarita Montiel y el líder comunista Juan Plaza en México tampoco era un asunto que los novios hubiesen podido compartir dentro de su círculo laboral y contexto político de aquel entonces. La delicada y frágil posición de Montiel en Hollywood debido a sus vínculos comunistas en México y «la lista negra», pudo ser uno de los factores que provocaron las limitaciones conmemorativas de su matrimonio. Más aún, habiendo sido contratada por Warner Brothers tan recientemente, tal vez les sería imposible hacer pública la noticia de aquel matrimonio. La posible necesidad por parte de Sarita de obtener la ciudadanía norteamericana, que aparentemente no perseguía ni deseaba en ningún momento, queda pendiente. Todos los factores anteriores se pueden tomar en consideración y hasta la probabilidad de un embarazo. Fueron muchos los detalles e inconvenientes en contra de la pareja que los limitaban y le impedían manifestar públicamente la celebración de sus lazos matrimoniales en Hollywood durante la década de los años 50. Por otro lado, también queda pendiente la fantástica historia del primer casamiento dentro de un hospital en Nueva York con el mismísimo Arthur Miller como testigo. Algo que también hubiese tenido sentido como un gesto especial y significativo de caballerosidad por parte del paciente en un momento tan delicado. Qué mejor evidencia de su amor y de sus buenas intenciones de proteger y dejar amparada a Sarita Montiel.

En muchas ocasiones, cuando Sarita le dedicaba un espacio a su marido americano, donde relataba al público sus íntimos recuerdos matrimoniales, se enfocaba primero y sobre todo, en el amor casi paternal, en la admiración y el agradecimiento que sentía por él. Sin embargo, aunque las palabras o referencias dedicadas a Mann dentro de sus crónicas reflejan orgullo y nostalgia, también revelan resentimiento y algo de reproche y rencor en términos profesionales. Recordaba y señalaba varios aspectos, sin reservas ante su público por no haber recibido todo el apoyo esperado, ni el reconocimiento por su trabajo o sus éxitos. Tampoco tendría la necesidad de agradecerle el haber obtenido nuevas oportunidades dentro de la industria. Aun habiendo tenido todos los medios y contactos para impulsarle como artista, tal como ella hubiese deseado o esperado de él, ese no fue el caso. Quizás Mann la veía más como su mujer y su esposa que como la actriz y cantante, o la *superstar*, que ella añoraba ser. Anthony Mann había sido el tercer hombre en su vida desde que salió de España en 1950, después de Juan Manuel Plaza y su romántica relación con Severo Ochoa. Los tres tenían mucho en común. Eran contemporáneos en edad y lo suficientemente mayores que Sarita para poder ser sus padres. Mann, su marido y primer esposo oficial, era tres años mayor que Juan Plaza y solo un año más joven que Severo Ochoa. Los tres eran hombres casados, dispuestos a amarla y protegerla, pero sin embargo, Mann fue el único que le pudo proveer un verdadero hogar y una posición de señora en aquel Hollywood de los años 50. Fue precisamente al lado de Mann con quien logró formalizar una relación amorosa y sentimental por primera vez dentro del esquema de un matrimonio.

Analizando su carrera y observando su trayectoria paso a paso hasta este momento, se puede concluir que la transición de México a Los Ángeles fue positiva y que todo fluiría mejor de lo que esperaba. Tanto sus vivencias en México como su nueva etapa norteamericana, incluyendo sus experiencias hollywoodenses, marcaron un cambio radical en su rumbo profesional. De momento en los Estados Unidos asumiría su papel de actriz y de esposa de un director de cine norteamericano de gran prestigio. Mientras tanto, el destino le impulsaba a continuar en esa dirección profesional de forma definitiva. Entre 1956 y 1957 Montiel continuaría adelante con su participación en las dos películas anotadas dentro de su nuevo porfolio artístico y a la espera de la tercera y de nuevos contratos. Por las noches y los fines de semana sería fácil encontrarle disfrutando de unos martinis y cenando en Musso and Frank en compañía de su marido y compartiendo el tiempo libre con una serie de celebridades fabulosas y aquellos personajes glamurosos del Hollywood de la década de los años 50. A su vez, Sarita se hacía cargo de su nuevo hogar en el pequeño y modesto domicilio en el 2016 de la calle Coldwater Canyon, dentro del exclusivo vecindario de Beverly Hills. Se trataba de una casa nueva y moderna, al estilo de lo que llaman «mid-20th century modern» que había sido diseñada y recién construida entre 1953-54 por el arquitecto Harold W. Burton. La moderna residencia donde viviría la pareja de recién casados y la que fue su base fija durante los ocho años de su relación, pertenecía al guionista norteamericano de origen polaco Philip Yordan. Esta pequeña obra de arquitectura, que estrenaría y ocuparía el matrimonio Mann-Montiel desde antes de casarse, específicamente de 1956 a 1963, era lo equivalente a una casa de huéspedes adjunta, como un anexo, a la mansión de Yordan. Como huésped permanente también lo sería la madre de la actriz, quien siempre viviría con su hija por el resto de su vida, hasta su fallecimiento en 1969. Doña María Vicenta ocuparía la segunda habitación formal del nuevo domicilio, según lo recuerda la hija menor del director.

Mann y Yordan, ambos, eran hijos de emigrantes europeos, aunque Mann era unos ocho años mayor que Yordan. Juntos llegarían a colaborar en equipo (director / guionista) en un total de siete películas, entre 1949 y 1964, desarrollando así una gran amistad y entera confianza. La filmografía del director Mann ascendería a unos 39 títulos, incluyendo los más reconocidos a partir de su matrimonio con Montiel, como por ejemplo: *The Tin Star* (1957), *God's Little Acre* (1958), *Man of the West* (1958), *Spartacus* (1960), del cual fue expulsado como director a mitad de rodaje por el productor y actor Kirk Douglas. Su último film fue *A Dandy in Aspic*, (1968), el que estaba dirigiendo en Berlín y que no llegó a terminar debido a su fallecimiento, el 29 de abril de 1967. Los últimos dos títulos de las películas en las que participarían Mann como director y Yordan como guionista serían los siguientes: *El Cid* (1961) y *La caída del imperio romano*, (1964), ambas con Sophia Loren como primerísima actriz. Yordan se destacó como guionista desde los años 40 hasta los 90 y fue galardonado con un Oscar en 1954 por su argumento en *Broken Lance*. También fue reconocido por su «cine negro» y obtuvo el apodo de «el Médico de los guiones», por su dedicación y especialidad en reescribir libretos y recomponer guiones de escritores y otros guionistas que no podían firmar con su verdadero nombre por haber sido incluidos en la «lista negra» de Hollywood. Eventualmente, el mismo Yordan también sería víctima de esa persecución y tendría que emigrar a Europa, de hecho a España, a partir de 1960. Todo indica que ambos (tanto Mann como Yordan) terminarían trabajando juntos en España, gracias a la cooperación de Sarita Montiel, donde ya desde 1957 esta se había convertido en una gran estrella y reina absoluta del cine español de la época. No es de extrañar que para entonces la actriz tuviese las mejores relaciones y contactos posibles, tanto en la industria como dentro del Ministerio de Cultura de gobierno. Director y guionista, en compañía de Samuel Bronston como productor independiente, habían decidido lanzarse a la aventura de producir la película de *El Cid*. Sería un film basado en una obra de literatura épica, supuestamente anónima, que relataba la vida y las hazañas de uno de los personajes más importantes dentro de la historia española, a quien se le atribuía la raíz de la nobleza, de la aristocracia y de la familia real. La realización de una película de tal envergadura no podía servir de mayor apoyo político durante la campaña de promoción cultural que el franquismo venía fomentando desde la década de los 50, cuando más necesitaban un impulso para lograr una proyección internacional. Parte del programa que procuraban desarrollar desesperadamente ante los esfuerzos gubernamentales de producir una nueva imagen universal, precisamente igual a la que había alcanzado Montiel a esas alturas de su carrera.

Sería la propuesta perfecta para España y el plan diplomático que el generalísimo intentaba promover como un mecanismo urgente para poder combatir la ignorancia e indiferencia que sufría el país por parte de todos gracias a su dictadura. España permanecía a las espaldas del resto del mundo, aislada y en el olvido por las consecuencias sociopolíticas y económicas de la guerra y el comienzo del régimen que tanto habían perjudicado su imagen. Había llegado el momento de tomar medidas haciendo todo lo posible por volver a ganar la visibilidad y aceptación diplomática internacional, al igual que el progreso comercial y económico a cualquier precio. Todo lo que ayudara a promover una imagen positiva de la España franquista, bienvenido. Así que una producción de cine norteamericano promoviendo precisamente la historia, los orígenes y los valores de la familia real española no podía ser una mejor combinación, ni más adecuada, a partir de 1960. Hasta el papel principal de doña Jimena se lo darían a Sophia Loren en lugar de dárselo a Sarita Montiel. A pesar de todo el éxito y reconocimiento que había obtenido la actriz y cantante en su propio país y en el resto del mundo, después de haberse convertido en una superestrella, Loren se la llevaba por delante en términos de proyección internacional. Para completar la complicidad franquista, otro dato interesantísimo sobre la producción cinematográfica de *El Cid* (1961) es el hecho de que la actuación de todo aquel ejército de soldados medievales a caballo que se filmó durante las batallas épicas fuese interpretada precisamente por los propios soldados del ejército franquista. Un detalle obtenido gracias a la hija menor del director Mann.

Hollywood estaba muy de moda durante el franquismo y para los americanos el producir cine en España era una gran oportunidad. Aun y así, en el caso de *El Cid* no cabe duda que el vínculo principal entre España, los productores, el director y la gran responsabilidad de la histórica producción de esta película recaía sobre los hombros de Sarita Montiel. Sin dejar de ser una práctica de la industria del cine norteamericano experimentada por muchos en Hollywood, como se discutirá más adelante. En el caso de *El Cid*, aunque Sarita Montiel no hubiese tenido nada que ver con el concepto y la producción del film, el apoyo y la cooperación especial del gobierno de Franco quedan certificados para la posteridad. Una estrategia sociopolítica y económica que se discutirá con toda la atención necesaria.

Una vez más, Yordan llegaría como caído del cielo para poder reparar un guion que ya existía. Y además, ya lo habían comprado y habían adquirido los derechos como parte de una historia que había sido adaptada para el cine, nada más y nada menos que por

Rafael Gil, uno de los directores de las películas de Montiel, entre ellas: *Don Quijote de la Mancha* (1947), *La reina del Chantecler* (1963) y *Samba* (1965). Pues bien, fue precisamente a Yordan a quien contactaron y contrataron para reescribir el antiguo guion que había sido escrito por Vicente Escrivá. Negocio redondo, todos saldrían ganando, aunque Sarita no obtuviese el protagonismo ni lograra desempeñar el papel principal de doña Jimena en esa producción, como sería de esperar en el extranjero.

Muchas han sido las especulaciones acerca de esta situación. Por un lado, la actriz siempre afirmó que ella misma le había sugerido a su marido llevar la adaptación de *El Cid* a la pantalla. Sin embargo, aun si le hubiesen considerado para el papel de doña Jimena, de acuerdo a sus propios testimonios, había dos impedimentos para que ella pudiese aceptar y participar en el film. En primer lugar, el personaje y el contexto histórico no le iban. Desde 1957, había ido cultivando los melodramas musicales y desarrollando un nuevo personaje erótico de «sex symbol», mujer fatal y además como cantante, según se analizará en el siguiente capítulo. Su propia evolución ya no le permitía dar marcha atrás o caminar en otra dirección. Segundo, tampoco hubiese podido aceptarlo por su contrato en exclusiva con su productora SUEVIA FILMS en España. Aunque para eso son los contratos, para quebrantarlos, máxime cuando el director del film era su marido.

Sin embargo, siendo una ocasión tan especial, considerando la historia y el director del film, también resulta difícil asimilar las dos excusas anteriores como un argumento final. Pero el asunto le afectaría en lo personal y en lo profesional. El hecho de no haber sido seleccionada para asumir el papel de Doña Jimena siempre habrá impactado su ego como mujer y como actriz. Primero por ser la esposa del director y segundo por el hecho de que fuese precisamente Sophia Loren quien hiciera de esposa del Cid, estando en su propia tierra. Lo incomprensible de esta situación es que ambas estaban en la cima de sus respectivas carreras y disfrutando de una visibilidad descomunal. Sarita no estaba en desventaja como actriz ante la productora americana ni ante el gobierno español para promover la historia y la película. En todo caso, quien terminaría asumiendo el papel de doña Jimena sería Loren y no Montiel.

Como resultado, independientemente de que el film hubiese o no hubiese alcanzado el éxito deseado, en términos taquilleros o comerciales, esta producción marcaría un punto irrevocable en la relación. Sería un factor crucial que aceleraría el proceso del deterioro matrimonial y un motivo más para el distanciamiento de la pareja. El cine que los había unido, ahora les alejaba. La relación profesional les perjudicaba y contribuía a esa pérdida de confianza y de fe conyugal que siempre debería existir. No sería de extrañar que *El Cid Campeador* fuese una de las causas de la ruptura y la separación final.

También resultan interesantes y constructivas para el estudio de esta etapa de Montiel las recientes aportaciones de las hijas del director Mann, sesenta años más tarde, gracias a las entrevistas solicitadas. Examinando cuidadosamente sus recuerdos de adolescente, Nina Mann comparte una reflexión general y sus impresiones acerca de la que una vez fue su madrastra, Sarita Montiel. Sus declaraciones sobre la segunda esposa de su padre y su país de procedencia, al igual que su visión sobre el franquismo, arrojan muchísima luz desde su punto de vista. Esta nueva perspectiva del contexto histórico de la tercera etapa profesional de Sarita hubiese sido imposible de conocer y apreciar sin la colaboración desinteresada de la hija menor del director de cine. En palabras de Nina:

«Hoy en día pienso que Sarita sí tenía relaciones diplomáticas con Franco y con su gobierno, pero más bien por las circunstancias, aunque no simpatizara con él ni con el sistema dictatorial. Incluso recuerdo que hasta podía percibir un miedo no expresado por su parte, pero tal vez como el de todo el mundo…».

»No tengo un criterio ni una imagen, ni positiva ni negativa, sobre Sarita Montiel. Más bien solo la recuerdo como la esposa de mi padre. Simplemente estaba allí en esa casa de Beverly Hills, como parte de la casa. Pertenecía a aquella casa. No podría decir que era ni la típica madrastra malvada, ni que se desviviera o se esforzara por ser la más amable, simpática o cariñosa. Simplemente estaba allí todo el tiempo, durante los veranos que tanto mi hermana mayor, Toni, y yo teníamos que permanecer en Los Ángeles y vivir con ellos. También puedo comprender la actitud y el resentimiento de mi hermana Toni hacia aquella mujer joven y glamurosa que ocupaba el lugar de nuestra madre. Al ser la hija mayor, con tan poca diferencia de edad entre las dos, de seguro que se sentiría en una posición incómoda y desventajada».

Dado el hecho de que en 1955, cuando comenzaban la producción de *Serenade*, Mann todavía era un hombre casado con su primera esposa, resulta comprensible la actitud negativa por parte de sus dos hijas ante cualquier relación que su padre pudiese haber establecido con Montiel. El resentimiento y recelo de Toni en su posición de hija mayor, aún establecida en California como si el tiempo no hubiese pasado, es claro y contundente. Aunque no deseaba ser entrevistada en relación con la segunda esposa de su padre, al manifestarse, con su propio negativismo brindaba suficiente información, dejando saber su posición y un relevante contraste sobre todo lo relacionado con Montiel. Repasando sus comentarios y reacciones acerca de todo lo que se le preguntaba referente a su padre y Sarita Montiel, se pudo percibir cómo tomaba la oportunidad para desmentir la historia que la actriz siempre narraba y repetía, como un guion, acerca de la supuesta boda *in articulo mortis* con el director. De hecho, hasta el presente, Toni también niega que le pidiese a Sarita que se casara con su padre en ningún momento. En cambio, gracias a la entrevista de Nina, aun considerando sus escasos recuerdos por ser la hija menor, se ha podido reconstruir parte de la historia. Como se puede apreciar en sus declaraciones, sí conserva los recuerdos de haber pasado aquellas vacaciones de verano con su padre y Sarita en su sencillo domicilio de la calle Coldwater Canyon, 2016, en Beverly Hills.

Por otro lado, gracias a la propietaria actual de esta casa donde vivían Mann y Montiel entre 1956 y 1963, propiedad para entonces del amigo guionista Philip Yordan, hemos podido visitarla y apreciar de cerca todos los detalles del inmueble. Constance Posse, artista, pintora y diseñadora, nos ha abierto las puertas de su casa como un gesto de cooperación para poder verificar y documentar las descripciones de la actriz referentes al que una vez fue su hogar. La casa conserva casi todas las características y encantos que concuerdan perfectamente con la mayoría de las históricas descripciones de Montiel y que también coinciden con los recuerdos de Nina Mann. Tal y como la actriz hacía referencia en muchas de sus entrevistas y en sus *Memorias*, las paredes exteriores del salón, del comedor y del estudio constan de grandes ventanales de cristal. Desde lo que era el estudio de su marido todavía se abre una puerta hacia el patio-jardín posterior. Justo en esa salida es donde se encuentra el pequeño peldaño en el que, según relataba Montiel, al tropezarse y caer sentada en el suelo, accidentalmente, provocaría la pérdida de su embarazo de ocho meses y de su bebé esa misma noche. Lo que a primera vista hubiese sido solo un accidente casero al salir a tomar el desayuno en el jardín, terminaría en una verdadera tragedia. Horas más tarde la caída provocaría una hemorragia interna y un aborto involuntario en la sala de urgencias de un hospital. Tal vez una de las causas por las cuales ya nunca podría volver a tener un bebé. En las recientes fotografías de la propiedad, disponibles en el apéndice de este libro, se pueden observar desde todos los ángulos las características de la construcción y del estilo de la arquitectura típica de esa época.

Esta tercera etapa laboral de Montiel dentro del cine de Hollywood se extiende aproximadamente desde 1954 a 1958, aunque su matrimonio con el director Mann continuó y se extendió hasta 1963. Ambos se separaron por mutuo acuerdo, poniendo fin a su relación de un total de ocho años. La separación final de la pareja se efectuó el 18 de octubre de 1963. Toda esta información ha sido verificada gracias al contacto directo con su viuda Anna Mann y la consulta de los archivos familiares bajo la coordinación y la amable cooperación de su nuera Desirée Mann. Fueron ellas quienes pudieron proveer la copia del certificado de separación de Mann y Montiel que había conservado el director dentro de sus expedientes privados hasta el día de su muerte en 1967. En el presente, todos sus papeles y documentos personales se encuentran en las manos y la custodia de su nuera Desirèe y viuda de su único hijo varón, Nicholas Mann. La anulación matrimonial fue concedida por los Ministerios de Justicia y de Asuntos Exteriores en España, con fecha de expedición del 24 de octubre de 1963. Así lo expresa el certificado español que eventualmente terminó en el domicilio de su hijo en Nueva York. En la copia adjunta se puede apreciar la documentación.

Anna Kuzko (Mann), la tercera esposa y viuda del director, era bailarina de ballet clásico cuando se conocieron fugazmente en

Londres por primera vez al finalizar una función, sin ella saber que se trataba de su futuro marido. Pequeño mundo, por cosas del destino, sin haberlo planificado, muy pronto volverían a reencontrarse frente a frente por las calles de Roma, durante la filmación de *La caída del imperio romano* (1964). Con toda su amabilidad pudo narrar sus escasos recuerdos sobre Montiel durante nuestra entrevista en su residencia en Nueva York a finales del verano de 2016. Segura de sí misma certificaba que no hubo futuros encuentros ni comunicaciones entre Montiel y su marido luego de su separación final en 1963. Su percepción de esposa enamorada en contraposición a las declaraciones de la actriz y la secuencia de eventos relacionados con su exmarido y director. Aunque muy bien pudo haber existido alguna comunicación privada entre ambos que su viuda desconociera, en especial si se trataba de algún tipo de confidencia o consejos, como Sarita alegaba reiteradamente en nuestras entrevistas. Decía que su exmarido, al conocer a la joven y sofisticada bailarina, le había pedido su opinión para seguir adelante con su compromiso y contraer matrimonio por tercera vez. A lo cual como su exmujer, una vez confirmada la sinceridad de sus sentimientos y su amor, le impulsó y lo apoyó a tomar la decisión hasta el final. Por otro lado, aunque Montiel nunca llegó a saberlo, Anna Mann también confesó que, sin que nadie lo supiera, a escondidas de todos, había ido a ver el estreno de una de sus películas, solo por pura curiosidad femenina.

Por otro lado, todas ellas, tanto la viuda de Mann como las dos hijas del primer matrimonio, tienen claro la inexistencia de antepasados ricos o aristócratas por parte de Anthony Mann como posibles fuentes o responsables de la joyería antigua que Sarita Montiel pudiese haber llegado a coleccionar durante sus años de matrimonio con el director. Mucho menos que fuese incluida en el testamento o que tuviese ninguna participación de la herencia del distinguido director después de su fallecimiento en 1967. Sin embargo, la realidad es que, además de la intelectualidad académica de su padre, emigrante austriaco, Emile Bundsmann, su madre, Bertha Waxelbaum, sí venía de una familia de productores y comerciantes de textiles inmensamente ricos. El padre de Bertha, Sol Waxelbaum, era conocido como el mejor hombre de negocios de la ciudad de

Macon en el estado de Georgia. Aunque eventualmente perdieran toda su fortuna debido a un fuego que destruyó su fabrica de textiles, implicando la pérdida total de su empresa Waxelbaum & Son. Entonces, sí se le podría acreditar a Montiel el conocimiento del pasado aristócrata y opulento de los padres, o abuelos, de Anthony Mann. De hecho, no sería descabellado aceptar el testimonio de la actriz en este aspecto. En nuestra primera entrevista Montiel aseguraba que el emblemático alfiler-broche de oro banco y diamantes que María Luján se colocaba en el escote de su vestido negro (Christian Dior) en la escena final de *El último cuplé*, y que luego lució en tantas otras películas y actuaciones artísticas, hubiese sido un regalo entrañable de su marido y que históricamente hubiese pertenecido a la abuela de Mann. Una pieza «artdecó» de un valor histórico incalculable, al igual que el famoso collar de esmeraldas, entre otras piezas, que hoy en día permanecen, como herencia, en manos de su hija Thais. Tampoco se podría poner en duda que en el momento de la separación final, para octubre de 1963, Mann le dejara una cuenta bancaria en Suiza con un cuarto de millón de dólares, un coche Mercedes-Benz y el resto de la joyería que fue recibiendo y coleccionando por parte de su marido. El director fue también el responsable de la joyería más importante que poseía y que lució la actriz por el resto de su carrera, que pasaría a ser un detalle distintivo y auténtico como parte del artificio en el resto de su filmografía. Esto fue solo parte de la información obtenida directamente de Montiel en relación con la separación de Anthony Mann durante nuestra primera entrevista en Tabarca, en julio de 2011.

Aun y así, de todos sus amores hasta esta tercera etapa de su carrera, podría asumir sin temor a equivocarme que fue Mann quien más amó y respetó a Sarita Montiel. Aun tomando en consideración a Miguel Mihura, quien había quedado atrás en el pasado, literalmente en la España de los años 40, o su admirador poético León Felipe, o al apasionado Juan Plaza, o su distintiva y particular ilusión por Severo Ochoa. Entonces, hasta este momento o etapa hollywoodense, los cuatro primeros amores en la vida de Montiel prácticamente le doblaban la edad, también eran casados o comprometidos con sus profesiones. Pero solo Mann, como queda probado, dio el paso y tuvo la valentía de comprometerse verdaderamente con Montiel. Todo refleja una reacción a la orfandad paterna que Sarita, o mejor dicho, Antonia, sufrió desde los 16 años de edad. Sin olvidar el abuso sexual por parte de su primer protector y promotor que era, incluso, mayor que su propio padre. La actriz pagó las consecuencias de los agravios recibidos desde su adolescencia. A pesar de los pesares, todo lo tomaba por bien y siguió adelante con su carrera profesional, que era su meta y su prioridad. Sin duda alguna, su futuro artístico era lo más importante y el primer objetivo en su vida. Todas las adversidades por las que había atravesado desde niña las transformaría en arte y belleza, sin ni siquiera mirar atrás. Es necesario señalar que tanto Mann como Montiel compartían muchos aspectos dolorosos de la niñez. Aun viniendo de tan diferentes trasfondos culturales y épocas históricas, ambos compartían una serie de experiencias negativas en común que arrastraban desde la infancia, donde por pura coincidencia lo precario era lo que dominaba sus respectivos ambientes. Los dos atravesaron por una adolescencia llena de retos, limitaciones y a su vez huérfanos de padre. Pero, por otro lado, está visto que también poseían en común el espíritu y la fuerza de la superación personal y esa autoestima tan propia y distintiva. Requisitos para afrontar lo que fuese necesario, por difícil que fuera, hasta alcanzar sus metas profesionales y hacer de sus sueños cinematográficos una realidad.

Entonces, aunque el reconocido director Mann hubiese sido capaz de poner fin a su primer matrimonio por Montiel, igualmente la actriz había dejado atrás a su exmarido, dándole espaldas a México por la vida americana y un hombre que le valoraba lo suficiente como para ofrecerle un futuro y más. El matrimonio del director con su primera esposa ya estaba en sus últimas etapas. Mildred, la madre de sus hijas, nunca llegó a acoplarse al estilo de vida de Hollywood. Tampoco era un requisito ni una tarea fácil adaptarse a la ciudad de Los Ángeles, California, que ya es de por sí un mundo aparte, en especial proviniendo de Nueva York. Simplemente añoraba la dinámica de sus primeros años matrimoniales y aquel ambiente del teatro de la gran ciudad donde se habían conocido y habían comenzado su familia. Sentía nostalgias por su hogar neoyorquino y el estilo de vida, incluyendo el apoyo a su marido en sus labores teatrales. Aquella íntima y humilde relación de joven pareja que trabajaba en equipo se había esfumado bajo el cielo contaminado de Hollywood que no tenía nada que ver con su romántico inicio en Nueva York. Un pasado que ya no volvería a repetirse nunca más. Los Ángeles, incluyendo Hollywood y Beverly Hills, era y sigue siendo otro territorio, como se dice, un mundo aparte. Su exmujer se marcharía para siempre, alejándose de California lo más posible y dejando a su marido libre de toda responsabilidad conyugal, excepto en lo concerniente a sus deberes y responsabilidades de padre. Sarita Montiel sería la próxima señora Mann, contando con el amor y la pasión de su marido de cierta edad que le ofrecía un nombre, un mejor estatus social y laboral y un verdadero hogar. Así se unieron en matrimonio, de forma oficial desde el otoño de 1957, con la mayor ilusión y todos los riesgos que implicaba aquella relación. Conscientes o inconscientes de las diferencias entre una mujer todavía en plena primavera, con todas las expectativas del mundo propias de su edad y un señor con un camino andado, un caudal de experiencias, y que, en cierto sentido, ya estaba de vuelta. Pero tan grande era su amor por Montiel que, además de haber puesto punto final a su matrimonio con Mildred, hasta arriesgaba su profesión como director de cine ante el peligro de caer en la «lista negra» de Hollywood. Mann conocía perfectamente las reglas del juego en su territorio y las estrechas relaciones comunistas que su querida enamorada y futura esposa dejaba atrás, al abandonar México e incorporarse por entero en su nuevo ambiente laboral.

Por otro lado, aun brindándole a Montiel el beneficio de la duda sobre sus recuerdos en relación con el amplio y diverso currículo cinematográfico y profesional de su marido, es necesario analizar las discrepancias encontradas en el transcurso de esta investigación. En cuanto al cine, es posible que los hechos pudiesen haber sido alterados o contaminados con el paso del tiempo y las brechas generacionales existentes. También es comprensible la inexactitud de los detalles, ya que hasta pudieron haber sido influenciados por las diferencias lingüísticas entre el inglés y el español de la pareja. Hasta podría tomarse en consideración la manera en que Mann le contara sus cosas a su consorte y cómo ella percibiera las historias y procesara las anécdotas de su ilustre marido, veintidós años mayor que ella. Por ejemplo, al describir a su exmarido americano en sus relatos, Montiel, siempre muy orgullosa de él, en ocasiones le atribuía haber llegado a ser general de la Fuerza Aérea de los Estados Unidos. Sin embargo, hasta el presente no existe evidencia alguna sobre esta aseveración. Lo que sí queda claro es que Anthony Mann nunca participó en ninguna de las tres Fuerzas Armadas de los Estados Unidos de América durante la Segunda Guerra Mundial. El único vínculo del director de cine con la Fuerza Aérea fue, de hecho, su famoso film biográfico *La historia de Glenn Miller* (1954), título que fue traducido en España como *Música y lágrimas*. Su admiración por el músico americano más famoso e importante de esa época quedó reflejada en la calidad de su obra por lo cual recibió una nominación para el reconocimiento de «Outstanding Achievement in Motion Pictures» de la organización Directors Guild of America, en 1955. La película también recibió un Óscar por parte de la Academia bajo la categoría de mejor sonido.

Ahora bien, con excepción de su estrecha relación laboral con el actor James Stewart, quien sí participó en la Fuerza Aérea hasta 1968, además de pedirle que dirigiese el film donde interpretaría de forma magistral el papel de Miller, no se podría justificar otra posible relación entre Mann y la Segunda Guerra Mundial o las Fuerzas Armadas. Tampoco existe evidencia alguna de su labor como director de las escenas exteriores de *Lo que el viento se llevó* (1939). Aún más, el nombre del director ni siquiera aparece en los créditos del film. Solo se reconoce en una de sus biografías, escrita por Jeanine Basinger, en 2007, como la persona a cargo de la examinación escénica de los actores aspirantes a participar en las escenas exteriores del famoso clásico. Que haya colaborado como director asistente, sería algo que queda pendiente por comprobarse. Aun así, Mann tuvo una carrera sumamente productiva y maravillosa con sus propios éxitos, por los cuales siempre será reconocido y recordado, por mencionar un ejemplo: *Winchester* (1950).

En cambio, es muy probable que Sarita tuviese la oportunidad de conocer a muchos de los colegas, actores y actrices, en el mundo de las estrellas, gracias a Anthony Mann. Entre el círculo de amigos y conocidos del director a los que Montiel hacía referencia figuran nombres sobresalientes, algunos ya mencionados, como James Stewart, Billie Holiday, Arthur Miller, Marilyn Monroe, Greta Garbo, Henry Fonda o Sophia Loren. Esto explica cómo Sarita conservaba y evocaba sus recuerdos a largo plazo de haber compartido momentos especiales con todos ellos, ya fuese por compromisos sociales, profesionales o por puro placer, a partir de 1956 cuando comenzaba su relación con Mann.

Sin embargo, su época hollywoodense, que ya había comenzado en 1954, aparte e independiente de los años que compartió con el director Mann, también le brindó todas las oportunidades y posibilidades de conocer a muchas otras celebridades y colegas desde su posición de actriz. Los primeros serían, como es lógico, sus compañeros de *Vera Cruz* (1954), que ya se han mencionado. También todos los que le rodeaban en los estudios de Warner Brothers durante la filmación de *Serenade*, como James Dean, Elizabeth Taylor, Rock Hudson, Marlon Brando, Natalie Wood o Alfred Hitchcock, entre muchos otros. Y finalmente sus compañeros de su tercer y último film americano discutido más adelante, *Run of the Arrow* o *Yuma* (1957), como Charles Bronson y Rod Steiger, entre otros. Pero hasta el momento, las fotografías que han sido publicadas continúan siendo la mejor evidencia o constancia de haber tratado en persona y haber compartido momentos únicos e irrepetibles con estas otras estrellas y personalidades del mundo hollywoodense.

Para aquel entonces, Hedda Hopper, una actriz de la generación del cine mudo norteamericano, retirada de la actuación desde 1938, luego de diversos intentos profesionales, sin desperdiciar la mejor oportunidad que le brindaron, se dedicó a escribir una columna en el prestigioso periódico *Los Ángeles Times* con el título de «Hedda Hopper's Hollywood». En esa columna, que continuaría hasta la muerte (en 1966), ella se encargaría del chisme o cotilleo y de destruirle la vida y la profesión en Hollywood a cualquiera que tuviese simpatías o vínculos con la ideología política del comunismo, tan imponente y temible durante aquellos años. De la misma manera, atacaría por medio de su escritura al que tuviese algún tipo de inclinación o tendencia homosexual. Estas fobias serían su obsesión y las bases principales para sostener la publicación de su columna periodística de tanto éxito. Entre algunas de sus víctimas se podrían mencionar al famoso guionista y escritor Dalton Trumbo o al distinguido actor y director británico Charlie Chaplin, solo por mencionar un par de ejemplos.

Hedda, comprometida por completo con sus ideologías y principios republicanos, creadores de la famosa «lista negra» a la que se ha estado haciendo referencia, continuaría su misión paranoica y obsesiva lo más humanamente posible. Tomaba en sus manos la misión de identificar y hacerle la vida imposible a los que ella considerase socialmente diferentes. Se sentía responsable y a cargo de enjuiciar a todos por igual, como si fuese algo personal y un deber sociopolítico. Finalmente su columna y su mundo periodístico ganarían el título informal o sobrenombre de: «El infierno de Hedda». No fue hasta después de 1960 cuando el actor Kirk Douglas, a propósito de su éxito en *Espartaco* de ese mismo año, en compañía de otros colegas ofendidos pudieron enfrentársele y desviarla en otras direcciones. Juntos ayudaron a ponerle fin a toda esa maldad e intriga en contra del mundo artístico dentro de Hollywood. Con el pasar del tiempo quedó probado que, aunque hubiese simpatizantes o afiliados al comunismo en ese territorio californiano, nunca hubo ningún intento o conspiración de influenciar, infiltrar o llegar a promover tal ideología política dentro de Hollywood o en su producción creativa. Los medios de comunicación en esta industria tampoco fueron capaces ni tenían la necesidad de iniciar o involucrase en ninguna actividad relacionada con tal movimiento político.

Pues bien, la suerte estaba echada. Hedda tenía que entrevistar a Sarita Montiel y escribir su artículo, producto de un riguroso examen que transformaría en su testimonio sobre la actriz mexicana-española para el espacio que tenía designado en el periódico más importante de la ciudad. En su entrevista a Sarita, realizada dentro de su propio despacho, en la suite 702 del Guaranty Bldg., en el 411 W 5th St., la autora de la columna procedía con su meta de descubrir y publicar todo lo posible sobre Montiel. Luego de sus «inocentes comentarios», la audaz entrevistadora, siendo la persona a cargo de los chismes del mundillo artístico y la meca del cine dentro de Los Ángeles, ya tenía preparadas sus preguntas y su agenda para enjuiciar a Montiel. A continuación un ejemplo del tipo de preguntas/respuestas utilizadas durante aquella conversación una vez reunidas en el despacho donde habían quedado:

HH: «Y como recompensa tú ganas un marido americano, ¿verdad?»
SM: «Eso espero, por favor... él es mi *Oscar*».

La entrevista a Sarita sería editada y publicada finalmente en su columna de *Los Angeles Times*, el domingo 20 de mayo de 1956. Justo el año en que se estrenó *Serenade*. Al finalizar su visita y reunión con la veterana actriz, después de admirar con mucho detenimiento y curiosidad uno de los famosos sombreros de la colección de Hedda que descansaba sobre un estante en su despacho, Montiel salió con el mismo puesto en su cabeza como un regalo de Hedda, añadiendo: «Qué dirán en España cuando me vean llevando uno de los sombreros de Hedda Hopper». Como se puede apreciar, Hedda, a pesar de toda su astucia y premeditación, no solo perdió su sombrero, sino que, al entrevistar a Sarita Montiel, también fracasó en sus propósitos como investigadora en más de un aspecto. Tanto la copia del artículo como el texto/manuscrito original escrito a máquina por Hopper quedan incluidos en el apéndice de este libro donde se puede leer el resto de la historia.

Aun contando con tanta experiencia, al poner en práctica aquella malicia y perspicacia que poseía en cada uno de sus acercamientos a sus entrevistados, o víctimas, no pudo detectar ni la simpatía ni la relación entre Sarita y sus amigos artistas, intelectuales republicanos y comunistas, que permanecían a sus espaldas en México. Y menos llegar a conocer el nombre de Juan Plaza y su historial político. Aunque lo intentó, ni siquiera pudo obtener la información correcta, probablemente imposible de darla a conocer en aquel momento, acerca de quién sería el prospecto, ese nuevo amor y futuro marido americano de la inocente «bomba latina» recién llegada a su territorio hollywoodense. El mismo título del artículo de Hedda, «Sarita Silent on Swain», traducido al español: «Sarita, silenciosa acerca de su joven amor», demuestra el desatino y la desincronización de aquel encuentro. Un título escogido precisamente por no haber podido obtener la información correcta sobre su novio. Ni siquiera pudo sacarle el nombre de su «nuevo joven enamorado». ¡Si tan solo hubiese sabido que se trataba del director de *Serenade*, Anthony Mann! A pesar del desconcierto de Hopper y las barreras lingüísticas, la transcripción original de la entrevista sin lugar a dudas brinda muchísima información adicional sobre esta etapa, desde los comienzos de Montiel en Hollywood. Al estudiar con cuidado el material obtenido, resultado de la investigación relacionada con la obra periodística de Hedda dedicada a Montiel, se pueden reproducir unas imágenes o instantáneas visuales que complementan el contexto y las circunstancias de la actriz como una emigrante más a aquella ciudad. Tener acceso al documento sobre la mesa que facilita tanta información de esta etapa de Montiel en Hollywood ha sido posible gracias a la Biblioteca Margaret Herrick - Academy of Motion Picture de Los Ángeles. Por ejemplo, además de un ejemplar del artículo-columna publicado, en el mismo expediente se conserva la transcripción original de sus respuestas fieles al nivel lingüístico del inglés que poseía y dominaba Sarita en aquel momento. El documento brinda el detalle desconocido hasta el presente sobre sus estudios de la lengua inglesa como segundo idioma que cursaba en el Colegio de la Ciudad de Los Ángeles. También sirve de testimonio acerca de una gran amiga de Montiel que le servía de intérprete, traductora y mucho más, mencionada anteriormente e incluida también en el *Diario* de Alfonso Reyes. Lydia Ibarrondo–Jordan, la *mezzosoprano*, cantante operática profesional, y Sarita eran amigas desde España. Lydia había nacido en Bilbao y participaba en festivales y temporadas de óperas por todo el mundo. Entonces, durante la década de los años 50, ya estaba establecida en la ciudad de Los Ángeles con su marido americano. Tratando a Montiel como a una hermana menor, le ofreció todo el apoyo incondicional, incluyendo albergue y hospedaje en su casa, a ella y a su madre, desde que vivían en México. Con ella anduvo «de la mano», sirviéndole de guía y de enlace profesional para poder llegar a las productoras de cine que le ofrecieron sus primeros contratos. La amistad de Ibarrondo fue crucial para Montiel dentro de esta tercera etapa estadounidense. La actriz también terminó recorriendo con su amiga los más importantes escenarios por diferentes ciudades americanas, pero como espectadora y pupila, disfrutando y aprendiendo todo lo que pudo de la *mezzosoprano* y de todas las óperas en las que participaba.

La tercera y última aparición de Sarita Montiel en el cine norteamericano, lo que también se puede clasificar como el último intento o aportación de la actriz a Hollywood, vendría a ser su actuación en: *Run of the Arrow* (1957), o *Yuma* (título en español). Como film, se trataba de una obra de arte que sería clasificada como un «melo-western», o película melodramática del oeste. La misma fue escrita, dirigida y producida por Samuel Fuller, un director que se distinguía a través de su obra cinematográfica, hasta finales de los años 50, por su dedicación a géneros menospreciados y temas controversiales. Unos años antes de comenzar el rodaje de *Run of the Arrow*, Fuller había sido reconocido como director en el Festival de Cine de Venecia, en 1953. Fue uno de los pocos capaces de realizar esta triple tarea y aventura de escribir, dirigir y producir. Su nuevo proyecto llamó la atención inmediata por la construcción genuina de una réplica de todo un puesto o estación militar del oeste, típica de la Posguerra Civil Americana. La edificación de los escenarios filmográficos se llevaría a cabo, como localización, en el desierto de las afueras de St. George, en el estado de Utah. Gracias a los esfuerzos de Fuller por el éxito de su film, la crítica también reconoció y señaló tanto la belleza como la autenticidad de las imágenes del atractivo paisaje que formaban parte del escenario real de la reproducción de aquella historia sobre la vida de los indios americanos. Aunque Montiel incluía esta película como una secuencia de su contratación en Wagner Brothers luego de haber terminado el rodaje de *Serenade*, en realidad era una producción de los estudios RKO Radio Pictures, que fue distribuida a su vez por Universal Internacional. Por otro lado, Sarita reconocía en una de nuestras entrevistas en la primavera de 2012, que ella había sido recomendada para su papel como protagonista por Joan Fontaine, quien tenía estrechas relaciones profesionales con esa productora desde la década anterior de los años 40. Se desconoce si sus intenciones y dicha recomendación deberían haber sido consideradas como un halago y una gestión positiva de su parte, o como una acción peyorativa y malintencionada que encasillaría más aún a Montiel, debido a la interpretación de aquellos papeles racistas y minoritarios. Pero la participación de Sarita Montiel en el proyecto, tanto su actuación como su cooperación fueron extraordinarias. Más allá, reconocidas y apreciadas en público por el mismo director, debido a que, además de desempeñar su papel con toda gracia y encanto, Montiel les sirvió de relacionista pública con los indios americanos que hacían de extra. Sin embargo, al reconocer la continuidad interpretativa de estos personajes estereotipados y étnicos que venía aceptando desde 1954, como mexicana o india americana, se puede comprender cómo huía de ellos buscando nuevos horizontes y posibilidades de brillar por su propia cuenta.

De todas formas, con su participación en esta producción, al incluirla como parte de la secuencia de su filmografía, la actriz mostraba un progreso en este territorio norteamericano. Poco a poco iba recibiendo el reconocimiento por su profesionalismo y el compromiso sincero y honesto con su carrera y la industria del cine en general. Su presencia física y la responsabilidad con que asumía cada uno de sus papeles le ayudaron a desarrollarse y diversificar, ampliando su visibilidad y su imagen artística por medio de sus experiencias hollywoodenses. Iba ganando terreno con sus talentos y su personalidad. Continuaba adelante con su actuación, haciendo currículo dentro de Hollywood como mejor podía. La disciplina y la tenacidad en todo lo que hacía repercutían en un *crescendo* acelerado que le proveía la certeza de un futuro prometedor. En este último film también tuvo la oportunidad de colaborar al lado de grandes actores como Rod Steiger y Charles Bronson. La casa productora se encargaría de promover el film y a la protagonista. En esta ocasión tendría el crédito histórico y la distinción de haberle dado el primer beso a Steiger en la pantalla, durante la actuación de una escena amorosa poco usual en su primer papel romántico como actor. El personaje que interpretaba Sarita terminaría casándose con él, promoviendo así también el matrimonio interracial dentro del cine de Hollywood durante la década de los años 50.

Aunque con su participación en *Run of the Arrow* continuara en dirección opuesta o un camino equivocado, de acuerdo a sus criterios e intereses como actriz, también se aprecia la evolución de su actuación y su adaptación dentro del cine norteamericano. Pero Sarita lo tenía claro. Su destino dentro de Hollywood hubiese sido continuar asumiendo e interpretando papeles de mexicana o de india americana, una vez encasillada dentro de estas categorías. Aunque para entonces ya contaba con el impacto que provocó en sus dos primeras películas americanas, *Vera Cruz* y *Serenade*, esta no era la meta artística de Sarita ni lo que soñaba desde adolescente. A pesar de tanto progreso, el hecho de que la casa productora contratara a la actriz Angie Dickinson para doblar su voz al inglés era una señal de que no todo marchaba bien, o que no podía satisfacer todas las expectativas y requisitos del cine estadounidense. Al igual que cuando intentaron obscurecer con maquillaje el color de su tez para cumplir con los rasgos físicos del personaje que le tocaba interpretar y no lo permitió. De seguro que estos fueron otros motivos desalentadores para no continuar adelante en Hollywood, teniendo más alternativas. Para 1957, Montiel no solo era una reconocida actriz y cantante en México, sino que se convertiría de la noche a la mañana en una estrella internacional por su reciente éxito en España.

Entonces, tan pronto estuvo a su alcance, contando con el éxito de *El último cuplé*, estrenada en mayo de 1957 y su segundo éxito consecutivo de *La violetera* (1958), aun residiendo en Hollywood, al convertirse en una superestrella, su interés por el cine norteamericano pasó a un segundo plano y con razón. Cuando llegó el momento de comenzar la que vendría a ser su cuarta película hollywoodense, al lado de Paul Newman haciendo el papel de Billy the Kid, en *The Left Handed Gun* (1958), tuvo que cancelar el contrato por medio de los abogados de Anthony Mann, con tal de salirse de aquel compromiso. Dado el bombazo cinematográfico que significó *El último cuplé*, volver a Hollywood a interpretar otro papel de mexicana, aunque fuese al lado del mismísimo Newman, ya no le interesaba. El film siempre fue realizado y distribuido por Warner Brothers, dirigido por el director debutante Arthur Penn y Lita Milan como coactriz, quien finalmente aceptó e interpretó el papel de Celsa, que hubiese sido de Montiel de no haberlo rechazado.

A finales de la década de los años 50, a consecuencia del éxito obtenido en España, Montiel fue considerada como actriz por el prolífico productor norteamericano Edward Small. En 1959, como productor le propuso un interesante contrato en compañía de su marido Anthony Mann como director. Le ofrecía un nuevo papel en una película con el título de *Fruta madura*. Con todo el crédito y la fama que ya había ganando a nivel internacional, volvía a llamar la atención en Hollywood. Ella, a su vez, afianzada en todo lo que hacía, justo en esos momentos con su protagonismo estelar en *Carmen la de Ronda*, consideraba todas las ofertas posibles. Le aseguraba al productor de *El conde de Montecristo* (1934) y de *Salomón y Sheba* (1959) que «tenía su secreto y ahora ya sabía cómo trabajar en América [Hollywood]». Aunque la producción de esta película no llegara a realizarse, como noticia no dejó de tener su significativa relevancia en la trayectoria filmográfica de Montiel. Pero ya no habría marcha atrás. España se había convertido en su nueva plataforma, escenario oficial y definitivo por el resto de su carrera como actriz de cine y cantante, en línea paralela con lo que acontecía hasta finales del franquismo.

Con Lucho Gatica en Los Ángeles en 1957, celebrando sus respectivos éxitos.

CAPÍTULO IV

De vuelta a España y el verdadero éxito, 1957

«Marqué una época y un estilo en los corazones de muchísima gente». Así pensaba y se expresaba Sarita Montiel con toda seguridad en sí misma y esa satisfacción que experimentaba cuando colaboraba en cualquier entrevista que le hacían acerca de esta cuarta etapa de su larga carrera artística. Ciertamente a partir de 1957 comenzaba la más importante y productiva de todas sus facetas como actriz y cantante. El viaje y sus vacaciones en España en diciembre de 1955 le brindaron nuevas alternativas y una serie de oportunidades artísticas inimaginables en el momento inicial en que partió de Madrid en 1950.

Después de cinco años de ausencia, trabajando como actriz y cantante en México y en los Estados Unidos, en palabras de Montiel: «como negra esclava», el destino le deparaba un gran giro y un futuro espectacular. Al finalizar la producción de su segunda película americana en Hollywood, *Serenade*, que se estrenaría en 1956, toda la nostalgia que podía sentir por sus raíces y su gente la llevó de vuelta a España para pasar unas merecidas y largas vacaciones, siempre en compañía de su madre.

Regresar a España significaba «volver a casa» y a su entorno familiar, en pleno franquismo. Aun considerando lo favorable que México y California habían sido para ella y su carrera artística, ir de vacaciones y estar entre los suyos simplemente no tenía

197

comparación. Al aterrizar en Madrid un 28 de diciembre, decidieron quedarse en la ciudad por unos días hasta despedir el año y recibir el 1956 en compañía de sus queridos amigos que tanto añoraba. Se quedarían en el Hotel Castellana Hilton, en pleno Madrid, hasta donde les alcanzara su limitado presupuesto. Luego de restablecer contacto y ponerse al día con todos los que deseaba y necesitaba saludar, en especial con su querido Miguel Mihura y su antiguo representante Enrique Herreros, se desplazaron a Ciudad Real y Campo de Criptana. Como es sabido, Mihura y Herreros eran colegas en *La codorniz* desde que comenzó la revista a principios de los años 40. El primero como director y editor y el segundo, como dibujante humorístico y artista gráfico. Es un hecho que ambos tuvieron muchísimo que ver con el desarrollo de María Antonia Alejandra Abad Fernández–Sara Montiel, durante su primera etapa, cuando apenas comenzaba a actuar, desde 1944 hasta 1950. Por esta razón ya había quedado con ellos y habían planificado el encuentro a su regreso ese diciembre de 1955. Tanto el viaje como reconectar con todos ellos sería más productivo de lo que jamás hubiese soñado. Cinco años más adelante, en 1960, verían lo fructífero que resultó aquel reencuentro, una vez Montiel se encontrara en la cima de su carrera. Herreros volvería a representarle en calidad de relacionista público, promotor y como acompañante de viaje durante las giras artísticas promocionales a las que se habían comprometido. Debido al éxito descomunal de sus nuevas películas españolas y de su propio éxito como actriz y cantante, le esperaba un largo viaje por toda Latinoamérica, incluyendo el Caribe, hasta regresar de vuelta a su domicilio en Los Ángeles, California. Un recorrido inolvidable que Herreros jamás hubiese podido realizar si no fuese gracias al triunfo y a la popularidad de Montiel, que le convertiría de la noche a la mañana en un icono cultural, el mito y la leyenda del cine español del siglo XX. La diva universal de la cultura popular española, a partir del estreno consecutivo de sus películas producidas durante los últimos tres años de la década de los 50, ya no tendría la necesidad de considerar o pensar en otras alternativas. Como se podrá corroborar, su carrera cambiaría drásticamente y su futuro profesional le garantizaría una posición sólida, proporcionándole también una estabilidad e independencia de todo tipo.

Desde 1944, su familia se había marchado para siempre de Orihuela, un lugar que solo pertenecía al pasado. En esta ocasión Sarita y su madre volvían a la nueva casa que habían establecido en Campo de Criptana tras la mudanza de Orihuela, meses antes del fallecimiento de su padre Isidoro y de su hermano José en 1944. Esta vez solo le esperaban Antonio, su hermano mayor, sus dos hermanas, Elpidia y Ángeles, además de los sobrinos, tíos y primos que tenía en su pueblo natal y dispersos por la provincia de Ciudad Real. Pero a pesar de lo excitante que pudiese parecer aquel viaje a España y el reencuentro familiar tan esperado, después de los últimos cinco largos años por América, no todo era alegría. Aunque iban contentas y felices de volver a reunirse con los suyos, regresaban a España con un mal sabor de lo que ni siquiera querían hablar. Los lamentos de su madre por haber abandonado para siempre su casa de propiedad en Cuernavaca eran interminables. De acuerdo con su hermana Ángeles, meditando sobre el pasado durante nuestra larga conversación, no se trataba solo de la pérdida material, una casa llena de comodidades, lujos y detalles que armonizaban perfectamente con la suntuosidad del inmueble. Habían quedado otros asuntos pendientes de mayor importancia. Como solía repetir doña María Vicenta a cada momento, según lo recordaría su hermana Ángeles Abad para siempre, citando a la madre de Antonia-Sara: «¡Ay hija, es algo muy gordo lo que nos ha ocurrido...!».

Volviendo al punto de partida, cuando María Antonia y su madre emigraron de España a México en 1950, habría que recordar que fue el mismo Ángel Ezcurra quien le había pedido a Juan Plaza que ayudase y protegiese a Sara Montiel. «Y bien que lo hizo...», repetía y recalcaba su hermana Ángeles durante nuestra entrevista. Por la narración biográfica del *Diario* de Alfonso Reyes se conocen las consecuencias de la estrecha relación y la ruptura entre Montiel y Plaza, al igual que el origen de los conflictos y el motivo de las amenazas por parte de su gerente y marido. Siguiendo la escritura diaria de Reyes, se desvelan muchas de las consecuencias que Montiel tuvo que pagar, para que el lector pueda llegar a sus propias conclusiones. Reyes solo hacía referencia a los desacuerdos financieros que suelen ocurrir después de una separación matrimonial y profesional, debido a los intereses económicos de cada cual. En este caso específico, los conflictos entre el marido, administrador-representante y la artista-protegida escalarían a nivel judicial. Tanto por la escritura íntima de Reyes como por los recuerdos de Ángeles, queda claro que fue Sarita Montiel quien salió perdiendo en relación con Plaza. Incluso, gracias a la extensa y detallada conversación con su hermana, también se reconfirma la teoría ya existente de la responsabilidad de Plaza en relación con el hijo secreto que hubiese podido tener la actriz en México. Sabía que romper con Plaza como gerente y pareja sentimental y alejarse lo más posible de él sería un proceso difícil pero inevitable. Aparte del distanciamiento físico, salir huyendo hacia Los Ángeles, California y España en diciembre de 1955, donde Plaza no pudiese alcanzarla, había sido la mejor alternativa y la solución final a todos sus conflictos. Debido a su estatus político como comunista, no podría entrar a los Estados Unidos, ni tampoco regresar a España durante el resto del franquismo. No había manera de perseguir y hostigar a Montiel, que solo se había despedido para ir de vacaciones con su madre y volver lo antes posible. Pero no fue así. Si regresó a México fue camuflada y de incógnita, para concluir sus asuntos profesionales y judiciales que había dejado pendientes en ese país. También sería la ocasión perfecta para poder reconfirmar sus planes y el estatus de su nueva relación con su futuro marido Anthony Mann. Plaza, de haber podido, hubiese querido matarla. En cambio, la actriz le dejó su casa de Cuernavaca, que su madre describía en detalle con tanta pasión y nostalgia. Tampoco se descarta el haberlo dejado a cargo del hijo que pudiesen haber tenido en esa época, manteniéndolo oculto y como tema secreto lo mejor posible.

Montiel lo arriesgaba todo dando un paso adelante por su futuro profesional, pero también por el progreso y la estabilidad que no conseguiría mientras continuara al lado de Plaza. Nunca hubiese podido llegar a trabajar ni a establecerse en Hollywood con un marido comunista y un hijo a rastras. Aun y así, se puede asumir y concluir que el viaje de Sarita y su madre de vuelta a Madrid y a Ciudad Real no pudo haber sido del todo placentero. Basándose en sus recientes experiencias y condiciones laborales dentro de la industria del cine, sabía que todo aquello había sido cuesta arriba hasta ese momento. Por otro lado, también llevaba consigo sus conflictos internos a consecuencia de los asuntos amorosos y sentimentales todavía sin resolver. Era mucho el peso sobre sus hombros y todo lo que había dejado pendiente en México y en California. Dos fuerzas que tiraban de ella en diferentes direcciones. Su vida estaba llena de incertidumbres. Sin embargo, no podía imaginarse que lo mejor de su carrera aún estaba por llegar. La recompensa a todos sus esfuerzos y sacrificios le aguardaba en España antes de lo previsto. Su verdadero futuro artístico estaba apenas por comenzar como por obra de magia.

Aquel viaje que emprendían madre e hija le brindaría nuevas opciones cinematográficas, mejores que todas las anteriores. Aunque el propósito inicial era visitar a la familia y a los amigos que no veían desde 1950 y que sentían que habían dejado atrás, todo se convertía en un nuevo reto profesional. Inesperadamente se enfrentaría a una nueva propuesta artística. Un concepto que no había considerado ni explorado hasta entonces: la película musical. En este caso un reto mayor para Montiel, debido al experimento de la recuperación del género. Como un juego de azar dentro de sus planes y expectativas, luego de aquellos cinco años de ausencia, volvería a reconectar con la mayoría de los compañeros del cine español con quienes había compartido sus primeras experiencias como actriz.

Pero primero había que enfrentarse a la realidad y reconocer que aparte de sus amigos y colegas en la profesión, el público en general ni siquiera recordaba su nombre. Sara, o Sarita Montiel, no significaba nada en su país. A Montiel apenas la recordaban en España en esos momentos. Independientemente de su participación en todas las películas que realizó con tanto empeño entre 1944 y 1950, a su regreso en diciembre de 1955 el público ya no la reconocía. No era posible establecer un enlace o vínculo artístico entre su posición actual y sus pinitos como actriz en la inmediata posguerra. Ya no existía una conexión o referencia artística entre su presente y su aportación en el cine español de la década anterior. Solo recibiría el mínimo reconocimiento posible por la cantidad de películas y la producción musical que había realizado en México o por su reciente irrupción en la meca del cine norteamericano.

De más está señalar que las circunstancias sociopolíticas en pleno franquismo, en la España de mediados de la década de los años 50, no les ayudaban a mantenerse al día con todo lo que acontecía en el exterior. En especial considerando la censura y tantas otras normativas ministeriales vigentes a toda marcha, que definían la cultura y la actualidad española, interrumpiendo las vías de intercambio artístico fuera de la península. Más bien existía un retraso como resultado de los límites culturales establecidos por el régimen ante cualquier posibilidad de tener libre acceso a todo lo que pudiese considerarse internacional y por ende, en contra del franquismo. Esto incluía las artes y los medios de comunicación. La literatura, el cine o la música que viniese del extranjero permanecerían bajo control y los criterios de evaluación de la censura del régimen. Por ejemplo, solo en El Pardo veían todas las películas que se producían en América y luego se determinaba cuáles se verían en el resto de España y cuáles no. En realidad España se encontraba sumamente atrasada y restringida en comparación con el resto del mundo. El progreso en los medios de comunicación de las últimas décadas que Montiel había percibido y experimentado en América, entre 1950 y 1955, era algo inexistente en la España franquista de esa década de los años 50, solo por mencionar algún ejemplo de las muchas diferencias culturales a las que se enfrentaba Montiel al regresar a su país a partir de aquel diciembre de 1955. Por lo tanto, tampoco era sorprendente que una década más tarde de haber comenzado su carrera y haberse marchado a América, apenas la reconocieran.

Pero ni siquiera estas limitaciones en los medios de comunicación pública a nivel sociopolítico y cultural en la España de posguerra hubiesen justificado una ignorancia total o el drástico olvido que Montiel percibía al volver a su tierra. Sin embargo, cuando llegó a Campo de Criptana en enero de 1956, ya habían transcurrido unos doce años desde que hubiera comenzado a hacer cine. Después de todo lo que había acontecido en su vida y en su carrera, era lógico la expectativa de que surgiese algún mínimo reconocimiento, en especial de su gente y su entorno familiar. Entonces, al salir a la calle en compañía de sus hermanas Elpidia y Ángeles, para no sentirse acosada en público y caminar con libertad y no verse en el compromiso de rendir cuentas a nadie, ni contestar preguntas o someterse a interrogatorios interminables sobre su pasado, presente o futuro, prefería hacerlo de forma clandestina. Ir de incógnito evitaría muchas de esas situaciones incómodas, típicas de la curiosidad ajena dentro del pequeño mundo pueblerino de Campo de Criptana y provinciano de Ciudad Real. Allí, donde vivían sus hermanos, familiares, amigos y todos los que sí la hubiesen reconocido, inventaría una estrategia para pasar inadvertida. En más de una ocasión se disfrazaría o se vestiría de chico para salir a pasear en compañía de sus hermanas a las fiestas de su pueblo. Como por ejemplo, a las fiestas de San Antón, que típicamente se celebraban con hogueras en el medio de la calle, donde se quemaban sarmientos, ropa vieja y muebles inservibles desde la noche del 16 de enero. Para entonces, las fiestas finalizaban con un desfile o procesión durante la mañana del 17, con todos los animales agrícolas que poseían. Durante esas fiestas, con tanto frío, cuando no había mucho más que hacer, los vecinos disfrutaban de la música, del baile y de las comidas típicas de La Mancha. Esta era la festividad más grande después de la Navidad y de la Epifanía. Pues, en enero de 1956, Sarita iba disfrazada de chico. De esa manera podría disfrutarlas al máximo con cierta privacidad y discreción y, a la misma vez, con la libertad de cualquier turista o visitante anónimo que viniese de afuera. Su hermana Ángeles relataba esta serie de acontecimientos con nostalgia y complicidad durante nuestra entrevista. Todos los recuerdos familiares y detalles sobre la visita de su hermana María Antonia en enero de 1956, ya siendo Sarita Montiel, los conservaba en su intimidad, y allí permanecían tan vivos en su memoria como si hubiese sido ayer.

Su antiguo director y amigo, Juan de Orduña, sí le recordaba y le esperaba desesperadamente. La actriz ya había trabajado con él hacía unos seis años, cuando le habían ofrecido un pequeño papel en el film que precisamente llevaba el título de *Pequeñeces* (1950).

La producción llevada a la pantalla estaba basada en la novela homónima de Luis Coloma. Al enterarse que «la nena», como él le llamaba, había regresado a España, le contactó de inmediato. Pensaba que después de su larga gira cinematográfica y toda la experiencia de los últimos seis años por México y Hollywood, sería su mejor opción para el nuevo proyecto musical que bullía en su cabeza y así mismo fue. Acabando de llegar, le entregó un guion y le pidió encarecidamente que considerara el protagonismo para su próxima película. Se trataba nada más y nada menos que de *El último cuplé*, todavía solo un sueño en el imaginario del insigne director. La historia revela que Orduña, más allá de un ofrecimiento, le rogaba que aceptase el protagonismo en su nuevo proyecto. Sería la reproducción en la pantalla de un musical melodramático y nostálgico, contextualizado en *la belle époque*. Esta época habría de servirle de inspiración al prolífico director para la creación de una de sus obras maestras y su musa sería Montiel. La trama o el argumento del film sería acerca de una chica cupletista de los años 20 que muchos años después de haberse retirado de los escenarios, olvidada por su público, por necesidad volvía a actuar, revitalizando a la misma vez su género musical del cuplé.

A pesar de que Sarita para esa época solo se encontraba de paso, mientras trataba de disfrutar de sus vacaciones familiares, le prestó toda la atención a su antiguo director. Cuando más trataba de estabilizarse y definir su posicionamiento profesional en Hollywood, al lado de su nueva pareja Anthony Mann, apenas recuperándose de los conflictos sentimentales a consecuencia de la tumultuosa separación de Juan Plaza, le surge este nuevo proyecto en España. También intentaba olvidarse por completo de las otras relaciones que mantuvo, casi simultáneamente, con Joseph Kanter y Severo Ochoa, sobre las que volveremos en detalle más adelante. Aun así, Montiel consideraba el guion y la propuesta de Orduña con todo el interés que merecían. Aunque ni siquiera contara con un presupuesto disponible, ni inversionistas interesados o dispuestos a invertir en la producción de su película. Hasta el momento solo Orduña podía visualizar la dirección y producción de la cinta dentro de su mente artística y creativa como cineasta. El resultado final sería genial, algo inesperado dentro de la historia del cine español. Pensaba en la femineidad, la sensualidad y frescura que Sarita Montiel podía proveerle como la actriz ideal para la interpretación de ese papel principal que venía elaborando en su imaginación. La chica recién llegada de América se convertía en la perfecta desconocida para su nuevo proyecto en el cine español. «La nena» sería la protagonista de su nuevo film. En todo tenía razón, sin darse cuenta que solo él como director pasaría inadvertido después de tanto esfuerzo. Sus juegos malabares para realizar su sueño filmográfico solo servirían para la satisfacción y el beneficio de los demás, como se comprobará más adelante. Su destino profesional y cinematográfico no pudo ser más ingrato y frustrante, considerando su extraordinaria labor para la confección y el éxito del film.

Hablando de la historia del cuplé como un género musical olvidado de finales del siglo XIX y principios del XX, la versión española se distinguía por el doble sentido y cierta picardía que lo diferenciaba de otras posibles formas o versiones del resto de Europa. Como bien lo describe Grace Morales en su artículo titulado «El cuplé: historias de frivolidad», publicado el 20 de agosto de 2018, pese a su influencia francesa, era la única muestra de vida y alegría en aquel ambiente depresivo y hostil en que quedó sumida la sociedad española a partir de 1898. El género provenía de Francia y en la España de principios del siglo XX fue adoptando un matiz más romántico y malicioso, hasta llegar a alcanzar su mayor esplendor durante las primeras tres décadas, vísperas de la Segunda República. De acuerdo a la investigación de Morales, los seguidores y fanáticos del género de entonces eran en su mayoría los bohemios y los periodistas, y las cupletistas sus grandes musas. Se interpretaban versiones de éxitos europeos o composiciones similares de autores españoles, en sus propias palabras, del «género frívolo». Citando a Morales, sus intérpretes cantaban temas «sobre la vida diaria, recitando con picardía acerca de las costumbres y las relaciones hombre-mujer».

De 1925 en adelante, bajo la dictadura de Primo de Rivera, su influencia francesa y esa picardía se transformarían acorde con el momento histórico y tomarían otro rumbo más españolizado que encajase dentro del nuevo contexto sociopolítico y cultural. De acuerdo con Morales, como temas musicales fueron substituidos rápidamente por la canción racial y el sentimentalismo. Para aquel entonces, durante las décadas de los 20 y los 30, Raquel Meller era la máxima representante del cuplé y jamás hubiese imaginado lo que acontecería más adelante con aquellas canciones que pensaba que le pertenecían. Pero durante los últimos cinco años de su vida, hasta su muerte en 1962, tristemente tuvo que enfrentarse a la revitalización de «su música» y al éxito absoluto de su sucesora que superaría todo lo que hizo. En España, Meller y otras cupletistas contemporáneas bajo el mismo período, compartirían el mismo público y los asiduos seguidores de la zarzuela o de la ópera. En otras palabras, las clases altas, los profesionales y los consumidores con cierto nivel de educación y poder adquisitivo que podían pagar y disfrutar de las tendencias culturales de moda. También es comprensible que el cuplé tuviera más acogida y reconocimiento en Madrid. La ciudad capital era el escenario musical más propicio donde nacían estos géneros folclóricos en su versión española, al igual que el chotis, en lugar de otras regiones con diferencias sociopolíticas. Así fue el trasfondo histórico del cuplé mucho antes de ser recuperado por Montiel a partir de 1957.

En la década de los 50, bajo la próxima onda sociopolítica depresiva de la posguerra y el régimen franquista, de forma paralela a su primera etapa y por motivos similares, volvería a florecer como un medio de expresión cultural. Desde 1952, por la radio se evocaba y se promovía el género musical ya olvidado. La nostalgia por la *belle époque* se manifestaba y tomaba forma en un programa de Radio Madrid, titulado «Aquellos tiempos del cuplé». Lilián de Celis (1935-), una soprano asturiana recién graduada del conservatorio, había sido contratada por la estación para interpretar esas viejas composiciones. Celis, unos siete años más joven que Montiel, continuaría con su misión de cupletista en ese programa justo hasta 1957.

Finalmente, gracias a la particular interpretación de Montiel en la explosiva y fructífera versión de su película, este género volvió a renacer. Aunque ya Celis había comenzado el movimiento de recuperación con su participación en aquel programa de radio, seguramente fuente de inspiración y piedra angular para el proyecto cinematográfico de Juan de Orduña, fue Sarita en realidad quien lo volvió a popularizar, a nivel nacional e internacional. Montiel, con el cuplé se abría paso a una nueva etapa artística, mientras se llevaba a cabo el mayor reciclaje del género en la historia musical. Uno de los factores más interesantes es la conexión histórica que existe entre los dos períodos, desde sus inicios y primera etapa española a partir de 1900 y su popularidad alcanzada a partir de 1957. Los motivos y los sentimientos sociológicos que promovieron el resurgimiento, la recuperación y el disfrute de estas canciones, fueron, en esencia, los mismos en ambas ocasiones y momentos históricos. No es pura casualidad que esta música lograra su punto cumbre o máximo apogeo durante los períodos más obscuros de la historia española. La misma representaba una forma de desahogo y de manifestación social por donde canalizar emociones y sentimientos de alegría un tanto forzados dadas las circunstancias sociales y políticas.

Para Montiel significó también su propio éxito. Esta recuperación musical representaba un aval y un golpe de suerte para el resto de su carrera. Más aún, la magia de su interpretación de este tipo de música fue tan acertada que logró un verdadero impacto en su vida artística. La actriz y cantante hizo del cuplé un vehículo de su propia sensualidad, con la misma frivolidad y picardía de su versión original, pero con un nuevo toque de *glamour* y erotismo al mismo tiempo, definiendo el estilo propio y único de Montiel. Marcó un momento crucial en la historia de la música española del siglo XX. Con su interpretación logró extenderle un alcance y adjudicarle una mayor relevancia a estas antiguas composiciones treinta años más tarde. El film de Orduña y su nuevo estilo como cantante le brindaron una segunda oportunidad a este legado musical que de lo contrario hubiese quedado olvidado en el pasado. Sin menospreciar las respectivas interpretaciones de Raquel Meller o Lilián de Celis como sopranos y los esfuerzos del programa de radio «Aquellos tiempos del cuplé».

Lo que era un género musical destinado para ser interpretado por una soprano, como Meller o Celis, en una tesitura de tonos agudos, Sarita logró transformarlo y adaptarlo a su voz particular, dentro de sus posibilidades. Utilizando las mismas composiciones en un contexto musical más contemporáneo y con nuevos arreglos actualizados propios de su generación, la actriz hacía su debut como cantante dentro del cine español. Abandonando la tesitura de soprano y cantándolo a su manera, le brindó al público un nuevo producto. Para poder grabarlos e incluirlos en la banda sonora del film, le propuso al maestro musical Gregorio Segura bajar todos los tonos que fuese necesario. Hasta que la novedad de su voz, profunda y melosa, en combinación con su lenguaje corporal, manifestase un nivel tan sutil de sensualidad y de éxtasis sexual, que ya nadie se acordaría ni le interesaría la versión original. El erotismo sublime emulado por sus ojos, manos y boca superaría las previas generaciones e interpretaciones del cuplé. En el presente, al haberse cumplido más de 60 años del estreno de esta película, con el paso del tiempo y desde la distancia, se puede visualizar fácilmente cómo el film también vino a representar un logro artístico en varios aspectos. Aparte de la recuperación musical, la producción le brindó un mayor beneficio profesional a Montiel, el impulso de su faceta como cantante.

El futuro éxito del film y de Sara Montiel sería, sin duda alguna, en gran medida gracias a la creatividad y buen tino de Juan de Orduña en combinación con la inesperada e improvisada interpretación musical de la nueva estrella de cine. Como se sabe, no se supone que Montiel fuese la cantante oficial en este film. Debido a que Orduña no pudiese pagar por adelantado a la propia Lilián de Celis, por ejemplo, al no tener quien interpretara la obra musical ya seleccionada, tuvo que pedirle a Montiel que también grabara todas las canciones. Y así lo hizo Sara, con el mayor entusiasmo del mundo. Aquel domingo de primavera, al terminar la grabación en una sala del Liceo de Barcelona, sin imaginárselo, ganaría el aplauso de todos los músicos con sus propios instrumentos, luego de varios intentos de adaptación bajando un par de tonos y medio al alcance de su voz. Lo demás es historia. Por otro lado, el reconocimiento al director fue mínimo pese a sus grandes esfuerzos para poder realizar el film. Para comprender lo desafortunado que fue Orduña, primero es necesario reconsiderar el caso histórico de esta producción. Orduña y Montiel, unidos y comprometidos en aquella aventura, pudieron producir, dirigir, actuar y cantar, sacando adelante un proyecto con el mínimo presupuesto posible. No se podía rodar o filmar una escena dos veces, aunque no fuese del todo satisfactoria y se necesitara una segunda versión, simplemente porque no había dinero para comprar más cinta y pagar por la producción de una segunda toma. Algunos de los vestidos de Montiel para su extraordinaria interpretación del personaje de María Luján eran de papel couché. Un ejemplo sería el que llevaba en la escena del «Ven y ven». Sin contar la utilización de sus propios recursos, vestuario, maquillaje, accesorios y joyería. Como el emblemático alfiler de oro blanco y diamantes que María Luján se colocó en el escote de su vestido negro, modelo original de Christian Dior al que ya se ha hecho referencia, que llevaba en la inolvidable escena final. Ambas prendas las había traído consigo desde su casa en Los Ángeles, exclusivamente para su participación en *El último cuplé*. El antiguo broche-alfiler de oro blanco, al que también se ha hecho referencia en el capítulo anterior, lo llevó consigo por el resto de su vida y de su filmografía, luciéndolo en diferentes lugares de su vestimenta, incluso hasta como parte de su peinado. Los billetes aéreos y la mayoría de los gastos de alojamiento y dietas durante el rodaje, o corrieron por su cuenta, o fueron auspiciados por su futuro marido Anthony Mann, como un gesto de caballerosidad, pero más aún como ayuda y apoyo.

Al haber aceptado la humilde propuesta por parte de Orduña, Sarita, en ese momento también aceptaba y asumía parte de las responsabilidades y consecuencias como parte del compromiso y de la inversión. Algo equivalente a lo que hoy en día vendría a ser una producción independiente. Sin embargo, Montiel tenía el tiempo y la flexibilidad de hacerlo durante aquel largo 1956 y principios del 57, ya que en Hollywood solo tenía el contrato para su participación en la producción de su próximo film, *Run of the Arrow (Yuma)*. Ambas películas se estrenaron en el transcurso de un año, en primavera y verano de 1957 respectivamente.

Entonces, uno de los aspectos más sobresalientes y de los mayores créditos de *El último cuplé* se basa en la recuperación nostálgica de una época. La evocación del pasado, debido a las circunstancias políticas que atravesaba España desde 1939, hizo que este film de Orduña-Montiel fuese y siga siendo el mayor éxito taquillero en la historia del cine español. Era la expresión romántica de una añoranza por parte de la sociedad, tan necesaria durante la década de los años 50, que podían volver a verla cuantas veces fuese necesario. Solo Montiel podría superar aquel triunfo con el éxito de su próximo film. Como es sabido, cuando se estrenó en el teatro Rialto de la Gran Vía en Madrid, estuvo en cartelera por más de un año. Según lo recordaba y lo señaló en nuestra entrevista exclusiva el director Mario Camus: «La cola para entrar al teatro y ver *El último cuplé* llegaba diariamente desde el Rialto hasta la Plaza de España». Un suceso que él mismo presenció de manera consecutiva, cuando transitaba todos los días como estudiante a los veintidós años de edad por la Gran Vía de la ciudad capital. «Algo nunca visto…», enfatizaba Camus durante nuestra conversación en la primavera de 2016.

Tal vez lo más irónico del caso es que esta película enriqueció a todos menos a Juan de Orduña. Muchos quisieron repetir el milagro. Hasta se produjo otro film con el título del programa de radio, *Aquellos tiempos del cuplé* (1958) y la cantante que originó el concepto nostálgico de la recuperación, Lilián de Celis. Si bien es cierto que este acontecimiento cinematográfico y musical de 1957 marcó un cambio radical y dictó las nuevas reglas del juego en el futuro profesional de Sarita Montiel, su segundo éxito consecutivo de *La violetera* en 1958 fue aun mayor. Esta fue la película que reconfirmó el milagro cinematográfico *MONTIEL*, como actriz y cantante. Ahora bien, para este segundo film, al contar con el presupuesto y todos los recursos necesarios, obteniendo la mejor producción posible, Montiel se superó a sí misma ante el logro de su película anterior. La relevancia de este récord artístico en el transcurso de la historia del cine español merece el estudio y toda la atención, ya que no ha habido otro caso precedente, ni subsecuente, de igual magnitud a lo que aconteció con estas dos películas.

Sin embargo, el trasfondo histórico de esta segunda película presenta algunos detalles interesantes que tal vez han pasado inadvertidos hasta el momento por el público en general. Por ejemplo, el famoso tema musical de «La violetera», el cuplé compuesto en 1914 por José Padilla (música) y Eduardo Montesinos (letra), ya había sido utilizado por Charlie Chaplin en su film *City*

Lights en 1931. Existen otros aspectos desconocidos o ignorados que la actriz tuvo que solventar lo mejor que pudo. A partir de 1957 es cuando, como actriz y cantante, se encuentra ante el reto y la necesidad de aceptar un contrato en exclusiva para unas seis películas más por parte de Cesáreo González, director de la que todavía era CIFESA. Este compromiso también implicaba volver a trabajar para su primera productora del cine español, pero entonces con una remuneración equivalente a un millón de dólares por film, de acuerdo al testimonio de Montiel. Así, bajo estas nuevas condiciones, desde su casa en Beverly Hills la artista regresaría a España para filmar *La violetera*. A pesar de la remuneración y las atractivas condiciones en las cláusulas del nuevo contrato que le ofrecían en esta ocasión, tan beneficioso en todos los sentidos, como artista tomaba todas sus precauciones. Sabía que, aun considerando su nuevo estatus de actriz, en España no podría encontrar todos los recursos que necesitaría para el éxito total de su actuación en esta próxima película. Por sus últimos siete años de experiencia y de acuerdo a sus costumbres y conocimientos acumulados en México y en Hollywood, tenía claro cuáles eran sus necesidades y la certeza de las limitaciones que todavía encontraría en España. Concha Velasco, su amiga y colega, en uno de sus programas de televisión recordaba a Montiel y sus técnicas de maquillaje. Reconocía que fue su amiga Sara quien introdujo el uso del delineador de los ojos, imponiendo una vez más ejemplos y puntos de referencias ante sus compañeras en aquella España de finales de los años 50. En el reciente documental *Todos los nombres de Sara*, Pilar Bardem brindaba un comentario muy similar durante una de sus intervenciones. Recordaba cómo ponía un retrato de Sara al lado del espejo, a medida de ejemplo, para maquillarse debajo de los ojos con un delineador blanco que ella misma le había regalado.

En medio de sus preparativos, un par de días antes de su viaje de regreso a España para comenzar el rodaje de *La violetera*, tomó su coche, un Cadillac nuevo color dorado, al estilo de todas las señoras en aquel ambiente hollywoodense de los años 50 y condujo hasta las afueras de la ciudad. Con toda la energía y perseverancia de sus 30 años de edad, llegó a un sector desértico perteneciente al Mojave donde se encontraba su marido dirigiendo y filmando uno de sus nuevos proyectos durante esos días. Mann trabajaba en otro de sus famosos «westerns», *Man of the West* (1958), para United Artists, un film basado en la novela *The Border Jumpers*, de Will C. Brown. Montiel llevaba dos propósitos en su mente: primero que nada, despedirse de su marido en persona antes de tomar el avión de vuelta a Madrid y segundo, recoger todos los maquillajes posibles que necesitaría para *La violetera*. Su amigo, el maquillador del equipo del nuevo film de su marido ya se los tenía apartados especialmente para ella. Misión cumplida, una vez se despidió de su marido, cargada de maquillajes, regresaba conduciendo su coche desde el set en el medio del Mojave hasta su domicilio en Beverly Hills. Ya fuese por distracción o desorientación, terminó perdiéndose por el camino que pensaba que le llevaría a su casa. Sin apenas darse cuenta, de repente se encontró dentro de una zona militar que acobijaba un centro norteamericano de investigación para aquel entonces. Se trataba del Mojave Anti-Aircraft Range, lo que se conoce desde 1961 hasta hoy en día con el nombre de Fort Irwin. Allí quedó detenida bajo interrogatorio hasta que lograron localizar a su marido Anthony Mann para notificarle lo sucedido y que viniese en auxilio de su esposa. A la espera del director, mientras le interrogaban, ya los militares habían hecho todas las llamadas pertinentes y necesarias a la embajada española en Washington, DC y a la americana en Madrid. A petición de la actriz, pudieron corroborar su identidad y su estatus como ciudadana extranjera en los Estados Unidos. Por la diferencia de hora, de acuerdo a su relato, el mismo embajador americano que le conocía personalmente les confirmaba desde su domicilio en Madrid todo lo que necesitaban saber sobre Sara Montiel. Los militares terminaron disculpándose enfáticamente ante el embajador y la actriz. Fin de la historia. Aunque luego de la comunicación telefónica y ser rescatada por su marido, los militares no podían comprender por qué Sara nunca había solicitado ni se decidía por adoptar la ciudadanía norteamericana a la que tenía derecho por su carrera profesional en Hollywood y por su matrimonio con Anthony Mann. Su incomprensible respuesta en cualquier contexto histórico continuaría siendo la misma desde aquel momento hasta el final de sus días: «Porque no me interesaba».

Otra novedad es que una vez en su domicilio en Beverly Hills, entre película y película, Montiel había quedado embarazada de su marido Anthony Mann. Entonces, estaba en estado y ya contaba con unos tres meses de embarazo cuando filmó *La violetera*, aunque desafortunadamente más adelante perdería a su bebé. Como había narrado en tantas ocasiones, tras un accidente casero al bajar un pequeño escalón, saliendo del estudio de su marido al patio de la casa, al tropezarse y caer sentada no se imaginaba cuáles serían las consecuencias. De primera intención, como reacción inmediata, tanto ella como su asistente doméstica se reían de lo sucedido. Pero esa misma noche, tras una hemorragia, terminaría en el hospital perdiendo a la criatura de unos ocho meses. El relato de un incidente que pertenecía a ambas etapas cinematográficas, Hollywood y su regreso a Madrid, ya que se intersecaban precisamente para esta época de 1958.

Aun y así, su carrera profesional seguiría adelante. Con su extraordinaria participación y el éxito de estas dos películas dentro del cinema español, había dado comienzo a la más productiva y exitosa de todas sus etapas artísticas. En ese transcurrir, desde 1944 hasta 1957, va evolucionando, y al dar comienzo a esta cuarta etapa filmográfica es precisamente cuando se convierte en una superestrella internacional. La artista fue transformándose de María Alejandra a Sara, de Sara a Sarita, y más tarde a Saritísima. Este último nombre es el apodo puesto con todo cariño y admiración por el escritor y amigo Terenci Moix. El éxito inesperado, casi accidental, de la filmación de *El último cuplé* (1957), seguido de *La violetera* (1958), fueron su gran logro profesional y, a su vez, la culminación artística de Sara Montiel. El acontecimiento y la singularidad de estas películas ha sido el resultado de una combinación de factores imposible de repetir en ningún contexto o registro cinematográfico. Estas películas son una verdadera contribución que ayudó a recuperar el género musical en el cine español y en el resto de Europa. Además del sentimentalismo y la belleza que proyectaba la actriz, su labor y su obra permanecerán disponibles como casos de estudio y parte de su legado para la posteridad.

Otra consecuencia beneficiosa que se deriva del ciclo de estas dos películas se trata de la oportunidad que le brindaron a Montiel de iniciarse en el campo interpretativo de la canción popular. Ambos films le proporcionaron el estatus de cantante tras el estreno de estos melodramas musicales. La recuperación e interpretación, a su manera, de estas antiguas melodías, le garantizaron a la actriz una plataforma musical, en España y el resto del mundo. Otro de sus sueños de adolescente que se convertía en realidad. La producción de estas películas marcó el punto de partida para su faceta como cantante internacional. Aunque había comenzado como actriz, había cantado en algunas ocasiones esporádicas en España y en México, pero todavía no se consideraba cantante. Luego de la grabación de los discos o álbumes musicales que acompañarían cada una de sus películas, la actriz estableció el inicio oficial de su segundo legado al mundo de las artes. La incorporación del componente musical en el resto de su filmografía, la otra vertiente artística que tanto deseaba cultivar desde un principio, se convertía en una segunda profesión.

Desde ese momento Montiel decidió no dar marcha atrás. No regresaría como actriz ni a México ni a Hollywood por nada en el mundo. España volvía a ser su realidad. Esta cuarta etapa cinematográfica con sus repercusiones positivas en todos los sentidos, tomó su propio curso y se extendió por un período de 17 años, desde 1957 hasta 1974.

> «Cuando regresé [a España] en el año 57 para finalizar *El último cuplé* y pegar, pegar, en cuanto se estrenó la película, de ser Sara Montiel a Sarita Montiel, o sea, una chica que estaba empezando, que hacía cine en Hollywood, que había hecho películas en México, todo cambió a las 24 horas de haberse estrenado la cinta, fue un fenómeno psicológico social. Fue tan grande el éxito que empecé a pertenecer a todo español: al grande, al medio, al pobre y al humilde, inmediatamente me tomaron como algo suyo, como una especie de bandera, entonces yo seguí trabajando en España, respetando a Franco, pero sin darme a Franco nunca, yo lo respetaba, respetaba las cartas del juego, pero él sabía perfectamente

que yo no comulgaba con él...» (SARA MONTIEL Y *El último cuplé / SIEMPRE!* Entrevista de Carlos Landeros, México, 1984).

Su trayectoria vital y profesional había dado un giro de 90 grados que ni ella misma podía controlar ni detener. El nombre artístico de «Sara Montiel» que había adoptado a partir de *Empezó en boda* en 1944 y *Bambú* en 1945, doce años más tarde, evolucionó a otro nivel. Desde 1957 su nombre y su imagen quedaron en la categoría más elevada del cine español e hispanoamericano. Se convertiría simultáneamente en su papel principal. Un papel que debería interpretar por el resto de su vida, ya fuese en la pantalla, en los medios de comunicación, en el mundo del espectáculo, o simplemente en el transcurso de su vida cotidiana. Su nombre de Sara se alternaría con el de Sarita en América y eventualmente con el de Saritísima, como ya se ha señalado. Gracias al estilo que fue desarrollando con el paso del tiempo, en combinación con la experiencia de los papeles que le tocó protagonizar, Montiel logró reinventar y definir una nueva imagen a la par con la evolución de su nombre. A través de los años también aprendió a emplear su carisma al máximo en el transcurso de sus múltiples etapas artísticas. Aprovecharía todos sus recursos y talentos hasta transformarse en una diva que actuaba y cantaba en las plataformas que ella misma se había proporcionado.

Montiel supo establecer las reglas del juego y crear su propia imagen icónica de la cual ella misma no podría separarse o desprenderse nunca más. Una vez creado y establecido su papel de mujer fatal y de primer símbolo sexual del cine español, se vería comprometida a pagar el precio de ser Sara Montiel hasta el final de sus días. Explotando su sensualidad y su erotismo alcanzó una imagen internacional equivalente a Marilyn Monroe en los Estados Unidos. El icono americano con quien decía haber compartido algún encuentro social le serviría de inspiración. Debido a la posible relación profesional y amistad entre sus respectivos maridos, Anthony Mann y Arthur Miller, Montiel importaría desde América el concepto de una nueva imagen y aquel patrón artístico que, adaptándolo a su contexto español, tendría el mismo impacto sociocultural.

Marilyn Monroe le habría servido de modelo e inspiración durante uno de aquellos encuentros en la ciudad de Nueva York entre 1956 y 1961, los años correspondientes a su matrimonio con Miller. España también necesitaba urgentemente un símbolo sexual y Montiel, por medio de su filmografía y su música, les pudo proveer esa figura y esa liberación sociocultural. Tanto los hombres como las mujeres de la posguerra necesitaban el estímulo y quien les recordara, o representara, ciertos detalles humanos que la austeridad del régimen franquista les había prohibido. Es decir, que Sarita Montiel, a partir de 1957, les proporcionó de una manera platónica y artística el erotismo, la libertad sexual, la sensualidad implícita y explícita que necesitaban. Al proveerles la nueva imagen de «la otra mujer» por medio de sus películas, Montiel logró trasladar la imagen icónica de Monroe desde la sociedad americana a la sociedad franquista. En su adaptación española, la actriz proyectaba de la manera más sutil y aceptable por la censura del régimen toda la sensualidad y el erotismo posible.

En otras palabras, el público encontraría en la imagen de Montiel su ídolo o símbolo sexual en la pantalla española que les proporcionaba artísticamente todo lo que les había sido vedado. Hasta donde la censura franquista lo permitiese, Montiel representaría cierta satisfacción a los deseos y a las necesidades humanas de todo lo prohibido, gracias a la creación de su imagen icónica de «mujer fatal». Por un lado, los papeles que protagonizaba Montiel serían un estandarte feminista para las mujeres, por medio de esa dualidad de mujer-actriz liberal que se daba en una Sara fuera de serie. Por otro lado, se convertiría en la máxima representación del erotismo y de la sensualidad disponible para todos, incluso como icono gay. Resulta interesante cómo la censura permitiría la proyección de su imagen a través del cine y su música ante el público español de aquella época, aunque la actriz decía que no fue hasta después de 1960 cuando le permitieron enseñar sus rodillas y piernas en sus películas. Los escotes de sus vestidos siempre fueron controlados y acorde con las normas y las exigencias de los censores. Aunque Montiel ya había comenzado su carrera de actriz desde 1944, el comienzo de esta nueva faceta de mujer fatal puede acreditarse en parte a Juan de Orduña. A partir de la creación y la producción del melodrama nostálgico y evocador de la *belle époque* española de *El último cuplé* dentro de su filmografía, nace el nuevo personaje de «Sara Montiel». La interpretación magistral del papel de María Luján en 1957 marcaría para siempre el comienzo oficial de su cuarta etapa y de su nueva imagen. Todo un acontecimiento que le garantizó el éxito y su futuro artístico. En pocas palabras, Montiel, desde ese año y por las próximas dos décadas, hasta mediados de los años 70, simbolizaría aquella fuga sutil de sensualidad controlada por el franquismo, al menos por el período de las dos horas de duración del film.

CIFESA le enviaría la carta requisito a la Junta Superior de Censura, con fecha de 4 de mayo de 1957, pidiendo tres licencias de exhibición y estreno. La Junta de Censura y apreciación de películas y sus cuatro vocales, le devolvieron la autorización únicamente para mayores de 14 años, acordado por unanimidad y considerando los cortes ordenados por la Junta, que se detallan a continuación:

ROLLO 1º. – Aligerar la canción de la cancionetista al comienzo de la película.
ROLLO 9º. – Suprimir los besos del torero y María en casa de ésta.

El 22 de noviembre de 1957, Juan de Orduña finalmente recibiría también por parte del Ministerio de Industria y Comercio, Servicio de Ordenación Económica de la Cinematografía, el certificado de la protección económica correspondiente a su película de largo metraje. El mismo había sido acordado por la Junta de Clasificación y Censura, por un coste de producción de OCHO MILLONES DIEZ MIL PESETAS (8.010.000 pesetas) y una clasificación dentro de la categoría PRIMERA «A».

Como parte de los documentos que recibiría Orduña seis meses después del estreno de la película y de haber sido autorizada la exposición y proyección de la misma, la Junta de Clasificación y Censura incluiría también los informes de ocho de sus miembros que habían tomado en consideración la reacción del público en general. Para entonces dicha Junta podía certificar la clasificación que le sería otorgada al film bajo cierta categoría. A continuación se puede apreciar una selección de algunas de estas observaciones y criterios considerados por los censores que determinaron la clasificación de *El último cuplé* dentro de la categoría PRIMERA «A»:

«Película fundamentalmente musical cuya realización ha conseguido el fin propuesto».

«Juzgando con un criterio exclusivamente cinematográfico, es decir, intelectualista y de cine puro, esta película no merecería, desde luego, la máxima categoría. Ahora bien, su éxito ha sido tan rotundo y el público subraya su exhibición con tal entusiasmo que es preciso atenerse a esa auténtica realidad».

«Después del gran éxito de la película en su continuada proyección ante el público no se puede añadir mucho».

«Película en color que pretende recrear el «color» del ambiente de una época. En conjunto la realización es buena y pese a todas las objeciones que pudieran hacerse, parece que puede proponerse la clasificación que se nota, máxime visto el éxito sorprendente y excepcional que ha tenido de público y crítica».

Esto es solo una muestra de la cantidad de trámites, requisitos y reacciones con los que CIFESA y sus productores necesitaban cumplir y atender para cada film español que se producía bajo el régimen. Una de las razones por las cuales, al sucumbir el régimen franquista, también terminaría el papel feminista, erótico, sensual y travesti de Montiel. Como Sarita decía: «Marqué una época y un estilo, tanto en España como en el resto de Europa e Hispanoamérica», incluyendo las poblaciones hispanas dispersas por los Estados Unidos. El fenómeno de Montiel dentro del imaginario cultural español trascendió los límites impuestos por el franquismo. Sara, Sarita Montiel o Saritísima fueron mucho más que la función erótica o sensual de sus papeles y de su rol de mujer fatal, o de su imagen liberal, travesti, camp o *kitsch*. Aparte del escape sociológico que pudiesen proporcionar sus películas, la proyección de su belleza física y el *glamour* que había ido ganando tras su paso por el Cine de Oro mexicano y Hollywood, ampliaban su aura de diva hispanoamericana y superestrella. Montiel era la nota cultural sobresaliente de la obscura realidad que vivía bajo la dictadura en plena década de los años 50.

Para aquel entonces, finales de los 50, Montiel estaba establecida con su marido en su hogar de Beverly Hills y formaban parte del mundo laboral de Hollywood. Pertenecía al contexto norteamericano del sistema de las superestrellas. Montiel provenía de Los Ángeles, California, donde tenía su domicilio permanente y sus contratos de cine. Su condición y estatus de mujer, actriz y cantante profesional trascendía a Franco y al Estado o régimen sociopolítico español que se imponía al resto de España. Su filmografía tenía vida propia y se extendía aun más allá de la pantalla española por medio del *soundtrack* o trasfondo musical que acompañaba cada una de sus películas. Ella misma reconocía en una de nuestras entrevistas exclusivas que su legado musical sobrepasaba lo que había logrado en la industria del cinema. El éxito de su producción musical, evocadora y nostálgica le permitió recorrer los mejores y más importantes escenarios, programas de televisión y de radio, en Europa, en Latinoamérica y en los mercados o segmentos hispanos de los Estados Unidos. La combinación de su cine y su música, que pudo promover en sus espectáculos y programas musicales, trascendía los escenarios españoles.

La clave de su éxito consistía, primero que nada, en la recuperación del cuplé y, segundo, en su nuevo estilo de interpretar el género, único, melodramático y sensual, casi hablado, como un susurro al oído. Una técnica muy propia que más tarde extendería a otros géneros musicales como el bolero, el tango o la ranchera. Montiel supo cultivar y sacarle todo el provecho artístico y económico posible a su producción musical desde un principio. Su música continuó su prolongación artística al menos por las próximas dos décadas después de haberse retirado por completo del cine español. Aparte del gusto o las preferencias musicales de cada cual, su música y su interpretación alcanzaron una dimensión independiente bajo el nombre y la etiqueta de Montiel. La suma de todo lo anterior define la magia y la fama de la artista que continuaron su ritmo tras esta cuarta etapa cinematográfica.

Además de las películas mencionadas hasta el momento, una vez decidida a continuar colaborando en la industria española, gracias a la espléndida oferta de los empresarios Cesáreo González y Benito Perojo, Montiel también contribuiría a la historia del cine español con los siguientes títulos pertenecientes a esta cuarta etapa de su carrera:

- *Carmen, la de Ronda* (1959), dirigida por Tulio Demicheli.
- *Mi último tango* (1960), dirigida por Luis César Amadori.
- *Pecado de amor* (1961), dirigida por Luis César Amadori.
- *La bella Lola* (1962), dirigida por Alfonso Balcázar.
- *La reina de Chantecler* (1962), dirigida por Rafael Gil.
- *Noches de Casablanca* (1963), dirigida por Henri Decoin.
- *Samba* (1965), dirigida por Rafael Gil.
- *La dama de Beirut* (1965), dirigida por Ladislao Vajda (y Luis M. Delgado)
- *La mujer perdida* (1966), dirigida por Tulio Demicheli.
- *Tuset Street* (1968), dirigida por Jorge Grau y Luis Marquina.
- *Esa mujer* (1969), dirigida por Mario Camus.
- *Varietés* (1971), dirigida por Juan Antonio Bardem.
- *Cinco almohadas para una noche* (1974), dirigida por Pedro Lazaga.

Son muchas las anécdotas que se desprenden del rodaje de sus películas. Tantas y tan impactantes como las mismas historias melodramáticas que le tocaba interpretar. Las experiencias paralelas que se producían simultáneamente como resultado de cada uno de sus filmes le enriquecían y las disfrutaba al máximo.

Sus reacciones y su manera de manifestarse ante lo inesperado reflejaban mucho su personalidad. Hoy revelan la importancia que ella le dedicaba a todo lo circundante y relacionado con su profesión, con su cine y su música. Algunas de estas historias resultan sobresalientes.

En 1959, Montiel cerraba con broche de oro la que se consideraría su década. El éxito descomunal y desproporcionado de sus películas de 1957 y 1958 la catapultaron al estrellato internacional que tanto soñaba. Prácticamente le garantizaban el subsiguiente éxito taquillero en todo lo que le ofrecieran o se le ocurriera participar y producir. Sus futuras películas también contarían con el presupuesto y todos los recursos necesarios para maximizar la calidad de la producción. Podría incluso llegar a competir consigo misma cada vez que se estrenaba su siguiente film. Hasta tenían que dilatar el estreno de sus películas porque duraban al menos un año en cartelera dentro y fuera de España. Así fue también el caso con *Carmen, la de Ronda* (1959). Sin duda, una de sus mejores interpretaciones, tanto en la actuación como en lo musical. No sería difícil establecer la conexión entre este título y *Carmen* (1926) con Raquel Meller, o *Carmen, la de Triana* (1938) con su admirada Imperio Argentina. Todas estas versiones fueron inspiradas a su vez en la historia original de la opera *Carmen* de Georges Bizet, que fue estrenada por primera vez en 1875. Gracias a Tulio Demicheli (hijo), hoy se puede contar con nuevos detalles sobre *Carmen, la de Ronda*. Por ejemplo, para la época de su producción, en broma se referían al film como «Carmen, la redonda». La película se proyectaría simultáneamente en dos salas de Madrid, en el teatro Real Cinema y en el Torre de Madrid, donde se llevó a cabo el estreno oficial del film en septiembre de 1959. De la producción de este film también surgen algunos cambios o detalles relacionados con la censura. De acuerdo con la historia cinematográfica, se hicieron dos versiones de ciertas escenas, una versión editada y más discreta para España y otra más reveladora para el resto de Europa e Hispanoamérica. También surgieron algunos rumores sobre un posible romance que pudo haber tenido lugar entre Montiel y su compañero de actuación, el actor francés Maurice Ronet. Con él volvería a actuar un año más tarde en su exquisita comedia romántica *Mi último tango* (1960), que sería otro éxito asegurado, y finalmente en *Noches de Casa Blanca* (1963).

En 1961, con *Pecado de amor* terminaría su contrato inicial con CIFESA que había comenzado tras el «Boom Montiel» en 1957. Continuaría su filmografía con los mismos empresarios pero bajo una nueva empresa. El film que abriría el nuevo ciclo de cine Montiel, con el que daría comienzo a su nuevo contrato sería *La bella Lola* (1962), la nueva versión española de *La dama de las camelias* (1848). La Compañía Industrial de Film Español, S.A. (CIFESA), a la cual se ha venido haciendo referencia desde un principio, era una empresa española originada en Valencia y comprometida con la producción de películas desde que comenzó sus operaciones en 1932. Independiente de los cambios sociopolíticos y económicos experimentados durante la Guerra Civil y la España franquista, esta empresa logró continuar produciendo hasta 1961. Tanto CIFESA como sus directores de cine fueron responsables de la creación de las películas que se identificaban con la canción española y las producciones folclóricas. Ese españolismo en la filmografía de esa época con el transcurso del tiempo se definió como una «españolada». Esta fue la productora que, aparte de Sara Montiel, albergó la carrera de tantas otras figuras conocidas, desde Imperio Argentina, Aurora Bautista, Paquita Rico, Amparo Rivelles, Fernando Fernán Gómez, Lola Flores, Carmen Sevilla y Marujita Díaz, solo por mencionar algunos nombres. Detrás de toda esta creación y producción cinematográfica de tres décadas se encontraban los empresarios Benito Perojo y Cesáreo González a cargo de la gerencia y la administración. Como ejecutivos expertos en el cine, a su vez se reportaban a los fundadores y propietarios Vicente y Luis Casanova. A pesar de toda la dedicación y su tendencia a promover y fomentar los valores tradicionales bajo el franquismo, CIFESA fracasó. Los hermanos Casanova terminaron perdiendo su patrimonio y, finalmente en la ruina, enjuiciados y sentenciados por estafa y falsificación. Los mismos empresarios Benito Perojo y Cesario González, en especial el segundo, fueron quienes continuaron la misión de impulsar el cine español bajo su nueva marca de Suevia Films. Ya para 1965 la nueva empresa contaba con 143 producciones de cine y muy pronto le abriría las puertas y promocionaría a otros nuevos talentos como Raphael, Rocío Dúrcal, Marisol o Joselito.

A esta etapa cronológica de su carrera corresponde su próxima actuación en su nuevo film titulado *Samba*, una película ambientada y filmada en Brasil a principios de la década de los años 60. Separando lo profesional de lo sentimental y sus compromisos amorosos, en el punto histórico en que Montiel llegó a Brasil tanto su vida íntima como su corazón se dividían en mil pedazos. Atravesaba uno de los momentos más conflictivos y difíciles luego de su rompimiento con Juan Plaza y su alejamiento final de Severo Ochoa. Su relación de un total de ocho años de noviazgo y matrimonio con el director Anthony Mann llegaba a su fin. En octubre de 1963 ambos firmarían de mutuo acuerdo en el Ministerio de Justicia de Madrid el acta de separación matrimonial que ponía punto final a lo que quedaba de aquella relación. La aprobación legal de esa anulación matrimonial le garantizaba su libertad conyugal, pero también implicaba un corte con el resto de su trayectoria norteamericana. Al despedirse de su marido se despedía también de sus propios contactos o cualquier compromiso cinematográfico hollywoodense que todavía tuviese pendiente o hubiese podido albergar para esa época. Su carrera había evolucionado y pagaba el precio de convertirse en una *superstar* a lo Andy Warhol, en su significado literal, según se popularizaba el uso del término a finales de esa década.

En línea paralela al viaje a Brasil y a su separación matrimonial, la actriz vivía ilusionada con un nuevo amor, aunque esa relación no tendría futuro. Pero en aquel momento significaba todo para ella, o casi todo. Se trataba de José Vicente Ramírez Olalla, el joven empresario que sería su próximo marido inmediatamente después de su separación de Anthony Mann. Estando en la cima de su carrera como actriz y cantante, no se veía bien que una mujer anduviese libre y sola como «mujer profesional», sin marido y sin su propio hogar dentro de la sociedad española de esa época. Por otro lado, alguien más despertaría su atención y le resultaría atractivo en muchos aspectos durante aquella temporada de cine en Brasil. Siempre y cuando hubiese una oportunidad, Montiel también señalaba deliberadamente y sin reservas el nombre del empresario y productor de cine norteamericano Joe Kanter. Caminando sobre dos ascuas, mientras le reconfirmaba por correspondencia su amor y su compromiso a Ramírez Olalla, disfrutaba a su vez su reencuentro con Kanter, justo desde su llegada a Brasil. El viaje y la distancia le servían de terapia emocional y reflexión para saber cómo terminar su matrimonio anterior y despedirse para siempre de su marido Anthony Mann.

El rodaje de *Samba* en Brasil en 1963, vuelve a reunir a Sara, después de diez años, con el hombre de negocios Joseph H. Kanter, quien llegó a representar otra alternativa amorosa en aquella época.

Simultáneo al proceso de separación del director Mann y al compromiso con José Vicente Ramírez, reaparecía en su camino un prospecto del pasado muy importante que, según cuenta en sus *Memorias*, le hizo pensar y dudar sobre su próximo paso matrimonial. Llegando a Sudamérica en 1963, con el motivo principal de la producción de *Samba*, que al final no se estrenaría hasta 1965, vuelve a reunirse después de diez años con el hombre de negocios Joseph H. Kanter (1923-2020), quien llegó a representar otra alternativa amorosa en aquella época. Luego de aceptar varias invitaciones a una diversidad de eventos sociales, en su mayoría relacionados con el mundo artístico y cultural de Río de Janeiro, Montiel una vez más quedó fascinada con este viejo amigo, amante y conocedor de lo mejor tanto en la música como en el amplio mundo de la pintura moderna. Su nivel intelectual, sus principios, sus buenos modales, además de la educación y la sofisticación de Joe Kanter, le provocaron imaginarse cómo sería su vida, en esos momentos que apenas recobraba su libertad, junto a una persona tan especial. Su conflicto era inmenso. ¿Debería continuar adelante y sin reparos con los planes establecidos al lado de su novio español Vicente Ramírez? O, una vez libre de Mann, ¿debería explorar las posibilidades y ampliar sus horizontes junto a un caballero de la talla y la categoría de Kanter? Con Kanter compartía los eventos culturales y sociales en aquel escenario exótico y colorido donde ella misma desempeñaría su nuevo papel de cine. Joe, como ella le llamaba en plena confianza, tampoco le ponía las cosas más fáciles. La oportunidad de descubrir y disfrutar en buena compañía tanta riqueza artística que le ofrecía el imponente y excitante país dentro del contexto geográfico e histórico de su antigua ciudad capital era única. Además, de su mano conocería a todas las celebridades y artistas a las que de otra manera, aun siendo Sarita Montiel, le hubiese sido difícil acceder. Su amistad fue como un regalo caído del cielo, nada casual. El magnate de origen judío-americano, que iba y venía a su aire, como si fuese dueño y señor de todo aquello, solo cinco años mayor que ella, le resultaba tan interesante e imponente como el propio Brasil. Mirando más a fondo el perfil de Joseph Kanter, se trataba de un neoyorquino amante de las artes. Sus negocios y su tiempo libre giraban en torno a la pintura, la música y el cine. Entre sus pasiones como filántropo, con los años logró levantar varias fundaciones dedicadas a ayudar al prójimo, tanto en el campo de las artes, como en diferentes áreas relacionadas con la salud pública.

Pequeño detalle, el señor Kanter no era soltero. Su matrimonio con Nancy Reed desde 1953 fue un impedimento ante cualquier posible desarrollo romántico que hubiese podido surgir como producto de aquella relación cultural o «amistad amorosa». Nancy Reed también era cantante y artista, con similitudes y paralelismos profesionales a Montiel en muchos aspectos. El matrimonio y el hogar con cuatro niños que formaron los Kanter era sólido y estable, y, según lo probaron los años, así continuó siendo hasta su fallecimiento, el 30 de noviembre de 2020, a los 97 años de edad. Aunque en realidad Sara y Joe ya se habían conocido, precisamente en Brasil antes de él haber contraído matrimonio con Nancy, el paso de los años no pudo borrar el grato recuerdo y aquel reencuentro no dejó de ser significativo. Aquella reaparición de Kanter, con su impactante presencia, su amistad y la serie de invitaciones y veladas en los mejores restaurantes y hoteles, como el Copacabana Palace, le hicieron tambalearse, dudar de sí misma, de sus sentimientos, y, lo más importante, de su próximo matrimonio con Ramírez Olalla. Esa nueva oportunidad de volver a compartir otra temporada con Kanter vendría a ser como una premonición a la tempestad a la que se enfrentaba. Sin remedio alguno la fuerza del destino le arrastraba a una efímera y conflictiva relación con su próximo marido y aquel compromiso matrimonial ya establecido.

Sin planificarlo, entre sus respectivos matrimonios con Tony Mann y Chente Ramírez surgió aquella gran duda muy dentro de su intimidad. Joe era la provocación de un recuerdo tangible, perteneciente a un pasado no muy lejano y el sentimiento platónico hacia un fantasma que permanecía y reaparecía en el mismo panorama brasileño donde se habían conocido hacía solo una década. Aquel gran señor a quien había tenido el placer de conocer justo en Brasil, en 1953, cuando viajó desde México para participar en *El Americano*, volvía a materializarse y reaparecer en su vida. Para entonces, la nueva producción hollywoodense que se supone que protagonizaría con Glenn Ford se canceló por razones económicas y no llegaría a realizarse en su momento, hasta años después que se filmó con otro elenco. Pero aquel remoto viaje a Brasil no fue en vano, ya que le había brindado la oportunidad de tratar y compartir momentos inolvidables con una personalidad sobresaliente. «Allá conocí a Joe Kanter, marchante de pinturas, con quien tuve relaciones sexuales...» (*Somos*, México, 2000). En todo caso, de acuerdo a Montiel, volvieron a coincidir y a reencontrarse diez años más tarde de haberse conocido, dentro del mismo contexto sensual que les ofrecía aquel lugar, gracias al rodaje de otro film que sí llegaría a producirse. Kanter, ya jubilado, vivía la mayor parte del año en Los Ángeles, California. Pese a varios acercamientos, no fue posible confirmar una entrevista para este estudio biográfico dedicado a su amiga Sarita Montiel. Algunas veces el silencio dice mucho.

Regresando a ese momento clave dentro de su cronología amorosa, cuando Montiel se encontraba en el proceso de separación de su marido norteamericano, sabiendo que ya no había futuro en aquella relación, es cuando decidió planificar un gran tour artístico promocional por toda Latinoamérica. Anthony Mann había estado trabajando en España como director de un ambicioso film, *El Cid* (1961). Montiel, estando en el pináculo de su carrera como actriz y cantante, no fue seleccionada para protagonizar el papel principal de Doña Jimena en el film de su marido. Despechada y herida por no haber sido considerada, más aún por haber sido desplazada por Sophia Loren, también incluyó estratégicamente como parte de su viaje por América la producción de su nuevo film en Brasil, no antes de reclamar su participación en el proceso creativo de *El Cid* como película, al haberle brindado a su marido la idea e inspiración de todo el concepto de llevar la historia a la pantalla. Montiel también se reconocía a sí misma como la relacionista pública y responsable por las reuniones y las consultas que se llevaron a cabo con Ramón Menéndez Pidal para la documentación y perfeccionamiento del guion. De seguro que les serviría de enlace cultural y de traductora, a Mann y al resto del equipo a cargo de la producción.

El propio Menéndez Pidal los recibió en su casa para atender sus consultas y asesorarlos en persona lo mejor que pudo. Gracias al estatus artístico y las conexiones de Montiel contarían con todos los recursos y puertas abiertas para la realización cinematográfica del *Cid*. Incluyendo la máxima autoridad en términos académicos e históricos de forma exclusiva para la futura producción, tan importante y precisa para el régimen en términos de imagen y promoción cultural. La película *El Cid* sería la mejor campaña de relaciones internacionales y de imagen pública que podrían proyectar a nivel mundial. Aún mejor cuando unos productores hollywoodenses se disponían a invertir y a realizar el proyecto con un presupuesto de más de seis millones de dólares, justo después del discurso público de Menéndez Pidal del 20 de noviembre de 1960, cuando, siendo considerado una eminencia y toda una autoridad en la materia, reconoció la obra recién adquirida en su manuscrito original por la Biblioteca Nacional, como «acta natalicia de la literatura española» y, de paso, de la nobleza literaria. Sarita también siempre dejaría claro el poco interés que tenía por el papel de Doña Jimena, ya que «no le iba para nada», ni sus compromisos cinematográficos se lo permitían.

A pesar de las buenas intenciones, el segundo matrimonio con José Vicente Ramírez. Tampoco tuvo éxito. En esta fotografía, depositando su ramo de novia en la tumba del rey Alfonso XIII, en Roma.

Dejando a un lado la trilogía sentimental y amorosa (Mann-Ramírez-Kanter), Montiel se entregaba de lleno a su público en una nueva producción para el cine español que, ocho años después de *El último cuplé*, apostaba todo por las películas de la Montiel. Intentando hacer algo nuevo y diferente a sus melodramas españoles, que muchos veían y clasificaban como «españoladas», cambiaban de escenario y de tema, pero sin eliminar el aspecto romántico ni el elemento musical dentro de la producción. Brasil le abría las puertas a Sara Montiel. Además de un nuevo escenario, el país le brindaba un nuevo ambiente y ese nuevo hogar temporero donde podía producir algo creativo y exótico a la vez. En esta ocasión, traería de vuelta a casa un film colorido y realizado dentro del contexto de un paisaje desconocido para la mayoría de los españoles que, todavía para los años 60, no tenía la oportunidad de viajar ni las posibilidades de descubrir otros horizontes, ya que permanecían muy distantes e inalcanzables para aquella sociedad. La estrella internacional le proveía a su gente otra visión cultural ajena a su mundo y muy lejana a la infraestructura franquista por medio de esa ventana que le ofrecía la nueva producción perteneciente al cine Montiel.

Luego de la anulación matrimonial y de haberse despedido para siempre de su marido Anthony Mann en el otoño de 1963, como ya se ha dicho, su próximo matrimonio oficial sería con José Vicente Ramírez García-Olalla (Pepe o Chente) (1930-2015). La pareja se había conocido en una fiesta de amigos en común, en un barrio residencial en las afueras de Madrid, durante la filmación de *La reina del Chantecler* en 1962. De Chente se conoce muy poco, muchos lo recuerdan como una persona educada, pero muy tímido a la misma vez. Todavía se debate su lugar de origen, no se sabe con certeza si era de Bilbao o de La Rioja, aunque todos los que le conocieron coinciden en que era economista y graduado de la Universidad de Deusto. Al principio del noviazgo, cuando se definían sus sentimientos por la artista, apenas comenzaba su carrera profesional como empleado de la Seat. Mientras él conducía un Seiscientos, Sara ya poseía un Mercedes Benz, como uno de los remanentes de su matrimonio anterior. Ambos procedían de dos mundos diferentes.

Aun y así, tratando de formalizar su relación con el joven empresario que le pretendía y dejándose llevar por su consejo sobre la conveniencia de aquel matrimonio para su imagen dentro de la sociedad franquista, planificaron y realizaron su boda en la primavera de 1964. La pareja celebró sus nupcias en Roma un sábado 2 de mayo, lejos del ambiente artístico y social al que pertenecía la actriz. Pero daba igual, todo sería de conocimiento público como se había establecido con los medios de comunicación que fueron convocados para cubrir el evento-enlace matrimonial en la iglesia católica romana de Santa María de Montserrat de los Españoles. A pesar de las buenas intenciones, este segundo matrimonio tampoco tuvo éxito y, como es sabido, terminaron separándose de inmediato. Sus respectivas expectativas y los conflictos profesionales establecieron sus diferencias y los predestinaron al fracaso desde un principio. Por mutuo acuerdo, Ramírez continuó actuando como su gerente artístico, administrándole todos sus ingresos y gastos. Como promotor, también se hizo cargo de las nuevas oportunidades y los nuevos contratos que iban surgiendo, hasta que conoció a Pepe Tous. El matrimonio de solo unos meses de duración con aquel joven empresario lleno de ambiciones sería un fiasco y una decepción al que ambos le pondrían punto final de inmediato. Luego de la boda y de un largo viaje de luna de miel alrededor del mundo que ya tenían programado, tan pronto regresaron a España, cada uno a su casa. A eso se reduce lo que representó Chente Ramírez Olalla en la vida de Sara Montiel. La primera vez que establecía una relación sentimental con alguien de su edad, de hecho dos años más joven, como pareja. Aunque esta relación con su segundo marido terminó antes de lo previsto, no fue hasta finales de los años 70 que la Iglesia católica finalmente les concedió la anulación matrimonial que ambos habían solicitado. Este matrimonio representaba un verdadero reto y un intento de poder restablecerse en una España todavía franquista en plena década de los años 60. Al decidir separarse de Anthony Mann y haber dejado atrás a Hollywood y querer dedicarse por completo a su cine español, necesitaba cierta credibilidad y aceptación dentro de su propia cultura. Contando con el éxito asegurado en su carrera artística, también era preciso recuperar cierta apariencia conservadora y proyectar una imagen de estabilidad matrimonial, como todos los demás y acorde con la España que había conquistado a partir de 1957 y 1958.

Pero este matrimonio no resultó y no funcionó en ningún aspecto. Todo iba mal desde un principio. Por considerarse una mujer divorciada, aunque contase con la anulación de su matrimonio anterior, efectuado a lo civil en los Estados Unidos, no les permitieron casarse por la Iglesia católica en territorio español para esa época. Hoy en día se comenta sobre la arbitrariedad de los sacerdotes durante aquellos años sobre la toma de decisiones al respecto. Aparentemente todo dependía y variaba de acuerdo al sacerdote y a la iglesia. No había un criterio determinado y establecido sobre estos casos. En cambio, sí pudieron planificar una ceremonia en una iglesia católica (española) en Roma. Tuvieron que hacerlo en Italia, con todos los medios de comunicación españoles cubriendo el evento de su boda, pero desde la distancia. Para hacerlo de la manera más católica posible y proEspaña, al finalizar la ceremonia celebrada por Fray Justo Pérez de Urbel, primer abad del Monasterio y la Basílica de la Santa Cruz del Valle de los Caídos, la novia depositó su buqué de flores sobre la que fue la tumba de Alfonso XIII hasta 1980. Esa misma tarde los novios acudieron al Vaticano, donde les esperaba el Papa Pablo VI en audiencia privada para su bendición papal, tal como lo habían planificado.

Tras finalizar el enlace nupcial, el comportamiento de su marido en combinación con su experiencia durante la visita y la larga conversación con el santo pontífice en privado fueron las señales y los pronósticos del fracaso matrimonial que les esperaba. En relación a este segundo matrimonio con el economista Ramírez Olalla, la historia, aunque breve, no deja de resultar interesante. «Una excelente persona aunque totalmente equivocado conmigo», confesó Montiel durante nuestra primera entrevista. Y añadía: «El matrimonio no fue consumado». Pues justo al finalizar la celebración de su boda con Ramírez Olalla en la iglesia de Santa María de Montserrat, aquel mismo sábado 2 de mayo de 1964 comenzaron los conflictos y el proceso de separación.

«Tan pronto terminó la ceremonia y salimos de la iglesia, mientras bajábamos las escaleras y nos dirigíamos al coche que nos conduciría al Vaticano para una audiencia privada y la bendición papal, mi nuevo marido me iba diciendo que desde ese momento me podía ir olvidando de mi papel de artista como Sara Montiel, del cine, de la música, de mi público y de todos los compromisos relacionados con mi carrera profesional y mi vida anterior. Y añadía que, a partir de ese día, comenzaríamos una familia y "una nueva vida" y yo como la señora de Ramírez Olalla, al estilo español».

Montiel no le contestó ni una sola palabra. Luego de cambiarse la vestimenta en el hotel, una vez que llegaron al Vaticano y fueron recibidos por S.S. el Papa Pablo VI, la situación no pudo resultar más absurda para el joven economista de origen riojano. S.S., el Papa, no podía ocultar su entusiasmo ni dejar de manifestar su alegría por la visita especial de Sara Montiel. «Una cosa que se suponía que no se extendiera por más de quince minutos, se tornó en acontecimiento y una reunión social de un par de horas. Solo faltaba que sacaran las copas y el vino…». En fin, que el pontífice estaba encantado con la visita de la actriz y cantante y hasta tenía preparada como sorpresa la invitación de un agregado cultural del Vaticano para presentarle una propuesta. Los recién casados jamás se imaginarían que le ofrecerían un papel como protagonista para un nuevo film italiano. Habían visto una de sus últimas películas de hacía unos tres años con el tema de las monjas: *Pecado de amor* (1961), y se les ocurrió que tal vez Montiel podría considerar ser la protagonista de *Eva Lavallière*. La historia de una muchacha llamada Eugenia Feniglio en el París de finales del siglo XIX que se buscaba la vida en el *vaudeville* donde se le conocía como Eva Lavallière. Su apellido lo adquirió por el lazo que llevaba en sus vestidos. Considerada «la luz de la Ciudad Luz» llevaba una vida digna de Montparnasse y tuvo un hijo de uno de sus varios amantes. En 1918 sufrió una crisis religiosa y, tras dejar al niño en manos de unos parientes, abandonó los escenarios por un convento trinitario donde ingresó como religiosa sustituyendo el Lavallière por el «de Jesús», pero conservando el nombre de Eva.

Así fue como Ramírez, el recién casado que soñaba despierto con un dominio total sobre su mujer, no tuvo otra alternativa que olvidarse de lo dicho y asumir la realidad. Todas sus intenciones de controlar o coaccionar la libertad de Sara Montiel y ponerle punto final a su carrera artística se vinieron abajo. El Papa tiró al suelo en un instante cualquier plan estratégico o concepto prenupcial por parte de su nuevo marido. Cuando se despidieron del Papa y se marchaban del Vaticano, los novios comprendieron de inmediato que se habían equivocado.

«Para no dar la campanada no nos quedó otro remedio que continuar con nuestros planes inmediatos del viaje de luna de miel, que se extendió por un mes, por todo el mundo, hasta que en España se olvidaran un poco de la novedad de nuestra boda y pudiésemos regresar en silencio y cada uno a su casa».

Así terminó la historia de su segundo matrimonio. Sin embargo, aunque vivían separados, continuarían una relación civilizada y profesional. Chente fue su representante y gerente artístico casi hasta el final de su carrera cinematográfica. No fue hasta unos catorce años más tarde de haber celebrado su boda en Roma (1978), después de la muerte de Franco, que Montiel finalmente pudo obtener la anulación de su matrimonio con Ramírez Olalla (por defecto de forma) en la Iglesia católica. Su necesidad de finalizar el largo proceso lo antes posible tenía un doble propósito. Primero, casarse con el empresario y productor de teatro Pepe Tous y segundo poder brindarle un apellido a su primera hija que había adoptado como madre soltera.

Lo que se desprende del análisis del matrimonio y de la relación Ramírez-Montiel es que Chente, como administrador, utilizó a su mujer para su propio beneficio y enriquecimiento económico. Un patrón ya conocido en el mundo artístico. El típico caso cuando el marido de la estrella administra su carrera profesional y sus finanzas con doble intención. Tal como le ocurrió a Judy Garland en más de una ocasión. Por suerte, tal vez Vicente Ramírez nunca tuvo la intención ni el propósito de dejarla en la bancarrota, sino que, de acuerdo con la actriz, como empresario se enriqueció a cuenta del éxito profesional y económico de su mujer. Montiel logró remontar su carrera una vez más y seguir adelante. Continuó trabajando y produciendo hasta volver a levantar y asegurar su propio imperio.

Siguiendo el mismo tema sobre las relaciones y los amores de Montiel durante la década de los años 60, habría que tomar en consideración a los actores de sus películas. De los actores ya mencionados se pueden señalar por lo menos a dos de ellos de los que se enamoró cuando le servían de pareja en varias de sus producciones. Ellos también merecen una mención honorífica por sus respectivos «amores de paso» en la vida de Sara Montiel. Con estos sí que «se salía de la pantalla». Aun estando casada con Anthony Mann, se ilusionó con el actor francés Maurice Ronet, con quien pudiese haber mantenido algún romance durante la producción de los tres filmes que ambos realizaran juntos entre 1959 y 1963.

La dama de Beirut, de 1965, volvería a reunir a la actriz y a su primer director de cine, con quien comenzó su carrera de actuación por primera vez. Al cineasta de origen húngaro Ladislao Vajda ya lo conocía por su debut en el cine español desde *Te quiero para mí* en 1944. Dos décadas más adelante se encontrarían colaborando en un nuevo film de Montiel. Sin embargo, el director de *Marcelino pan y vino* murió justo cuando ya iban a mitad del rodaje de *La dama de Beirut*. Desde los estudios cinematográficos de Barcelona la actriz llegó a acompañarle en la ambulancia de camino al hospital, donde su antiguo director murió sin haber terminado su labor, el 25 de marzo de 1965. Tras su fallecimiento aquella primavera durante el transcurso de su dirección, su asistente Luis M. Delgado terminó la dirección de la película. Sin otra alternativa asumió el puesto de director, aunque no quiso ser acreditado por haber tomado el lugar de quien tanto había aprendido y consideraba su verdadero mentor. En estrecha colaboración todo el equipo terminaría lo que vino a ser el último proyecto de Vajda.

La mujer perdida, de 1966, fue el segundo film en el que Montiel volvería a actuar bajo la dirección de Tulio Demicheli. Justo en esta producción fue también cuando conoció y actuó por primera vez con el modelo y actor italiano Giancarlo Viola-Del Duca. Gianca, como ella le llamaba, fue quien vino a ocupar un lugar muy especial en el corazón de la actriz por varios años. Viola–Del Duca fue el próximo amor en la vida de Montiel después de la separación de su segundo marido oficial, José Vicente Ramírez Olalla. También vino a ser su compañero sentimental por el resto de la década de los 60, hasta que conoció a Pepe Tous. Luego de tantos melodramas, desde 1957 hasta el rodaje de este nuevo film en 1965-1966, de acuerdo a Demicheli hijo, «durante la filmación en los Estudios CEA, aquella película [*La mujer perdida*] fue complicada porque el productor, Cesáreo González, le había bajado el caché porque ya no daba tanto dinero en taquilla y ella estaba enfadada». Un comentario lógico y comprensible, conociendo la historia del resto de su filmografía y sus reacciones o mecanismos de defensa por su profesión y su capacidad de reinventarse cuantas veces fuese necesario. La próxima producción iría por su cuenta.

En todo caso, ya separada de Chente Ramírez, había surgido este nuevo amor con quien estuvo involucrada por varios años, el actor italiano Giancarlo Viola-Del Duca. Aunque nunca llegara a formalizar sus relaciones con él, no hay por qué poner en duda la sinceridad de su amor y sus sentimientos hacia su pareja artística. Como resultado de estos romances, queda claro que con algunos actores sí compartió mucho más que las meras historias de las películas donde juntos protagonizaban sus papeles como colegas y parte de un elenco. Sus escenas románticas no se limitaron al set. Sin embargo, a pesar del interés que la artista haya podido sentir o experimentar en estas relaciones, de todos sus amores, Viola fue tal vez el menos comprometido. Habiendo tenido la oportunidad de formalizar su relación con Montiel, entre 1966 y 1970, nunca pudo garantizarle a la actriz un verdadero compromiso, un hogar, una estabilidad y todo lo que se merecía. Por falta de consecuencias, estas relaciones amorosas se desvanecerían con el tiempo en la vida de Montiel. Aunque también habría que reconocer que estos actores de estas últimas películas pudiesen haber sido hombres comprometidos. Al igual que, en términos legales, Montiel seguía siendo una mujer casada, primero con Mann, desde 1957 hasta 1963 y luego con Ramírez Olalla, desde 1964 hasta 1978. Independientemente del fracaso matrimonial y aun fingiendo que permanecían unidos hasta finales de esa década de los 60, tampoco era una mujer libre ante la sociedad franquista para poder comprometerse y casarse con quien ella quisiera.

Un año más tarde, mientras rodaban *Tuset Street*, en 1967, Montiel tuvo la fuerza de voluntad y la determinación de despedir al director de la película. Siguiendo muy de cerca los cambios socioculturales y cinematográficos de esa época, habían contratado a Jorge Grau como director para este nuevo film. Montiel quería brindar a su público algo diferente, novedoso, acoplándose una vez más a lo que acontecía en España, en el umbral de sus cuarenta años de edad. Sin embargo, por moderno e innovador que resultara en aquellos momentos el cine de Grau, e independiente de su éxito, los conocimientos técnicos de Montiel sobre la fotografía, las luces y los planos le valieron para juzgar la labor del nuevo director y prescindir de sus servicios. El exceso de tomas paisajistas al comienzo del film y sus fotos desde aquellos ángulos y planos que desfavorecían su figura, desde su perspectiva artística, fueron suficiente para despedirlo en medio del plató. No sin antes decirle directamente, cara a cara y delante de todos: «Aunque seas Napoleón, tú a mí no me hundes». Luis Marquina, asumiendo la posición de nuevo director, se encargaría de completar la labor y el rodaje de esta película. Su imagen en el cine todavía era una de sus prioridades para aquel entonces. No se limitaba a actuar en sus películas, sino que daba todo de sí y colaboraba en todos los otros aspectos de la producción y en todos los sentidos. Lo que hubiese parecido un capricho, exigencias o control por parte de la actriz, era más bien su cooperación a todos los niveles. Su propósito era simplemente poder continuar ofreciendo la calidad esperada, sin decepcionar a su público, asegurando la trascendencia de su éxito.

Como magia del destino, doce años más tarde del estreno de *El último cuplé* y luego del fiasco o fracaso cinematográfico que supondría *Tuset Street* para Montiel en 1968, Mario Camus (1935-2021) sería el director de su próxima película. Al no haber producido ni estrenado ninguna película durante casi dos años consecutivos, su exmarido, Vicente Ramírez Olalla, todavía como su representante y administrador, en compañía de Cesáreo González y Jaime Ferrán, decidieron hacerle un acercamiento a Camus. Así lo hicieron mediante un par de cenas que organizaron con el director en compañía de la actriz.

Debido a la popularidad de Camus gracias al éxito de las películas de Raphael durante los años 60, como: *Cuando tú no estás* (1966), *Al ponerse el sol* (1967) y *Digan lo que digan* (1968), fue

Montiel quien le quiso hacer un acercamiento y le pidió, por medio de Cesáreo González y Suevia Films, que dirigiese su próximo film. Según recordaba Camus durante nuestra entrevista del 28 de marzo de 2016, «luego de un par de cenas con Antonia y su marido [por entonces José Vicente Ramírez Olalla], aun habiéndoles recomendado la historia de un libro [especialidad de Camus a largo plazo, el llevar adaptaciones literarias a la pantalla], llegaron a la conclusión de que querían continuar con su patrón de siempre. Imposible insistir, así que seguimos adelante con sus melodramas, que era lo que mejor le iba y lo que su público esperaba de ella». «Folletín total». Expresión utilizada por el director Camus en más de una ocasión durante nuestra conversación sobre Montiel. De acuerdo a nuestra entrevista en primavera de 2016, Mario Camus, uno de sus directores preferidos, describía la historia de esta cuarta etapa del cine de Montiel de la siguiente manera:

«La industria del cine siempre va en dos direcciones. Es decir, la realización de una película tiene siempre dos vertientes: la película planificada y la vertiente comercial. En estos términos, Sara Montiel y *El último cuplé* harían el fenómeno histórico, ya que, por un lado, resucitó el género musical del cuplé, tal como planificaba el concepto del film, y por otro lado, o segunda vertiente, resultó en un manantial de dinero. Algo insólito y fundamental para la industria cinematográfica de la época». Su aportación con su protagonismo como actriz en *El último cuplé* fue histórica, de acuerdo con Camus. «Yo, en aquel momento [para 1957] era apenas un estudiante y no tenía ni la más mínima idea de que más adelante trabajaría en el cine. Por las tardes, al salir de clase, cuando caminaba por la Gran Vía de vuelta a casa, recuerdo la cantidad de gente en la calle, día tras día, esperando para ver la próxima función de su film».

Hacía mucho tiempo que Sarita deseaba un cambio en la dirección de sus películas y ofrecer a su público algo nuevo y diferente. Camus ya había dirigido *Con el viento Solano* en 1966 y las películas de Raphael ya señaladas: *Al ponerse el sol* (1967) y *Digan lo que digan* (1968). Con Camus como director y un guion especial de Antonio Gala, inspirado en la literatura artúrica, sobre monjas violadas, Montiel consiguió remontar en su carrera cinematográfica con la que tal vez se podría considerar una de sus mejores películas: *Esa mujer* (1969).

De hecho, el fenómeno de Montiel en España después de *El último cuplé* se basa en la creación de su propia empresa, donde seleccionaba la historia, la música, el director, los fotógrafos, los productores, al escritor o guionista, y, por supuesto, hasta sus vestuarios para sus películas. Los escritores–guionistas de *El último cuplé*, Antonio Mas Guindal y Jesús María de Arozamana, gracias al éxito del film serían los que dictarían el estilo del resto de sus melodramas. De acuerdo con Tulio Demicheli (hijo), «el problema de Sara es que imponía el tipo de historia, un modelo casi delirante de melodrama y a la pareja de guionistas: Arozamena y Mas Guindal. Pensaba que no tenía que salirse del *Último cuplé* y a mediados de los sesenta, cuando Lelouch triunfaba con *Un hombre y una mujer*, aquello ya era invisible». Como ya se ha mencionado, otro ejemplo sería el caso de *Tuset Street* (1967), cuando a consecuencia de los conflictos durante la producción, la actriz terminó despidiendo al director. Es entonces cuando, aún en 1969, regresa con más fuerza y un nuevo éxito con su film *Esa mujer*. Tal como ella deseaba, una nueva historia escrita y producida en exclusiva para Montiel, con Antonio Gala como escritor y guionista y Mario Camus como director.

Según la recordaba el director Camus durante nuestra entrevista, casi cincuenta años más tarde: «Antonia era muy disciplinada, folletín total… Sabía de qué iba la cuestión. Había aprendido el oficio y tenía grandes conocimientos sobre la técnica cinematográfica, como por ejemplo, el uso perfecto de las luces y sobre la fotografía, además del montaje, dominaba los *playbacks*…». Por eso pedía a sus productores que contrataran a Christian Matras como su operador de cámara para muchas de sus películas durante sus últimos años en el cine. En palabras de Camus: «En aquellos años iba un poco de rival de Raphael, ya que era una Sara muy guapa, que además cantaba, esto significaba mucho en el cine. Lo hacía muy bien. Creó un personaje: *Sara Montiel*. Era mucho más lista de lo que aparentaba. Era genuina».

Como queda comprobado, para poder llegar a un acuerdo y trabajar juntos en la realización de algo innovador y diferente a todo lo anterior, Camus le había propuesto un par de libros, pensando que le gustaría la idea a propósito de un nuevo film. En realidad, ya desde entonces, esa era una de sus metas como director de cine, convertir un libro en película o, más bien, llevar la literatura a la pantalla. Tal como lo lograría y se distinguiría más adelante de manera magistral con títulos como *La colmena*, de Camilo José Cela, en 1982, *Los santos inocentes*, de Miguel Delibes, en 1984, o *La casa de Bernarda Alba*, de García Lorca, en 1987.

Pero como recordaba el mismo director, aunque Antonia deseaba producir un nuevo concepto y sorprender a su público cambiando el patrón establecido de lo que ya había realizado, luego no permitió que la convencieran. Finalmente dijo «no» a los libros, de acuerdo al relato de Camus. La actriz decía que lo de ella eran los melodramas y sus canciones. En *Esa mujer* hay un total de diez canciones (prácticamente treinta minutos del film). Aun así, «la obra está inspirada en la historia literaria de monjas violadas», como ha expresado el director. Luego de haber terminado la producción del film tan bien logrado y con tanto éxito, con varios estrenos durante la primavera y el verano de 1969, Camus recuerda haberla visitado en algún momento para darle el pésame por el fallecimiento de su madre. El golpe de la muerte de María Vicenta, quien era todo para ella, el 24 de julio de 1969, coincide con la época de *Esa Mujer* y la invitación a un viaje promocional que habían organizado en la Unión Soviética donde tanto la querían. Allí le rendían tributo y un homenaje en el Festival de Moscú y en la Universidad, a ella y a otras figuras internacionales como Sophia Loren, a quien no veía desde la filmación de *El Cid* a principios de esa década. Camus y Montiel no volvieron a reencontrarse hasta unos veinte años más tarde, en París, mientras él trabajaba en el set de otra película, *La rusa* (1987).

Por otro lado, de acuerdo a las declaraciones del mismo director para *El País*, al día siguiente del fallecimiento de Montiel, el 9 de abril de 2013, basándose en sus íntimos recuerdos y su experiencia como director de *Esa Mujer* en 1969, como homenaje póstumo a la diva establecía lo siguiente:

«Sara Montiel sabía de luces, de montaje, conocía bien el cine. Decían que era una actriz complicada. No era cumplidora, no tenía caprichos. Sabía cómo fotografiarse, cómo se montaban los filmes, dominaba los "playbacks"... Porque, como ella misma decía, lo suyo no era ser actriz o cantante, sino otra cosa. Estrella».

En la misma tesitura de la producción de *Esa Mujer* y todavía entristecida por el fallecimiento de su madre, entraba de lleno en la década los años 70. De la lista de su filmografía, *Varietés* sería el próximo título con el que comenzaría esta década. Tal vez por todos estos factores resultaría ser una de sus películas preferidas muy dentro de sí y en lo más íntimo de sus recuerdos. Sus productores en el cine español podían pronosticar el éxito taquillero y las ganancias al invertir en sus películas. Aun con lo polémica y lo desigual que resultara la producción de *Tuset Street*, precisamente por el cambio de director y la ambigüedad del film, pudieron recobrar lo invertido y devengar lo que todos esperaban. A partir de 1958, Montiel y sus películas siempre fueron predecibles hasta el final de su carrera como actriz. Sin embargo, la falta de atención o interés cinematográfico de *Cinco almohadas para una noche*, producida en 1973 y estrenada en 1974, fue la mejor indicación para darse cuenta y aceptar que su carrera artística en el cine, su medio favorito, había llegado a su fin, con tan solo 45 años de edad. Por lo menos, de acuerdo a su propia autoexigencia en cuanto a su imagen física, comprendía que su papel de mujer fatal y su categoría como actriz en la pantalla grande había terminado. Había llegado la hora de reinventarse.

Ya para 1974 el rumbo sociopolítico de España iba cambiando en todos los sentidos y a pasos acelerados. La sociedad y sus nuevas generaciones iban preparándose para ese gran desenlace de lo que había acontecido durante los últimos 35 años. Hasta el propio gobierno y sus diferentes agencias o ministerios iban bajando guardia y sus revoluciones. Se trataba del final de un sistema dictatorial impuesto por el régimen franquista y, a su vez, el punto final al agobio cultural, que resultaba insostenible. Con la supresión oficial de la censura franquista, a partir de 1975, el nuevo movimiento artístico, que ya despuntaba, iba tomando forma. El cine que se producía se distinguía por el exhibicionismo, la exposición explícita y la explotación del erotismo y de lo sexual, con un mínimo presupuesto y baja calidad. Todo lo contrario a lo que venía produciendo Montiel y al tipo de satisfacción y placer que proporcionaban sus películas al público en general durante los últimos veinte años. Aunque trataran de convencerla e incluirla, el nuevo género de cine del «destape» y la nueva movida cultural ya no eran para Sara Montiel.

Por más invitaciones o propuestas que recibiera para continuar haciendo cine, no tendría ningún sentido considerarlas. Más bien solo representaban un conflicto artístico y profesional con todo lo que venía profesando por medio de su cine desde 1957. No se trataba de no querer aceptar las propuestas, sino de no desprestigiarse a sí misma o tirar al suelo todo su legado, revocando todo lo que había logrado en su cuarta etapa cinematográfica durante los últimos 18 años. Como quiera que fuese la historia, la simple realidad es que la sociedad española ya no necesitaba un símbolo sexual en el cine. Ya iban desnudos, directos al sexo, sin preámbulos, sin tapujos ni escotes provocativos que incitaran y les hicieran imaginar lo que había más allá del tul, o del chiffon, y de la pedrería de los vestidos de Montiel. Ella misma reconocía que «aquel cine espantoso del destape» no era para ella. «No tiene nada que ver con mi filmografía, cuando llegas de vuelta a tu casa con tu marido después de alguna fiesta, con un vestido de noche precioso y de pronto vas a la cocina por unas copas y sales al salón completamente desnuda». Su vestimenta, su maquillaje, sus peinados ya no importaban, resultarían anacrónicos a partir de la segunda mitad de la década de los años 70. Los gestos sensuales, la coquetería y los manerismos provocativos típicos de Montiel, que manifestaba con sus manos, su boca y sus ojos, haciendo temblar al más indiferente, ya habían pasado de moda. El estilo y lenguaje corporal de Montiel que encandilaban a tantos durante los últimos veinte años, entonces dejaban de causar gracia y permanecerían encapsulados, y, todavía peor, vinculados a la cultura franquista. Hasta la cultura gay, controlada y amenazada hasta 1975 por los grises, no tendría que limitarse a vivir de las ilusiones que les proporcionaban las imágenes y los filmes de Saritísima como un remedio sutil ante su condición inferior bajo el régimen franquista. Ya no sería necesaria la imagen renovadora y nostálgica de Montiel. Sus papeles de mujer fatal en sus melodramas, donde lograba recuperarse y remontar a una posición superior después de haber sufrido un fracaso sentimental, dejaban de interesar.

Esta década de los años 70 sería decisiva en la trayectoria artística de Montiel. Después del estreno de su última película en 1974 y al quedar convencida de que jamás participaría en aquel cine del «destape», era el momento de diversificar y dedicarse a cultivar su segunda pasión y explorar otras posibles plataformas. La música y los escenarios musicales, como el teatro y la televisión, serían su refugio. Mientras el cine «le cerraba sus puertas», al ella no querer aceptar ni someterse a aquel cambio de dirección, que en su caso le parecía un camino equivocado, muy pronto le surgirían o crearía otras alternativas. Al no estar dispuesta a echar por la borda todo lo que había logrado en su vida, incluyendo su éxito, su nombre, su prestigio y su eterna imagen de «María Luján» o de «La violetera», era necesario reinventarse, volver a empezar. Y así lo haría en compañía de su nuevo marido y empresario artístico Pepe Tous. El mundo del espectáculo aguardaba por Sara Montiel y le abría sus puertas de par en par. Como todos, durante ese proceso y transición artística, Montiel también fue capaz de cometer errores y reconocerlos, aunque fuese en privado. Al examinar su carrera profesional y su legado con la debida atención, es posible identificarlos.

Aunque durante las últimas dos décadas, en especial desde finales de los años 50 y los 60, se habían reunido o habían coincidido muchísimos factores a favor de Sarita Montiel como actriz y cantante, la extensión de la producción de sus películas y su cine tuvo un principio y un fin. Esta cuarta etapa de su carrera y su filmografía así lo demuestra. También hay que reconocer que en España, por difícil que pueda parecer, gracias al franquismo surgieron situaciones ventajosas para la industria del cinema de las cuales Montiel también fue partícipe, directa o indirectamente, durante sus años cumbres. En específico, los años en que el gobierno franquista hizo arreglos poco usuales para enviar a Sara Montiel como la diva o «embajadora cultural» española a países europeos comunistas, todavía bajo la cortina de acero (por ejemplo, a la Unión Soviética, a Rumanía o a la República Checa). En estos países, donde la recibían con todo entusiasmo, Montiel presentaba sus espectáculos musicales a cambio de recursos naturales como maderas o petróleo.

Por otro lado, desde 1950 hasta mediados de los 60, también serviría de anfitriona, de guía turística y de enlace cultural a todos los que pudiera y que visitaran España como destino cinematográfico gracias a las atractivas ventajas de producción que ofrecía el país, especialmente en términos económicos. Así la actriz pudo servir, al menos como relacionista pública, a muchos de los visitantes provenientes de Hollywood que acudían a su país para disfrutar de todas las ventajas y los beneficios posibles. Entre ellos se pueden incluir a su propio marido Anthony Mann y a sus socios de producción como Philip Yordan o Samuel Bronston. Por ejemplo, la atracción que España compartía con otros destinos cinematográficos como México o Brasil, durante las décadas de los años 50 y 60 iba más allá de la belleza paisajista y la exuberancia que estos países pudiesen ofrecer.

España, México y Brasil ofrecían a Hollywood muchísimas ventajas para la industria del cine a la hora de la producción. Como países, independientemente de la austeridad de la posguerra española, de la Época de Oro del Cine Mexicano o del Cinema Novo Brasileño, brindaban beneficios difíciles de igualar y de ignorar por los estudios norteamericanos. La diversidad de talentos y de recursos naturales disponibles que estos países podían ofrecer era incalculable. Por precario que fuese el ambiente sociocultural, al considerar las exigencias a que se enfrentaban los grandes cinematógrafos en los estudios de Hollywood, los beneficios económicos y la libertad de la producción en el extranjero compensaban el viaje y el traslado del equipo. Como nuevos satélites de sus propios estudios en Los Ángeles, disfrutaban de una serie de oportunidades inimaginables dentro de la rigidez y las estrictas políticas establecidas por las poderosas productoras norteamericanas y las uniones laborales. La riqueza y la versatilidad artística, además de la calidad ambiental, incluyendo la luz y todas las condiciones climatológicas y geográficas necesarias para la producción de cine en exteriores, serían igual o incluso mejores que en California. Pero lo más relevante de todo era sin duda el poder producir la mayor cantidad de películas a un costo mucho más bajo. Es decir, estas localidades ayudarían a minimizar los costos de producción por película. Entonces, el factor económico sería un motivo y un aspecto decisivo a la hora de elegir el lugar y el mejor set para producir un nuevo film. El costo de producción y la flexibilidad de las condiciones laborales en cualquiera de estos lugares, en comparación con los estudios en Los Ángeles, siempre serían mucho más atractivos y viables. Los estudios norteamericanos eran conscientes de todos estos factores, dignos de consideración al momento de la producción de cualquier película. Un principio básico en la historia del cine y en el mundo de los negocios en general. La realidad de estas ventajas hacía de estos destinos unos lugares idóneos para continuar rodando y produciendo en el extranjero.

Las producciones cinematográficas de las décadas de los años 50 y los 60 en estos países coincidieron con los años más fructíferos de Montiel. Su desempeño artístico por esos escenarios, en los que la actriz encajaba perfectamente, tuvo un gran impacto en su futuro y su carrera internacional. Como consecuencia, iba estableciendo nuevas relaciones y gracias a ellas le surgían nuevas oportunidades y propuestas que siempre trataría de aceptar. Mientras promovía su filmografía y su música, solidificaba su popularidad por todas partes. Al igual que Montiel, muchos actores, actrices, productores y directores de primera línea hicieron de estos países su segunda casa en algún punto y momento de su carrera.

Respecto a España, con motivo de la exposición «Mad About Hollywood», varios medios hicieron referencia a la época en que medio Hollywood se trasladaba a la península y rodaban tantas películas como les fuera posible. En un artículo de *VANITATIS*, titulado «El idilio madrileño de Sofía Loren, Marlene Dietrich y Audrey Hepburn (entre otras)», con fecha del 7 de septiembre de 2018, su autor, César Andrés, observaba y definía el montaje fotográfico como una muestra documental de este período dorado. Mónica Zas Marcos también publicó otro artículo para *El diario* con el título de «Desayuno con diamantes en un ultramarinos: la movida madrileña que montó Hollywood», publicado el 19 de diciembre de 2018. En su texto la autora describe cómo la colección de fotos que estuvo expuesta en El Águila (Comunidad de Madrid) evocaba «la época en la que Franco abrió las puertas a los rodajes norteamericanos y las estrellas paseaban su *glamour* por las calles de Madrid ajenas a un trasfondo de miseria y dictadura». Ambos articulistas reconocieron la predilección que los estudios de Hollywood mantuvieron por España durante más de dos décadas y cómo estas casas productoras norteamericanas, por medio de su legado fílmico, se han encargado de proveer la evidencia para la posteridad.

Una gran cantidad de fotos de los platós y de los sets de producción, o simplemente de las estrellas de cine, norteamericanas e internacionales, como transeúntes por las calles y plazas de Madrid, se han preservado y han quedado disponibles como muestras de esos momentos históricos. Algunos de los nombres siempre se recordarán dentro de ese contexto cinematográfico de aquellos años y su paso por España. Entre ellos los de las glamorosas actrices Betty Davis, Ava Gardner, Rita Hayworth, Audrey Hepburn, Elizabeth Taylor o Grace Kelly quedaron inscritos en los confines españoles a largo plazo. Otros actores, guionistas, productores y directores también hicieron todo lo que pudieron en la España franquista que les abría los brazos y les facilitaba todos los recursos que fuesen necesarios. Entre ellos Tyrone Power, Cary Grant, Yul Brynner, Orson Welles, Charlton Heston, Samuel Bronston o el propio marido de Montiel, Anthony Mann y sus socios ya mencionados, no desperdiciaron las oportunidades e incentivos que les brindaba España. Otras celebridades de Hollywood que también establecieron algún contacto o vínculos con Montiel a su paso por España en aquellas décadas fueron el magnífico director George Cukor, Maureen O'Hara y Sophia Loren. Todos ellos pasaron temporadas en España y fueron parte del acontecer cinemático que se producía en el extranjero.

Del mismo modo quedaron los títulos de las películas como récord dentro de los archivos de las productoras: *Salomon and Sheba* (1959), *El Cid* (1961) o *Doctor Zhivago* (1965), entre tantos otros. Otro ejemplo sobre las coproducciones entre estos países que ilustran lo establecido desde 1950 fue *Aquel hombre de Tánger*, donde Montiel tuvo una pequeña participación. Directa o indirectamente, por crédito propio o por su marido, Montiel también fue parte de ese mundo y de todo ese intercambio de acontecimientos históricos relacionados con el cine trasatlántico.

Reflexionando sobre Montiel y el cine español, cuando por necesidad comenzaba a narrar su vida y su carrera desde un principio y tenía que explicar cómo fueron sus primeros años de actriz en la década de los años 40, hacía la salvedad de que esa etapa de aprendiz no tuvo el mérito ni el peso que todos piensan. Ella misma no valorizaba su aportación, excepto la experiencia e influencia de ese período en su futuro éxito. «Yo no era nadie…», solía repetir refiriéndose a esos primeros seis años cinematográficos. Le restaba importancia e interés dentro de su currículo profesional a su primera faceta de actriz y a su participación en el cine de los años 40 de la España franquista durante la inmediata posguerra. Solo le bastaba recordar todos aquellos papeles secundarios que tuvo que aceptar para poder actuar e integrarse a un mundo todavía tan ajeno a ella y muy distante a sus íntimos deseos de triunfar. Se encontraba en desventaja y sin poder competir con las actrices de la época, mayores que ella en edad y en experiencia, como sus admiradas Imperio Argentina o Amparo Rivelles. Aun así, tanta humildad y esa insistencia de que «no era nadie…» no eran del todo ciertas. Es necesario reconocer que Montiel también comenzó su carrera en España y que formaba parte de una nueva generación de actores de primera línea, como Fernando Fernán Gómez, Fernando Rey, Jorge Mistral, Tony Leblanc o Aurora Bautista. Aunque tanto su participación como su presencia fuesen limitadas, iba creciendo con el paso del tiempo, a la vez que iba ganando conocimientos y formación. En cualquier caso, este fue su punto de partida, el que marca sus inicios y constituye una parte importante de su aprendizaje. Esos seis años son su primera escuela y la base de su futuro desarrollo artístico y cinematográfico, según se puede apreciar al estudiar su evolución en el transcurso de las 16 películas en las que participó. Si su protagonismo en esta primera etapa española se vio limitado, fue por su juventud y por la falta de formación académica y profesional, no por falta de talento y belleza. Tanto fue así que, aunque para 1956 ya no la reconocieran en la calle, ni recordaran su nombre artístico, ella sí sabía cómo era el mundo cinematográfico al que se enfrentaba.

Volver a actuar en su territorio de origen era como cerrar el círculo que había comenzado a trazar en 1944. Ya existía un vínculo. Su carrera como actriz comenzó y terminó en el cine español.

Pero aun cuando regresó a España, luego de su experiencia mexicana y de sus primeras dos películas en Hollywood, *Vera Cruz* (1954) y *Serenade* (1955), ella continuaba con ese sentir de que no era nadie en España. En realidad poco le recordaban o le reconocían por sus apariciones en aquellas primeras películas de la década de los años 40. No fue hasta 1957 y 1958 que comenzó la leyenda y el mito de Montiel en el cine español. Sus inicios de los años 40 fueron solo un camino que tuvo que recorrer para llegar a México, luego a Hollywood y poder regresar a casa con un currículo hecho. Así transcurrieron esos siete años de formación en el extranjero. La actriz regresó a España con amplios conocimientos cinematográficos y musicales. Además de la actuación, dominaba otras áreas técnicas de producción e interpretación artística. América representaba su crecimiento, su desarrollo cultural y su evolución como mujer. La Sara Montiel que salió de España en 1950 era muy diferente a la que regresó con 29 años de edad y que finalmente estrenó *El último cuplé* en el cine Rialto de Madrid, en 1957. A su retornó, llamándose Sarita Montiel luego de sus periplos por México y los Estados Unidos, contaba con la madurez, la educación y la estabilidad que había adquirido durante esos últimos siete años. Regresaba con las herramientas necesarias para lograr el éxito que soñaba desde que salió de Orihuela, sin olvidar su paso por Valencia, ni el comienzo de su carrera en Madrid de la inmediata posguerra, cuando apenas contaba con 16 años de edad.

Pero su compromiso con Sara Montiel y su autoficción iban más allá. La fuerza de la proyección de su personaje, su propio libreto y su guion de Saritísima todavía dicen «presente». Aunque su imagen, su belleza y su figura estelar alcanzaran un nivel de mito internacional, su realidad quedó vinculada a un contexto histórico específico que le brinda le veracidad necesaria a la creación de su propia leyenda. El hecho de que la etapa más fructífera de su carrera profesional coincidiera con su retorno al franquismo, luego de haber recorrido América, tiene su impacto y su relevancia a largo plazo. Esta cuarta etapa cinematográfica, que comprende desde 1957 hasta 1974, justo encaja dentro de los últimos 18 años del régimen. Algo que tiene sentido ante el éxito de su papel de «mujer fatal». Como ya se ha analizado, su personaje y su interpretación tuvieron éxito e interés, precisamente cuando España vivía esa etapa de prohibición, limitaciones o racionamiento sexual. La sutileza del erotismo y la liberación sexual que les proveía Montiel durante aquellos años tenía una función que tal vez aún no ha sido valorizada. Algo que pierde toda vigencia y relevancia durante el «destape». Como ya se ha reconocido, ese cambio sociopolítico-cultural tampoco le brindaba albergue ni tendría sentido para una María Luján, ni ningún otro de los personajes femeninos que llevaban el sello o la etiqueta de Sara Montiel.

Entonces, ya era hora de diversificar. Unida a Pepe Tous desde 1970 comenzaría su nueva empresa artística. Luego de su última participación en el cine español, en 1974, a los 46 años de edad, daría un paso adelante a su quinta etapa en el mundo del espectáculo, en España y fuera de España. La transición y el paso a la democracia también liberaron a Montiel de sus deberes y compromisos en el cine español para poder dedicarse de lleno a sus próximas facetas. Finalmente Sarita llegó mucho más allá en ese aspecto de reinventarse a sí misma y continuar produciendo como artista en el mundo del espectáculo, lo que se considerará como su quinta etapa en el próximo capítulo.

CAPÍTULO V

Del cine al mundo del espectáculo; 1975

Luego de examinar a fondo las cuatro etapas principales que componen la carrera cinematográfica de Sarita Montiel y conocer cuáles fueron sus metas y los retos que tuvo que solventar para llegar a ser una estrella, se puede apreciar mejor el alcance de su legado. Aun así, su vida laboral y artística en la industria del entretenimiento no terminó con su último film *Cinco almohadas para una noche* en 1974. Aunque ya se conoce la contribución histórica de su cine y su música a la cultura popular hispanoamericana, siempre resulta interesante saber más acerca de la intrahistoria de su obra y lo que aconteció una vez finalizara sus labores en el cine español. Además de la muerte de Franco, el 20 de noviembre de 1975 y la ejecución de todos los cambios sociopolíticos que fueron necesarios durante la transición, Montiel, en línea paralela, también planificaba sus nuevas estrategias y las reglas del juego a seguir. Tuvo la necesidad de reinventarse a sí misma y dar comienzo a una quinta etapa, aun siendo una estrella internacional.

En cada una de sus actuaciones por los diferentes escenarios que le esperaban por delante, mostraba su fuerza y su tenacidad como protagonista de su propia historia. Luego de tres décadas de cine (1944-1974) y la continuación de su faceta musical a través de sus espectáculos en los mejores teatros y escenarios internacionales, los mismos medios de comunicación que enmarcaron su vida estelar y glamurosa, le apoyaron y le brindaron alternativas para continuar produciendo. Al promover su nombre y su imagen de la manera en que lo hicieron durante sus tres décadas como actriz, a partir de 1975 contaría con otras oportunidades para desarrollar una quinta etapa. Aunque con la productividad y los éxitos profesionales siempre surgen conflictos y momentos difíciles.

A modo de un repaso panorámico, se podría establecer como punto de partida el reconocimiento de los primeros treinta años de su carrera profesional con sus múltiples subdivisiones. Existe una dicotomía cinematográfica y musical en su historia artística que se distribuye en diferentes apartados o aportaciones de Montiel a la cultura popular hispanoamericana. Ahora bien, no todo fue a pedir de boca. De hecho, en cada una de sus diferentes etapas también tuvo sus tropiezos y sus fracasos. Lo más interesante fue la manera en que resolvía las adversidades y se recuperaba de las decepciones que sufría dentro del competitivo mundo profesional al que pertenecía. Pero a pesar de su positivismo y de su extraordinaria actitud y personalidad, tanto su historia artística como su vida íntima también quedaron fragmentadas en diferentes episodios que en cualquier caso le fortalecieron y le enriquecieron en todos los sentidos. Así fue como logró construir un imperio de la nada, combinando sus diferentes facetas e intercalándolas con su arte, su gracia y todos sus talentos, que utilizaba al máximo durante la elaboración de su propia historia.

Pero para Montiel, a pesar de las piedras en el camino, no hubo obstáculos que no pudiese vencer. El haber comenzado una carrera sin preparación académica ni formación artística, ni recursos de ninguna clase, pudo ayudarle a definir y a fortalecer su carácter, su personalidad y su actitud ante la vida desde muy temprano. Así lo revela el estudio de sus primeras cuatro etapas, que en realidad fueron los cuatro pilares donde pudo edificar su quinta faceta artística. Al despedirse del cine, la actriz de 47 años de edad, siguiendo su instinto y su vocación se propuso evolucionar, procuraba diversificar en otra dirección. Mostrando su tenacidad se encaminaba hacia el mundo del espectáculo, utilizando como nuevas plataformas el teatro y la televisión. Un interesante proceso de transformación artística tomaba lugar delante de su público, de actriz se convertía en anfitriona y maestra de ceremonias de sus propios espectáculos. Gracias a su nombre y al acervo de sus películas y su música, logró evolucionar y mantenerse productiva hasta comienzos de los años 90.

Habiendo recorrido todos los territorios artísticos ya señalados, España, Latinoamérica, Estados Unidos y el resto de Europa, sin detenerse ni por un instante, a partir de 1975 se dedicó a promover su faceta más productiva, la musical. Gracias al personaje que ella misma había creado, conservó ese compromiso artístico consigo misma, con su profesión y por ende, con su público. En términos de tiempo, calculando los años desde sus inicios en el cine, en 1943, hasta su fallecimiento en 2013, se suman un total de siete décadas de experiencias y aventuras profesionales, aun considerando sus momentos óptimos y sus transiciones en busca de mejores alternativas. El transcurso de todas ellas enmarca el cúmulo de su legado.

Al realizar el estudio de su obra en el orden cronológico requerido, es necesario analizar la serie de eslabones de su desarrollo y su producción artística, desde su nacimiento en el cine español, hasta el final de sus días. Porque de todas estas vivencias nació una estrella con el nombre artístico de Sara Montiel (y sus variaciones de Sarita o Saritísima), con una tenacidad y unos deseos de superación extraordinarios. Sus talentos, en combinación con una autodisciplina innata y todas las fuerzas de su juventud, le ayudaron a superar en muchas ocasiones los límites humanos. No cabe duda que ya venía ungida por la música y el arte dramático, además de tener establecidas desde muy temprano sus metas en la vida. Por sí sola, además del continuo apoyo de su madre, creció en todos los aspectos necesarios asegurando su futuro y su independencia. Y así lo hizo, con las mismas fuerzas de cualquiera de sus heroínas, mexicanas, hollywoodenses o españolas, que le tocó interpretar. Era como si su propia vida se desdoblara y se proyectara en los personajes y las protagonistas de sus películas. Su historia quedaba plasmada dentro de los esquemas de esos papeles femeninos que se convertirían en un pronóstico real de lo que le acontecería con el paso de los años. En cada una de sus películas establecería un vínculo entre su realidad y la ficción. Con el tiempo, como actriz, trascendería el éxito de sus actuaciones melodramáticas hasta convertirse en una estrella internacional.

A todo esto, cuando finalizaba su producción cinematográfica, a mediados de la década de los años 70, miraba hacia atrás. Al autoevaluarse y reflexionar sobre su pasado profesional, estaba consciente de que durante su primera incursión y participación en el cine español, entre 1944 y 1950, todavía era muy joven e inexperta y no tenía suficiente fuerza para hacer un papel importante dentro de la industria en aquella época. Así pensaba Montiel cuando autoanalizaba su evolución como actriz desde sus comienzos como adolescente, en relación con el resto de su carrera. El próximo paso se define como un golpe de suerte. El concepto de emigrar a México para abrirse paso en el cine y en la música latinoamericana, según se lo propuso Miguel Mihura, no pudo ser más acertado.

Sarita sería ese elemento exótico y sensual, de origen español, en el cine hispanoamericano. Independientemente de su juventud y su belleza, le daría cierto giro, un encanto y cierta distinción particular al producto final de cada una de las película mexicanas en las que participó. En palabras de Montiel, según lo repetía con tanto orgullo: «Me salía de la pantalla». Tanto fue así que durante esos años, en especial con la proyección de *Cárcel de mujeres* (1951) y de *Piel canela* (1953), sin proponérselo, llamó la atención en Hollywood desde la distancia. A pesar de tratarse de cine de entretenimiento, con un éxito asegurado en aquel entonces por contar con estrellas como Pedro Infante o Agustín Lara, sin la gracia y el encanto de Sarita Montiel sería difícil imaginarse qué sentido tendrían aquellas historias o qué valor se les podría adjudicar a esas películas en las que participó, sin su protagonismo. Pero la misma Montiel, tal vez por su propia autoexigencia, dudaba acerca de sus logros, del valor de sus papeles e interpretaciones en estas producciones cinematográficas mexicanas. Al recordar sus años en México, también expresaba lo mucho que se esforzó y el poco reconocimiento que obtuvo, aparte de haber llamado la atención de los productores en Hollywood. El mismo concepto de cuando hacía referencia a sus primeras actuaciones correspondientes al comienzo de su carrera en el cine español de los años 40.

Al mirar atrás a aquellas primeras facetas artísticas, también aseguraba que sus condiciones laborales de actriz eran como las de una esclava. Considerando el éxito que alcanzaría a partir de 1957 y su futura posición de superestrella internacional, es comprensible que cualquier etapa anterior le pareciera esclavizante o de menor categoría. «Yo no era nadie...», solía decir refiriéndose a sus primeras etapas. De 1959 en adelante (luego de su exitosa trilogía: *El último cuplé*, *La violetera* y *Carmen la de Ronda*), una vez de vuelta y establecida en España como actriz y cantante internacional, Montiel impondría las reglas del juego en sus futuras producciones y ninguna experiencia pasada tendría comparación. De hecho, al repetir sus anécdotas, cada vez que entraba en un proceso de análisis y autoevaluación profesional, recalcaba y dejaba muy claro que su gran éxito había comenzado en 1957. Como consecuencia, desde entonces había decidido no comprometerse a realizar ninguna labor o tarea relacionada con su profesión (ni ensayos, ni filmaciones, ni ruedas de prensa, ni entrevistas, ni nada), antes de las doce del mediodía.

Así se comprende mejor su perspectiva respecto a sus labores como actriz y cantante en la industria del cine mexicano de la primera mitad de la década de los años 50. Considerando su participación en más de una docena de películas durante un período de cuatro años (1950-1954), resulta un promedio de tres películas por año. En cambio, fue en México donde logró una verdadera evolución. Además de la actuación, dio comienzo a su faceta como intérprete musical, dentro y fuera del cine. La música y su desarrollo como cantante eran prioridades innatas y parte de sus ambiciones más íntimas desde la niñez. Una inspiración que le transmitieron sus antecesoras Imperio Argentina y Conchita Piquer. Su admiración por ambos iconos culturales no tendría límites. Serían ejemplos a seguir, sin saber que con el tiempo su desarrollo y evolución artística tendrían mayor impacto y peso internacional a largo plazo.

Gracias a su desarrollo y su proyección artística en México, más de una compañía de cine hollywoodense se interesaría en contactarla y ofrecerle contratos como un nuevo talento por su imagen representativa de la belleza hispana. Lo que más adelante resultaría ser una navaja de doble filo. Por el momento reunía todos los atributos para alcanzar el éxito dentro del cine norteamericano. Sarita poseía una encantadora personalidad, el carisma, la juventud y la belleza física, en fin, requisitos necesarios para ingresar a la industria del cine. Sin embargo, debido a las diferencias socioculturales y políticas de la época, algunas todavía vigentes y de gran peso en Hollywood, Montiel tenía todas las de perder. Primero que nada, era hispana. Apenas había aprendido a dominar la lectura y la escritura en México. No sabía inglés. Por otro lado, el más arriesgado y peligroso de estos inconvenientes era su vínculo con aquel comunismo latente del ambiente intelectual y sociocultural de donde provenía. Pero Montiel continuaba con sus deseos de triunfar y sus ansias de superación. Sus metas de llegar a ser una superestrella eran firmes y estaban bien establecidas. No descansaría ni por un momento, ni echaría a un lado por nada del mundo ese sueño que llevaba dentro, desde muy chica, de ser una actriz y cantante internacional.

Sobre esta larga trayectoria cinematográfica y sus personajes melodramáticos, Montiel construyó una nueva plataforma y escenarios donde pudiese realizar sus espectáculos y actuaciones musicales, lo que vendría a considerarse su quinta etapa artística. Todo lo anterior a 1975, por importante que fuese, ahora solo le serviría como entrenamiento y referencia para desarrollar una base firme donde apoyarse para llevar a cabo su transición y continuar produciendo. Apartarse del cine de aquella época, «que no le iba para nada», en sus palabras de diva despechada, donde ya tampoco encajaba por sus propias autoexigencias y expectativas a los 47 años de edad, fue su solución y la causa principal de su transición.

La mayoría de los directores con quienes trabajó en España a partir del triunfo de *El último cuplé*, reconocerían y agradecerían su experiencia profesional, sus conocimientos técnicos y su cooperación escénica en términos de fotografía, iluminación y montaje, a la hora del rodaje y de la producción. Su interés y su sentido de responsabilidad por el éxito de sus películas iban más allá de su actuación y de su interpretación musical. Ella sería la primera en llegar y la última en marcharse durante los ensayos y la filmación de cada una de sus películas. Su compromiso se extendía al resto del equipo. Hasta intervenía por sus compañeros, ya fuesen actores o técnicos. Algo que llamaba la atención y sorprendía a los que colaboraran con ella por primera vez. Montiel corroboraba por su propia iniciativa que las condiciones de trabajo fuesen adecuadas para todo el equipo de producción. Incluso a la hora de comer, ella misma se aseguraba de que cada día lo pasaran lo mejor posible.

La próxima década de los años 70 representa los vestigios y las consecuencias de todo lo que se podían extender aquellas dos décadas anteriores, en combinación con toda la maquinaria e industria artística de Montiel. La secuencia de sus películas desde 1957 hasta 1974, un total de quince producciones con el sello Montiel, forman parte del extraordinario legado de su filmografía. Sobre estos cimientos fue cuando más logró desarrollarse y alcanzar una verdadera evolución como cantante. A la misma vez, aseguraba su proyección artística universal de frente al futuro como nadie más lo había podido hacer. La magia de su cine y el contexto musical le habían ayudado a prolongar su producción y extender su carrera un par de décadas más. Al no poder continuar proyectando la sensualidad y el erotismo de una chica de 29 años, después de haber cumplido los 40, como actriz, perdía la efervescencia artística y su función sociocultural de *sex symbol* que proyectaba desde un principio. Aun así, su belleza enigmática, el dominio y la seguridad en sí misma que logró proyectar en *Carmen La de Ronda*, *Mi último tango*, *Pecado de amor*, *La reina de Chantecler*, *La bella Lola*, *Esa Mujer*, incluso en *Varietés*, le aseguraron una posición especial dentro del cine español y de la cultura popular hispanoamericana e internacional.

Pero todos estos factores marcaron en definitiva un cambio radical de dirección hacia lo que sería la quinta etapa profesional y productiva de Sara Montiel. El reinventarse y el plan de continuar con su carrera en el mundo del espectáculo siguiera vigente todo lo mejor que estuviese a su alcance, contando con el empresario y su futuro marido Pepe Tous. Ya desde 1970 iba programando y coordinando espectáculos a la par con sus últimas películas. Entre estos todavía se recuerdan los títulos de sus actuaciones musicales: *Sara Montiel en persona* (1970-73), su exitoso espectáculo que se estrenó en el teatro de La Zarzuela, con el que recorrió los mejores escenarios en España, desde Madrid hasta Palma de Mallorca, gracias al que conoció por primera vez a José Tous, quien la contrató para llevarla a su propio teatro, *Saritísima* (1974-76) y más adelante, después de su último film, *Increíble Sara* (1977-78), *Súper Sara* (1979-80) en el teatro La Latina, *Doña Sara de La Mancha* (1981-82), con un guion escrito por Antonio Gala, *Taxi al Victoria* (1983), *Nostalgia* (1984-85), *Sara més que mai* (1986) y *Saritízate*, con estreno el 24 de octubre de 1990 en el teatro Apolo de Madrid, dirigido por su amigo Pedro Ruiz.

Al igual que lo hacía en todas estas aportaciones teatrales, también lo hizo en la televisión. Como parte de esta quinta etapa, la actriz daba comienzo a una serie de programas de televisión. Entre ellos, en 1984 iniciaba *Superstar* con artistas internacionales como Olga Guillot y José Feliciano. El segundo, con el título de *Sara y punto*, fue emitido entre septiembre y noviembre de 1990. En un total de siete episodios presentaría un espectáculo musical grabado en diferentes destinos inimaginables para su audiencia nacional. Su próxima serie televisiva, más extensa y exitosa que los primeros programas, fue *Ven al Paralelo*, la misma dio comienzo y se extendió durante el 1992, con un total de 51 episodios, justo el mismo año en que enviudó de Tous. La revista de variedades comprendía un espectáculo musical por donde desfilaron una gran diversidad de figuras artísticas, desde Luciano Pavarotti hasta Celia Cruz. El concepto de este programa fue, de hecho, el más ambicioso y lucrativo. La actriz y cantante tomó la oportunidad de repasar casi toda su obra musical, incluyendo la mayoría del repertorio que ya había estrenado en sus películas.

Estos espectáculos que Montiel creaba en principio para audiencias nacionales en teatros españoles y en RTVE, también los exportaba al resto de América, incluyendo Argentina, Brasil, México, Puerto Rico y ciudades de grandes comunidades hispanas en los Estados Unidos. Estas presentaciones musicales con las que Montiel recorrió los escenarios de los mejores clubes nocturnos y teatros alrededor del mundo, llegaron a ser una parte crucial de esta quinta etapa. El éxito de sus conciertos en los escenarios del Million Dollar de Los Ángeles, del Teatro Nacional de Sao Paulo o del Teatro Guira de Curitiba fue extraordinario. Todas sus funciones en estos teatros fueron vendidas a capacidad, teniendo que prolongar el número de días programados y hacer los ajustes necesarios en sus contratos. A estas ciudades continuaría viajando durante esta quinta etapa de su carrera. Aunque nunca llegó a recibir una estrella en el Paseo de la Fama, sí tuvo motivos para volver a Hollywood. Además de sus exitosas actuaciones musicales en el Million Dollar, Montiel fue galardonada con el Águila de Oro el 28 de junio de 1986. Burt Lancaster, su compañero de reparto en su primer film norteamericano, *Vera Cruz* (1954), le hizo entrega de este reconocimiento, dedicado a actores de raíces hispanoamericanas.

En cuanto a sus amores, o de cómo sus amores vinieron a formar parte de su legado, en palabras de la actriz: «Se ama de diferentes maneras. Existen diferentes realidades, diferentes amores...». Así pensaba Montiel al mirar hacia el pasado y recordar a sus maridos, a sus amantes o a la mayoría de los personajes a quienes amó o con quienes mantuvo algún tipo de relación sentimental o de intimidad amorosa en algún momento o período de su vida. Durante la narración cronológica del transcurso de sus etapas artísticas se ha hecho referencia o se ha incluido a los hombres que tuvieron un verdadero impacto en su vida y en su carrera profesional. Aquí también se explican el inicio y las consecuencias de su relación con José (Pepe) Tous Barberán. José Tous (1931-1992), al igual que Montiel, también amaba la música y la pintura. Era pianista y había crecido en el mundo del teatro. Desde muy joven, gracias a sus padres, conocía la industria del teatro y los medios de comunicación. Llevaba con éxito ambos negocios, como administrador de sus propios teatros y periodista. Cuando se conocieron, en 1970, Tous era el dueño del Teatro Balear y del periódico *Última hora en Mallorca*. Gracias al ofrecimiento de un contrato para realizar un espectáculo musical en su teatro de Mallorca, surgió la ocasión de colaborar y tratarse en persona por primera vez. El resto fue historia. Tous fue a recibirle en el aeropuerto con un ramo de flores, la conexión y la química entre ambos fue algo mutuo y espontáneo, lo que se podría clasificar como amor a primera vista. Montiel siempre señalaba que su primera reacción fue mirarle las manos para verificar si tenía alguna alianza matrimonial, alegrándose muchísimo al verificar que no llevaba ningún anillo. El relato de Tous en sus futuras entrevistas sobre este primer encuentro fue siempre el mismo. «Pensaba que sus peticiones y exigencias serían extraordinarias, esperaba cualquier cosa, en cambio no me pidió nada particular para su camerino durante sus presentaciones en mi teatro (ni lámparas, ni moquetas…), aparte de las flores con que le recibí y compartir una copa de cualquier vino, no me pidió nada más». Todo fue a pedir de boca desde un principio. Así comenzaron a colaborar y a convivir, continuando en «pecado mortal» hasta 1979, que fue cuando finalmente Montiel obtuvo la anulación de su matrimonio anterior con José Vicente Ramírez Olalla y surge la oportunidad de adoptar a su hija Thais. Finalmente formalizaron su larga relación mediante una ceremonia en el Palacio de Justicia de Palma de Mallorca, seguida de un festejo con todos sus amigos y los medios de comunicación en el Hotel Valparaíso, el 31 de julio de 1979.

Ante la pregunta ¿quién ha sido el hombre que más amó a Sarita Montiel?, habría que comenzar por aceptar que es una interrogativa muy difícil de analizar y contestar. Primero por su ambigüedad, ya que la lista podría resultar extensa. Y segundo, por la delicadeza de juzgar y calificar lo que cada cual sintió dentro de sí por Antonia Abad y/o por su *alter ego* artístico Sara Montiel durante un período de tiempo determinado. Desde el punto de vista de la investigación y el estudio histórico y cultural, sería posible contestar abordando los hechos. Si solo se pudiese elegir un nombre a la vez, se podría decir, sin temor a la equivocación, que el hombre que más amó a Montiel fue su primer marido oficial, el director de cine Anthony Mann. Por otro lado, si se pudiese pensar y contestar en plural, además de Mann, habría que incluir a su tercer marido y *manager*, el empresario Pepe Tous. Considerando que ambas relaciones matrimoniales fueron realizadas en dos etapas de la vida muy diferentes, como diferentes fueron los contextos y las circunstancias que las propiciaron. Pero por larga y comprometedora que parezca la lista de amores, la realidad delata e identifica a estos dos maridos como los que se casaron con ella sin ninguna duda, sin reservas y con todo su amor. Ambos fueron capaces de dar ese paso necesario para celebrar una boda y convertirse delante de todo el mundo en la pareja oficial y marido de Montiel. Los dos se comprometieron de por vida con Sara y con Antonia, estando dispuestos a formar una familia y brindarle todos los cuidados, los mimos, el apoyo y toda la protección necesaria. El amor y el cariño ya son requisitos y sentimientos garantizados en cualquier unión genuina y verdadera. Tanto Mann como Tous también supieron custodiar los intereses artísticos y personales de Antonia y de Sara Montiel, aunque ambas relaciones fuesen durante dos etapas vitales y profesionales muy diferentes. Pero fue precisamente Pepe Tous la persona con quien disfrutó, compartió y administró su legado a partir de sus 40 años de edad. En cambio, Tous pertenecía a otro momento, a otra etapa de la vida, más bien, a la quinta y casi última etapa profesional de la estrella. La madurez y la serenidad del paso de los años prepararon a Montiel, en compañía de su nueva pareja, a comenzar una nueva empresa que consistiría en reinventarse a sí misma. Hasta cierto sentido su relación con Tous se trataba de dos empresarios que unían sus fuerzas en un nuevo proyecto artístico. Con todo su amor, su cariño y buenas intenciones, crearían una estrategia para su transición al mundo del espectáculo. Buscarían otra forma aparte del cine que ya estaba a punto de abandonarlo para siempre. Como ya se ha señalado, en línea paralela al estatus político de España en 1975, tras la muerte de Franco, era el momento de seguir adelante con esa transición paulatina que ya la actriz había comenzado en 1970. No podía existir más sintonía y sincronización entre la Transición sociopolítica española de la dictadura a la democracia y el desenlace artístico de Montiel al lado de su nuevo marido y aquel cambio de escenarios después del cine, al teatro y a la televisión.

Una vez alejada de la pantalla grande, también terminaría la infructífera relación sentimental y amorosa de varios años con uno de los galanes-actores que le acompañaba durante la década de los años 60, Giancarlo Viola. Ya entrando en la década de los 70, al unirse a Tous encontraría el camino correcto y la estabilidad que tanto deseaba. Llegó el momento de comenzar una nueva vida, un nuevo hogar y una familia a medida que se iba acercando a los 50 años de edad.

Permanecieron unidos como pareja y como empresarios desde principios de 1970 hasta el 25 de agosto de 1992, fecha del fallecimiento del empresario mallorquín. Durante esos años Montiel vivió una relación diferente a las demás. Aunque Tous era un par de años más joven que ella, murió con solo 61 años de edad. La actriz y cantante encontró en su tercer marido oficial al compañero que tanto deseaba, el verdadero apoyo que necesitaba en esa etapa de su vida. La persona ideal que finalmente pudo proveerle un hogar y a la misma vez manejar su carrera. Tous fue una recompensa durante su madurez, la pareja con quien logró la estabilidad matrimonial y familiar que hubiese deseado encontrar desde un principio. Tous y Montiel lograron establecer una de esas relaciones especiales y únicas donde la consideración mutua, el amor y el respeto por las metas del cónyuge van por encima de todo. De seguro que la suma de los momentos felices sería mucho más elevada que la de los momentos difíciles durante los 22 años de su relación. Al reconocer la labor edificante y extraordinaria que desempeñó Tous al lado de Montiel, como marido y empresario, también se puede comprender el hecho de que su mujer llegara a considerarlo el gran amor de su vida durante su etapa de mujer madura.

Tanto el amor como la relación empresarial llegaron a su fin por la enfermedad y el fallecimiento de Pepe Tous. Tal como lo pronosticaron los médicos, Tous murió de cáncer en el plazo de tiempo que habían determinado, dejando a Montiel en el más profundo dolor y desconcierto. La actriz quedó viuda a los 63 años de edad, emocionalmente desamparada y a cargo de sus dos niños adolescentes. Durante los últimos veintidós años no había tenido que asumir todas las responsabilidades del hogar y de sus compromisos artísticos por sí sola. Para completar su desasosiego a largo plazo, el administrador que su marido le había dejado a cargo de sus finanzas, Francisco Fernández, en el transcurso de los próximos veinte años, también se encargó de desfalcar la cuenta corriente de varios millones de euros que la artista conservaba en el banco para los gastos y los compromisos cotidianos del hogar. Aunque Fernández controlaba la contabilidad de la sucesión empresarial, afortunadamente, aparte de la cuenta bancaria, no pudo tocar sus propiedades inmuebles ni el resto de sus otros activos. Este sería uno de los tres factores que acosaron y atormentaron a la veterana actriz y cantante hasta la muerte.

Sin embargo, luego de enviudar de Tous, Montiel, muy segura de sus sentimientos y convicciones, declaraba por todos los medios de comunicación la misma versión. Establecía que su relación con Tous había sido, sin duda alguna, la más importante de su vida. También recalcaba que fue el mejor marido, amante, compañero y amigo que haya podido tener. Además de ser el mejor padre para sus hijos, Thais y Zeus. Pepe Tous quedó en un sitial especial y como el máximo representante de esa compenetración amorosa en el contexto de su madurez. En sus entrevistas, la actriz describía una relación que fue mucho más allá del amor y la pasión. Unidos durante más de veinte años alcanzaron todos esos aspectos que se cultivan día a día dentro de un matrimonio, como la amistad, la comprensión y el apoyo mutuo. Estos fueron los matices constantes en la vida de Sara Montiel y Pepe Tous.

Por ejemplo, el lunes, 11 de mayo de 1987, Tous y Montiel, hospedados en el Hotel Sarriá de Barcelona, fueron evacuados de la propiedad por la terraza de su habitación del piso 15 por medio de un brazo hidráulico hasta la calle, tras un incendio en dicho hotel de cinco estrellas. El incendio tuvo sus consecuencias, causando la muerte de un bombero de 33 años de edad, Manuel Ortega Yeste, y heridas leves a otras diez personas que fueron atendidas en el hospital Clínico de Barcelona. A pesar de los cien bomberos que acudieron a la extinción del siniestro, las medidas de seguridad del inmueble, de unas 315 habitaciones, no eran las mejores. Debido a su antigüedad, surgieron enormes dificultades para realizar las labores de rescate de los huéspedes y empleados, que no pudieron abandonar el hotel por las escaleras interiores de emergencia. Entre ellos, gracias a la eficiencia del Cuerpo de Bomberos de Barcelona, la actriz y su marido salieron ilesos de aquel incendio que se había iniciado en el sótano del edificio a eso de las diez de la mañana. El incidente no dejó de convertirse en todo un acontecimiento ni de salpicar en términos publicitarios la imagen y el nombre de Montiel durante su época con Tous con amplia cubertura por los medios noticiosos. La pareja continuaba siendo parte de la clase artística, del mundo del espectáculo y de la cultura popular, pero sobre todo, seguían siendo noticia. Jaime Loscos, el bombero que estuvo a cargo de rescatar a Sara Montiel, no podía creer que había desalojado a la artista desde lo alto de aquel hotel en llamas hasta la ambulancia que le esperaba en la calle, a pesar de haber reconocido su inconfundible voz en el proceso de transportarla entre sus brazos. Un verdadero melodrama de no ficción y a todo color por parte de Montiel, doce años después de haber abandonado el cine.

También a esta década de los años 80, al lado de Tous, pertenece el siguiente relato como producto de nuestras múltiples entrevistas y conversaciones durante su último viaje a los Estados Unidos en la primavera de 2012. He aquí la narración de lo que aconteció al regresar de un viaje a Sudamérica, una vez en los Estados Unidos en compañía de su *manager* y marido por aquellos años. Su primera escala sería en la ciudad de Nueva York, donde pasarían unos días antes de volver a Madrid. El incidente, un tanto hiperbólico, es digno de contarse y llevarse a la pantalla como uno de esos episodios montielanos o legendarios a todo color. Al aterrizar y salir del avión de un vuelo directo desde Colombia, luego de pasar por emigración, se dirigieron con el resto de los pasajeros a recoger el equipaje, y por puro accidente tomaron una maleta equivocada. Se trataba de una maleta llena de cocaína que accidentalmente llevaron con ellos desde el aeropuerto hasta el Hotel Plaza en Nueva York. Era una maleta idéntica a una que habían comprado a última hora en Colombia para meter sus compras de algunas telas, encajes, pedrerías y plumas que había seleccionado en un almacén especializado en este tipo de materiales que tanto le gustaban a la artista para la confección de futuros vestuarios. No fue hasta una vez instalados en la habitación del hotel, cuando unos compañeros de viaje que habían identificado a la actriz en el mismo avión, se habían dado cuenta del error que habían cometido en el momento que recogían sus respectivos equipajes y sin perderles la pista fueron detrás de ellos por su maleta de traficantes. Confusión total que fue solucionada de la manera más discreta posible desde la misma recepción del hotel. Mientras Sara se retocaba el maquillaje y el pelo luego del largo viaje, para salir a la calle a cenar en compañía de su marido, reciben una llamada de un empleado del hotel. Le explican por teléfono que había unos señores en la recepción que deseaban entregarles su maleta y a su vez recuperar la suya, que, por ser iguales, se habían confundido en el aeropuerto, llevándose consigo la maleta equivocada. Ante lo inverosímil de lo que le relataban por teléfono desde la recepción, Tous, corriendo, abrió la nueva maleta recién adquirida en Colombia, supuestamente repleta de los materiales para los futuros vestidos de Sara. Fue entonces cuando pudo verificar que efectivamente no era la de ellos. La maleta que tenían en su habitación era, de hecho, una maleta llena de cocaína perteneciente a los traficantes y compañeros de vuelo que desde la recepción trataban desesperadamente de enmendar el error cometido. Su marido, casi sin aliento, pálido y con un ataque de pánico reflejado en su rostro, le explicaba a Antonia lo que acontecía. Mientras los maleteros le subían la maleta correcta, ellos cerraban el embalaje de cocaína que habían traído desde el aeropuerto hasta su habitación del Hotel Plaza. Gracias al *concierge* del histórico y prestigioso hotel de primera categoría, realizaron el intercambio de maletas con la mayor eficiencia posible, solucionando la historia sin mayores consecuencias o repercusiones legales, ni la intervención de las autoridades.

Otra dimensión de su alcance como estrella internacional que continuaba en vigor a largo plazo, aun durante esta quinta etapa, después de haber terminado para siempre con el cine, fue su servicio como «embajadora cultural». Aprovechando su fama, desde finales de los años 50, el gobierno español había coordinado para Montiel una serie de viajes a países comunistas como moneda de cambio por recursos naturales. Todo esto tuvo lugar mucho antes de que España llegara a formar parte oficial de la Unión Europea a partir del 1 de enero de 1986. La actriz sirvió a su país de enlace cultural por largos años. Aun cuando España no tenía ningún contacto ni trato diplomático con el resto de Europa, ni con los Estados Unidos, ni con Latinoamérica. Y todo gracias a la producción y al éxito de sus películas, de su música, pero también, en especial, gracias a la imagen internacional que proyectaba como artista y superestrella a partir de 1958. Casi 30 años antes de la entrada oficial de España a la Comunidad Europea, cuando todavía nadie quería tener tratos con Franco ni nada que ver con su sistema dictatorial, Montiel daba la cara en nombre de España. El resto del mundo aún vivía de espaldas al régimen franquista, mientras que Sara, a cada paso que daba, sabía cómo poner el nombre de España y su cultura muy en alto. Y así lo hizo, hasta para el mismo régimen franquista, cuando por órdenes superiores llegó a cruzar fronteras, intercambiando sus actuaciones musicales por recursos de primera necesidad, como petróleo y madera, con países comunistas. Como toda la fascinación por Montiel nació a raíz de sus exitosas películas, en estos países continuarían venerando la imagen de María Luján y de «La violetera» por décadas. Aun después de haberse retirado del cine, la actriz y cantante siempre recibiría invitaciones y presentaría algún que otro espectáculo musical ya fuese en el teatro o por televisión para estos países donde la idolatraban. Su trayectoria cinematográfica había sido apoyada y promovida por el franquismo en esos territorios inaccesibles por entonces para beneficio nacional. A partir de 1975, todos aquellos esfuerzos y estrategias gubernamentales de utilizar a «La violetera» como embajadora cultural para la negociación de bienes de primera necesidad resultarían beneficiosos para Montiel y para su imagen internacional a largo plazo. En su faceta como cantante sabría sacarle rendimiento aun durante esta quinta etapa artística.

Tal vez debido a todo lo anterior, hablando del contexto internacional, resulta interesante desde el punto de vista artístico y cinematográfico el hecho de que Montiel nunca se sometiera ni aceptara ningún tipo de propuesta ni ofertas para trabajar como actriz bajo la dirección de Luis Buñuel o Pedro Almodóvar. Ni durante sus años de continuo éxito y esplendor, ni después. Su ideal de cine eran los musicales y los melodramas. Siempre y cuando hubiese un componente musical como parte del producto final, hasta que en esta quinta etapa todo sería lo musical. Además, ya había alcanzado al ámbito internacional por sí misma. No necesitaría asociarse o adaptarse a otros patrones cinemáticos para brillar bajo el amparo de otros cineastas. A partir de los años 80, en alguna que otra entrevista Montiel mencionó en más de una ocasión el nombre de Almodóvar, al igual que la posibilidad de trabajar con él. Sin embargo esto nunca se materializó, con excepción de la genial aparición indirecta, más bien referencial, gracias a la técnica cervantina de un libro dentro de otro libro, en este caso de un film dentro de otro film, utilizada por el famoso director manchego en su obra ya mencionada *La mala educación*. En el homenaje a Montiel de la Academia de las Artes y las Ciencias Cinematográficas de España (AACCE), en mayo de 1997, durante su intervención Almodóvar la calificaba como una maravillosa actriz. En sus propias palabras: «Para mí no es un secreto, para mí eres mucho más que una mujer a la que adoro, para mí eres mi obsesión».

Por otro lado, Sarita no siempre obtuvo el éxito deseado ni logró todo lo que esperaba en la vida. Cuando tuvo que aceptar la realidad, que su imagen de mujer fatal y de símbolo sexual dentro de su carrera como actriz ya había declinado, consciente de sus amplios conocimientos técnicos y de su experiencia de 30 años trabajando en la industria de sol a sol, también hubiese querido diversificar y haber colaborado en otros aspectos de dirección o producción dentro de la industria. Un mundo casi imposible de acceder hasta el presente, donde de acuerdo con las estadísticas actuales solo un 8 % de las mujeres alcanzan hacer la labor y desempeñarse como directoras de cine. Después de haber cumplido los 45 años de edad y habiendo recorrido los tres territorios cinematográficos (México – Hollywood – España), muy dentro de sí hubiese deseado pasar la página como actriz y explorar sus posibilidades como directora de cine. Un territorio todavía vedado para las mujeres. El caso histórico de Alice Guy Blaché es un ejemplo real. En 1905 filmó en España *La malagueña y el torero* y más adelante tuvo la oportunidad de ejercer y dirigir hasta 1000 películas en los Estados Unidos, pero al regresar a Francia pasó al olvido a partir de la década de los años 20. En la historia del mundo cinematográfico, dirigir cine, en España y en todas partes, ha sido una labor que hasta hoy en día pertenece mayormente a los hombres. Más aún, Montiel aseguraba durante nuestra primera entrevista en Tabarca en el verano de 2011, que aunque hubiese intentado realizar su trabajo de dirección, el crédito se lo hubiesen dado a otro, por no tener los estudios ni la formación ni la certificación como directora de cine. De la misma manera que le había ocurrido a Guy-Blachè al final de su carrera cuando regresó a su país, unos 50 años antes de Montiel haber considerado el tema. Aunque la directora francesa logró aclarar para la posteridad gran parte de los créditos de su obra cinematográfica. Sus memorias publicadas en francés en 1976 fueron traducidas y publicadas en inglés diez años más tarde con el título de *The Great Adventure: Alice Guy Blachè, Cinema Pioneer.*

La madurez y la serenidad del paso de los años prepararon a Montiel, en compañía de Pepe Tous, a comenzar una nueva empresa que consistiría en reinventarse a sí misma.

Gracias a su estrecha relación profesional con Televisión Española (RTVE), siempre tendría acceso a su público televidente. La protagonista de esta historia logró perpetuar su imagen y su carrera durante esta quinta etapa, como lo dejó demostrado en tantos apartados. Su sorprendente interpretación de *Touch Me* en 1976 por RTVE demostró que la proyección de su imagen como mito erótico español trascendía o rebasaba la pantalla, el cine y el franquismo. Sus participaciones en *300 millones*, el programa de televisión con emisiones desde el 26 de junio de 1977 hasta el 22 de marzo de 1983, presentado por RTVE alrededor del mundo, le brindaron la oportunidad de promover su nuevo álbum musical *Anoche*. En su nueva producción discográfica promovía su interpretación y la recuperación de una colección de boleros latinoamericanos, clásicos y famosos. Por sus respectivas intervenciones en esa serie de televisión la cantante recibió un abono de 250.000 pesetas, un equivalente a unos 1500 euros de hoy en día.

Con tanta estabilidad y éxitos profesionales, la pareja Tous-Montiel, mientras más se acercaba a los 50 años de edad, más resurgían sus mutuos deseos de ser padres. Luego de tantos intentos fallidos, viajando por Sudamérica en uno de sus *tours* artísticos, ambos decidieron comenzar el proceso de investigación para la adopción de su primer hijo. En 1979, gracias a la ayuda y toda la cooperación incondicional y desinteresada de Saturnino Hernando, cónsul de España en la ciudad sureña de Curitiba, en Brasil, finalmente encontraron la oportunidad de ser padres por primera vez mediante la adopción de una niña recién nacida a quien bautizaron con el nombre de Thais Tous Abad. Unos años más tarde, en 1983, entusiasmados por su primera experiencia paternal, volvieron a lanzarse a la misión de adoptar a un segundo bebé. Ya para entonces ambos le daban más prioridad a la familia que a ninguna otra cosa. Su segundo hijo fue adoptado en España, aunque en un primer momento declararon a los medios de comunicación que el niño era procedente de Santo Domingo en la República Dominicana. La intención era mantener distancia y despistar a los curiosos ante posibles intentos de persecución o futuros acosos. Todavía se sentían demasiado expuestos como celebridades ante la disposición pública. El nombre que le dieron los padres adoptivos al nuevo bebé fue José Zeus Tous Abad. Montiel, en compañía de su marido, barajaría su maternidad con su vida artística y sus nuevos contratos y compromisos sociales lo mejor que podía. Incluyendo felizmente a sus dos niños en todo lo que tenía que ver con su profesión, continuarían adelante con el transcurso de esta quinta etapa de su carrera. Los llevaban con ellos a todas partes y viajarían todos unidos como familia siempre y cuando fuese posible. Inclusive presentándolos en público, en programas de televisión, en entrevistas o reportajes de prensa y revistas, desde niños hasta adultos. Sus hijos estaban destinados a crecer dentro de ese núcleo familiar. Y así lo hicieron, en ese ambiente artístico que reinaba en aquel hogar compuesto por el matrimonio Tous-Montiel/Abad. Crecieron con toda naturalidad y todas las ventajas y desventajas que conlleva ser hijos de personas famosas y figuras públicas.

Así fue como, desde mediados de la década de los años 80, hasta poco antes del fallecimiento del empresario en 1992, el matrimonio Tous-Montiel tuvo que asumir la responsabilidad de una tarea adicional. Entre todas las labores artísticas y públicas que desempeñaban a diario, esta sería la menos deseada y sin duda alguna la más inesperada. Defender el nombre y el honor de su hijo. Tras la búsqueda y los deseos paternos de proveerle un hermanito a su hija Thais, al adoptar a Zeus en 1983, no sabían las consecuencias a las que tendrían que atenerse al poco tiempo. La prensa amarilla se encargaría de juzgar la procedencia y asociar, más bien vincular, esta adopción con el caso de tráfico, compra-venta y explotación de menores que acontecía en aquellos tiempos en Alicante y en toda la Comunidad Valenciana. Aunque no contaban con la necesidad de contratar abogados, ni explicar, ni justificar ante los tribunales los términos de la adopción de su segundo hijo José Zeus Tous Abad, tuvieron que hacerlo. La protección del menor y la privacidad de la intimidad familiar se convirtieron en un deber. Sin pretender sacarle ningún partido a la situación, tuvieron que defenderse y hasta demandar a los medios de comunicación involucrados por la invasión de su privacidad y haber tenido que descubrir públicamente los orígenes del niño, además de tener que dar a conocer los detalles del proceso de adopción. Toda esta historia familiar tuvo lugar en el transcurso de los últimos siete años de vida de José Tous. Aunque ambos siguieron adelante con sus tareas artísticas, con sus viajes y los compromisos que tenían dentro de su agenda como personajes públicos, también continuarían muy atentos a todo lo relacionado con su hijo menor. Finalmente, el Tribunal Supremo de la Nación reconoció a favor de los padres el derecho a la protección de la intimidad y se hizo justicia por la inocencia de Zeus como menor de edad. Todo lo ocurrido les brindó, primero, la oportunidad de expresar y ratificar una vez más su disponibilidad y cooperación desinteresada que siempre mantuvieron con todos los medios de comunicación, y, segundo, la producción de una extensa cobertura y propaganda artística en prensa y televisión, motivadas por el mismo incidente y sin ni siquiera haberlas solicitado.

Entre 1979 y 1987, primero se establecerían, como hogar permanente de la familia, en un chalet en lo alto de Na Burguesa (Génova), vecindario próximo a La Bonanova y al centro de Palma de Mallorca. El mismo era una inmensa propiedad de unos 500 metros cuadrados, enclavada en 5000 de terreno de esa montaña con unas vistas espectaculares a la bahía palmesana, en pleno Mediterráneo, desde cada ángulo del domicilio. La casa, en conjunto con su majestuosa piscina y sus bellos jardines, era considerada como «su palacio y paraíso mallorquín». El poderla vender les costó unos dos años de su tiempo, entre 1985-1987.

Finalmente se trasladaron a lo que vendría a ser su último domicilio isleño en pleno Paseo Marítimo. En esta ocasión se instalaron en un ático (la planta entera, de 700 metros cuadrados) de lo que había sido el antiguo Hotel Mediterráneo, que había comenzado operaciones en 1923 y que más adelante se convirtió en pisos de lujo (6 espaciosas viviendas) a partir de su cierre en 1975. Ya en la década de los años 80, fue todo un acontecimiento cuando el matrimonio Tous-Montiel unió y reformó tres viviendas en una sola. De tal manera que al abrirse las puertas del elevador, al llegar al ático, la única vivienda a ese nivel del edificio sería el hogar de Sara Montiel. No habría otra excusa para llegar a esa planta a menos que no fuese para visitar a la familia Tous-Montiel. Por las noches, durante los fines de semana, los chicos gays que asistían con frecuencia al histórico y famoso club nocturno y discoteca Tito's, adyacente, justo al lado derecho del predio, sabiendo que en el ático habitaba Sara Montiel, desde la entrada del club y como un ritual, clamaban su nombre a coro con la esperanza e ilusión de que en algún momento Saritísima se asomaría a saludarlos desde su terraza, como Julieta desde su balcón veronés. De igual modo y en todo caso, ya no sería nada particular encontrarse de frente y saludarla en persona durante sus paseos cotidianos por ese precioso Passeig Marítim caminando con sus perritos por las tardes, o comiendo a gusto en familia o con amigos en el famoso Restaurante Pesquero, establecido en ese paseo desde 1956.

De acuerdo a la agenda de sus padres, sus niños alternarían sus vacaciones y días festivos en el piso que había conservado la actriz en la Plaza de España, en Madrid, con alguna que otra temporada en Barcelona. Sus desplazamientos dependían de los contratos de televisión y espectáculos en el teatro. Sus hijos crecerían acostumbrados a alternar en sus varios domicilios con una gran diversidad de visitantes, en especial en su residencia permanente de Mallorca, incluyendo pintores, músicos, escritores y toda clase de artistas, hasta el emérito, su majestad don Juan Carlos I, Rey de España, uno de los primeros en entrar por la puerta de su ático para ofrecerle en persona su sentido pésame el día que murió su marido, un 25 de agosto de 1992.

Como madre pudiente y orgullosa de sus hijos, les garantizaría lo mejor en todos los sentidos, la mejor educación, su apoyo, su comprensión y todas las atenciones y comodidades posibles durante su niñez, adolescencia y también como adultos. Tanto es así que aun después del fallecimiento de Montiel, en abril de 2013, permanecerían viviendo en el mismo hogar por los próximos tres años, en el ático de Núñez de Balboa en el Barrio de Salamanca de Madrid, que su madre les proveyó desde el fallecimiento de Tous en 1992. Allí vivían con su madre como cualquier otra familia convencional. Aun después de la venta del ático, ambos hermanos permanecerían en el mismo vecindario y colaborando mutuamente como socios en sus nuevas empresas.

Aun alejada del cine por casi veinte años, hacía reciclaje de su propio legado cinematográfico y le sacaba todo el provecho posible a su obra musical. Eso sí, sin resistir la tentación de interpretar algunos temas o números musicales que no había tenido la oportunidad de hacer durante su extensa y prolífera carrera. Además, también quería sorprender a su público con nuevas melodías, canciones y arreglos musicales muy a tono con los años 80 y principios de los 90 que en realidad fueron un verdadero reto. Sus interpretaciones serían variables, algunas veces favorables y otras no, poniendo en riesgo su trayectoria y su estilo musical. Habría que reconocer que este último intento de querer imponer nuevos temas, géneros y estilos en el mercado de la música popular española de la década de los 90 fue un intento fallido. Sus esfuerzos en reintroducirse a un mercado musical que ya le pertenecía a Rocío Jurado o a Isabel Pantoja, sería sumamente difícil y competitivo.

Con Rocío Jurado mantuvo una relación amistosa que vale la pena destacar. A pesar de la diferencia generacional, Montiel le llevaba dieciséis años a Jurado, por su conexión artística ambas compartieron muchísimas experiencias a nivel social, dentro y fuera de España. Durante sus temporadas en Miami, Florida, por ejemplo, se visitaban y solían salir a cenar en compañía de sus respectivos cónyuges, incluyendo también a Marieta (María de los Ángeles Heras Ortiz), mejor conocida por Rocío Dúrcal. Aun después de haber enviudado de Tous, continuaban en contacto y compartían momentos especiales durante sus viajes por Hispanoamérica. En una ocasión, un 6 de marzo de 1997, ambas coincidieron en Bogotá, Colombia. Los motivos de sus viajes eran diferentes. Jurado iba de gira artística, mientras que Montiel iba como invitada especial a la celebración del 70 cumpleaños del novelista y Premio Nobel, Gabriel García Márquez. La admiración y el cariño entre «La violetera» y el autor de *Cien años de soledad* eran mutuos. Aparte de tener casi la misma edad, el novelista le llevaba justo un año a la actriz, de sus encuentros culturales surgió una bonita amistad que fue desarrollándose a través de los años. En esta ocasión, durante una conversación telefónica entre Montiel y Jurado, de hotel a hotel donde se encontraban hospedadas, Sara logró convencer a su amiga de que le acompañara a la fiesta de cumpleaños en honor al escritor colombiano. Jurado prácticamente acababa de instalarse en su habitación y le daba pereza arreglarse, peinarse y maquillarse para asistir a aquella fiesta inesperada. Una vez llegaron al evento que había sido organizado como una sorpresa por la esposa del escritor, entre Martini y Martini, las dos divas socializaban con el resto de los invitados, mientras esperaban la llegada del autor. La anfitriona iba dejándoles saber que su marido entraría por la puerta en cualquier momento, ya que regresaba de viaje y andaba algo retrasado. Ante la incertidumbre por la tardanza del homenajeado, Rocío le preguntó directamente y sin ningún reparo, que cuándo sería que llegaba el autor de *Diez años de soledad*. Sara, que no podía creer lo que estaba escuchando, se acerca a su amiga con toda discreción y le susurra al oído: «Que no son diez, que son CIEN». Pasaba el tiempo y García Márquez no aparecía por ningún lado. Mientras tanto, su señora, Mercedes Barcha, continuaba entreteniendo y animando a sus invitados debido a la larga espera ocasionada por el vuelo retrasado de su marido. Ya fuese por curiosidad o por impaciencia, Rocío Jurado vuelve a preguntar delante de todos:

—¿Y cuándo llega el autor de *Diez años de soledad*?

Sara Montiel, que todo lo percibía, se le acerca nuevamente y le repite con más ímpetu:

—Que no son diez, ¡¡que son CIEN!!

Jurado, como una ola, le responde a ella y a todos los que le rodeaban en aquel momento la siguiente declaración que emanaba desde el fondo de su corazón:

—¿Y qué más da si son diez o cien? Sigue siendo la misma soledad, el mismo desasosiego y el mismo sufrimiento.

Genial el análisis literario realizado por parte de Rocío Jurado sobre el título de la obra maestra de García Márquez. Palabras con luz sobre un aspecto tal vez nunca antes considerado por la crítica literaria acerca de esta obra. Así llegó a su fin aquel debate entre divas sobre la cantidad de años y la soledad que se encierran dentro de la magistral novela. Ya sabría lo que decía la interprete internacional de tantos temas amorosos y sentimentales. Rocío continuaría comunicándose con su querida amiga Sara Montiel hasta el final de sus días en 2006. Ante el insomnio nocturno, ya fuese ocasionado por los medicamentos o por los dolores de su terrible enfermedad, la cantante de Chipiona solía llamar de madrugada a Montiel, sabiendo que en ella encontraría el apoyo y la mejor interlocutora posible para recordar y revivir todas aquellas experiencias y anécdotas vividas en común.

En todo caso, la producción musical de Montiel dentro de esta última etapa artística pasaría a la historia sin ningún reconocimiento especial o recompensa, aparte de su propia satisfacción de poder volver a estar sobre un escenario. Sin embargo, cuando se limitaba a evocar el pasado, apelando a la nostalgia de su público con sus éxitos de siempre o con otros clásicos románticos acorde a su tesitura y su estilo musical, no solo hacía maravillas, cautivando la atención como en el pasado, sino que también continuaba promoviendo y prolongando su propio legado. Por otro lado, es fácil reconocer los esfuerzos que hacía por brindarle a nuevos talentos una oportunidad de servirles como «madrina artística», ofreciéndoles un espacio y albergue en sus espectáculos musicales. Por medio de la variedad artística y la combinación de generaciones, brindaba al público un interesante popurrí musical. En especial cuando invitaba e incluía a iconos de la canción romántica española y del bolero latinoamericano, que era lo que en realidad mejor le iba. En todo caso, al mirar estos programas, disponibles hoy en día al alcance de todos, se percibe la satisfacción nostálgica de su público, y, por su parte, una conexión genuina con la cultura universal que rebasa el peninsularismo y la hispanidad.

En cuanto a la incorporación de algún elemento de comedia dentro de sus programas, no siempre obtendría el resultado positivo que ella deseaba o hubiese planificado. Una cosa sí quedó muy clara, su entrega total a su público en todas sus etapas y dimensiones artísticas. En su empeño de promocionar su nombre y su legado, logró esa conexión entre su papel de Sara y las diferentes generaciones que alcanzó. Su orgullo de ser única y genuina, o más bien Saritísima, lo dejaba saber sin reparo alguno, más bien con todo el placer del mundo. Era evidente que su público le pertenecía y de seguro que siempre se lo disfrutaba al máximo.

Esta quinta etapa, incluyendo todos los conciertos y recitales, en vivo de frente al público o en televisión, que la artista produjo en España, por toda América, incluyendo los Estados Unidos y el resto de Europa, habría de sumarse a sus éxitos anteriores y al legado de Montiel. La artista se mantuvo activa, prolongando su carrera y ofreciendo lo mejor de sí durante más de una generación. Su público y fanáticos la siguieron hasta el final. Así quedó demostrado en su gira y homenaje académico en la primavera de 2012, lo que vino a ser su último viaje a los Estados Unidos, donde visitó Chicago, Cincinnati y Nueva York, justo un año antes de su fallecimiento.

En términos cuantitativos, el legado cinematográfico y musical de Sara Montiel asciende a más de 50 películas, documentales y álbumes musicales. Incluyendo la grabación aproximada de más de 500 canciones, al multiplicar un promedio de diez o doce temas por película. Ahí quedan como su herencia a la cultura popular, disponibles para el público en general. La posteridad podrá seguir disfrutando y juzgando, desde una perspectiva individual y personal, de acuerdo al gusto de cada cual, el legado artístico y cultural de Montiel.

Con el paso del tiempo, el principio teórico de la recursividad lingüística fue adoptado por la actriz y cantante en su máxima expresión. ¿Cuántas veces y de cuántas maneras y formas una persona puede relatar sus anécdotas, sus vivencias, sus historias y todas las experiencias de su vida laboral, profesional y sentimental? El cielo era el límite para Saritísima. Toda la dinámica de este fenómeno oral no descansaba en su totalidad sobre los hombros de «La violetera». Los medios de comunicación también tuvieron mucho que ver y son igualmente responsables gracias a sus continuas entrevistas y los diversos acercamientos mediáticos que le dedicaron a la eterna diva. Su capacidad y talento para la actuación, para seguir adelante hasta el final ejerciendo su eterno papel de «Sarita Montiel» fue algo extraordinario. Pero llegaba el momento en que Sara poseía a Antonia y era capaz de mezclar las historias, tanto las verdaderas como las de ficción, hasta llegar a creérselas ella misma. También había cierta fascinación y encanto en oírlas y ver cómo las contaba, una y otra vez, ya fuese por su propio *glamour* o por el *glamour* de las celebridades involucradas en sus temas y anécdotas. La diversidad de personalidades que había conocido y con las que había establecido contacto o estrechas relaciones en su largo recorrido artístico, le proporcionaban una fuente de relatos muy propicios para esta quinta etapa de su vida. Con los años había elaborado la interpretación de su propio libreto. Aunque, al hacerlo, llegase a exponerse ante la duda pública por haber brindado diferentes versiones, poniendo en riesgo su propio mito y leyenda. Pero aun así disfrutaba de la elaboración de sus propias historias, dando rienda suelta a la niña fantasiosa y creativa que llevaba dentro de sí.

Por otro lado, muy parecido al caso histórico de la actriz austriaca Hedy Lamarr (1914-2000), Sarita Montiel también marcó una época y un estilo, único, en los diferentes puntos geográficos donde se desempeñó como actriz y cantante. Al igual que Lamarr, al retirarse del cinema en esta quinta etapa Montiel dejó establecido que había en ella mucho más que la belleza física, unos ojos extraordinarios y una sensualidad irrepetible. Había en Montiel un gran intelecto, creatividad y esa sensibilidad innata que no se limitaban solo al cine o la música. Cualidades, talentos, rasgos de personalidad o atributos que no se aprenden en ninguna escuela ni en la Universidad. Al contrario de Lamarr, quien se jubiló y se apartó de la mirilla pública para siempre a muy temprana edad y muy al estilo de Elizabeth Taylor, Montiel nunca se limitó, en ningún aspecto. Vivió su vida artística al máximo y se enfrentó a su público hasta el último momento. Pese al paso de los años, o como quiera que fuese juzgada ante la mirada de los demás, decidió disfrutar cada instante de su vida artística hasta el final. Al igual que Taylor, disfrutaba del maquillaje teatral, de la vestimenta y de los accesorios, de su joyería (o bisutería) que coleccionaban y poseían para exhibirla en público. Aunque la proyección de su imagen resultara anacrónica o caricaturesca a partir de esta quinta etapa de su vida, a la artista no le importaba en lo más mínimo. Todo era parte de la preservación de un pasado inolvidable e irrepetible. La seguridad que le brindaban su estatus y su eterna interpretación de Sara Montiel ya iban ligados y fundidos al nombre de Antonia Abad, algo muy difícil de separar aun en las últimas etapas de su vida.

Por último, he aquí algunas de sus citas más relevantes como testimonio en relación con su obra. Así pensaba y se expresaba Saritísima:

«Esperaba que alguien continuara mi carrera, mi legado..., que repitiera mis canciones, mis películas, mi estilo, mi imagen, alguien que viniera detrás de mí, como Marieta [Rocío Dúrcal], por ejemplo, que sí repitió algunas de mis canciones y el género de las películas musicales, pero nadie lo hizo de manera oficial». «Han pasado más de 50 años y todavía estoy esperando a que aparezca alguien como yo».

Foto de Sara dedicada a Alfonso Reyes. Fuente: Capilla Alfonsina.

CAPÍTULO VI

¿Cómo olvidar a Sara Montiel?

«¿Cómo olvidar a Sara Montiel...?». Con esta pregunta retórica el actor brasileño Antonio Pitanga (Antonio Luiz Sampaio) rompía el hielo, tras un profundo suspiro, durante nuestra entrevista en São Paulo, Brasil, el 11 de febrero de 2016, en el Hotel Mercure São Paulo Pinheiros, donde nos habíamos citado. La entrevista a Pitanga dio paso a una extensa conversación. Su expresión nostálgica sirve de reflexión y de piedra angular al estudiar esta última etapa de la vida y la carrera artística de Sara Montiel. Más aún, esta frase tan sencilla, *cómo olvidar a Sara Montiel*, establece un vínculo con esta sexta etapa de la actriz y cantante. Luego de haber enviudado de Pepe Tous y haber terminado sus contratos televisivos, que logró mantener hasta principios de los años 90, daba comienzo la que vendría a ser su etapa final: las dos últimas décadas antes de su fallecimiento, de 1993 a 2013, porque Montiel trabajó y fue una artista hasta el final. Estas dos últimas décadas se distinguirían por la combinación de recitales y espectáculos en España y por donde surgiesen las oportunidades. Sus giras y presentaciones artísticas por todas partes continuarían adelante, ya fuesen por invitaciones o como consecuencia de sus propios contactos y relaciones en los medios de comunicación y en el mundo de la cultura popular. Pero su norte sería mantenerse activa y procurar que nadie olvidase su nombre ni su imagen. Fue su prioridad y su decisión: ser Sara Montiel y una artista para siempre.

La secuencia de eventos que iban surgiendo durante los últimos veinte años de su vida le ayudarían a mantener su estatus artístico vigente y su nombre lo más alto posible. A pesar de su inminente declive artístico por la edad y la evolución generacional y cultural, la serie de actuaciones conmemorativas, invitaciones a festivales de cine, actividades musicales, actos benéficos, homenajes, reconocimientos y entrevistas la mantendrían activa y circulando en público continuamente, sin pasar al olvido. De esta manera lograría su objetivo, que nadie se olvidase de SARA MONTIEL. Ella también movería sus hilos para encontrar las ocasiones propicias y todas las oportunidades para continuar adelante y mantenerse ejerciendo su papel y su función cultural, aunque llegase a rayar en lo anacrónico y hasta fuera de tiempo. Su eterna presencia pública serviría de respuesta a quienes se preguntasen: ¿qué sería de Montiel y de su profesión? La actriz siempre estaría dispuesta y disponible para proveer todo tipo de información y lo mejor de sí para responder o satisfacer cualquier curiosidad por parte de su público.

Ahora bien, luego de conocer las cinco etapas principales de su carrera artística y el estudio de su legado, como consecuencia quedaría pendiente considerar cómo sería apreciada y recordada por sus contemporáneos y por las próximas generaciones. ¿Cómo recuerdan a Sara Montiel todos los que la conocieron o tuvieron algún contacto con ella en algún momento? ¿Qué tal los que solo le conocieron a través de su obra y su legado? ¿Cuáles son esos recuerdos intransferibles de cada cual o los que forman parte de la memoria colectiva sobre el personaje de Sara Montiel como celebridad y figura pública? ¿Por qué, aun años después de su fallecimiento, su público y sus seguidores echan mano con nostalgia de cualquier detalle que les recuerde a Sarita Montiel? En el transcurso de esta sexta etapa se explora lo que aconteció al final de su carrera y cómo la artista manejó las últimas facetas de su vida. Aparte del estudio de su legado, por medio de una selección de declaraciones se puede apreciar qué representa Montiel y cuál fue el impacto de su figura artística y su imagen para los demás seguido de sus actuaciones y espectáculos analizados históricamente.

Recapitulando la trayectoria de Montiel a partir de los 60, así comenzó la extensa e interesante conversación-entrevista con el icónico actor brasileño Antonio Pitanga, en compañía de su amigo, el productor y director Berto Brant, en el bar-restaurante del hotel donde se alojaba y habíamos quedado. La magia y el halo artístico que envolvían a Montiel impedirían que le olvidasen. Por medio de un *flashback* a 1963, fue posible remontarnos de inmediato al momento preciso en que, estando en la cumbre de su carrera artística, la actriz y cantante llegó directamente de España a Brasil de gira artística y para dar comienzo a su protagonismo dentro de la producción de su nuevo film. Se trataba de *Samba*, clasificado como un drama-musical, que sería dirigido por Rafael Gil. El mismo se estrenaría finalmente el 28 de enero de 1965.

Pues bien, justo para entonces había un nuevo movimiento en la industria del cine brasileño llamado «Cinema Novo». El mismo estaba influenciado por el neorrealismo italiano que ya había dado comienzo hacía una década y por todos los cambios de dirección que acontecían en esta industria como un reflejo o impacto político, económico y social, según la evolución cultural de cada país a consecuencia de la Segunda Guerra Mundial. Estos cambios iban surgiendo y se iban extendiendo, precipitada o paulatinamente, dependiendo del estatus socioeconómico y político de cada sociedad.

Contaba el popular actor Antonio Pitanga durante nuestra entrevista que una compañía cinematográfica española les había contactado en aquellos días con el propósito de producir una película española-europea donde, por fuerza, necesitarían actores brasileños. Al joven actor, que había comenzado su carrera en su ciudad natal de Bahía y que fue contratado de inmediato como parte del elenco que necesitaban para poder comenzar la producción del film, le llamó mucho la atención desde un principio cómo una artista y cantante internacional de la grandeza de Sara Montiel, en la cúspide de su carrera, se tomaba tanto interés por todos los detalles de aquella producción. Tanto su disciplina como su sensibilidad eran muy fuertes y se percibían desde la distancia. La alegría cultural de Brasil era algo contagioso que fascinaba a Montiel. Su disponibilidad y humildad en el trato personal y en su acercamiento a los demás, en especial hacia el resto del equipo, eran sobresalientes. Simplemente no había distancia entre Sara y los demás. «No tengo manera de olvidar a Sara Montiel», repetía con énfasis Pitanga durante nuestra entrevista. Según recordaba Pitanga, la actriz, «además de su admirable disciplina, traía con ella todo un equipo de trabajo digno de admiración».

Para Pitanga, que apenas comenzaba su carrera, ser parte de todo aquello y vivir aquella producción de la película *Samba*, fue una experiencia sumamente positiva, como persona y como actor. El film fue un acercamiento acertado y productivo tanto para España como para Brasil dentro de aquel mundo cinematográfico. La película *Samba* es, en palabras de Pitanga, «una vista panorámica y documental excelente sobre el Brasil de aquella época». Declaraba el actor de Bahía que el film ofrece una referencia histórica de suma importancia del Brasil y del Río de Janeiro en los años 60, justo antes del comienzo de la dictadura de Castelo Branco (1964-1985). Por ejemplo, «hasta la escuela de samba en la película era real, algo genuino», continuaba narrando el actor con cierta nostalgia y *saudades*.

Lo más sorprendente durante la filmación, tal como lo recuerda Pitanga, era la delicadeza y la sensibilidad con que Montiel se interesaba en su película y en todo lo que tenía que ver con la cultura brasileña. La autodisciplina de la artista, que siempre sale a relucir, al igual que su interés por los demás, su relación profesional con los otros compañeros del reparto y su compromiso con la obra cinematográfica eran lo mejor de todo. Se trataba de un proyecto ambientado en Brasil con un límite de tiempo en términos de producción. Desde entonces, en Montiel surgió un sincero interés y un gran amor por Brasil. Algo que se percibía constantemente de la manera en que se proyectaba la actriz durante su interacción cotidiana con todos los demás compañeros. La película implicaba todo un proyecto de recuperación de la imagen de las favelas y del tema de la pobreza en Brasil. Una obra realizada con toda la delicadeza y respeto por aquella gente y su cultura. Tanto el recuerdo de la producción y su experiencia como actor en su papel de «mejor amigo del novio de Belén (el personaje principal que interpretaba Sara)», todavía le evocan una sensación muy grata y le traen al actor brasileño *«moitas saudades»*, una nostalgia muy profunda. Había una integración muy especial, algo genuino y espontáneo por parte de Sara Montiel con el resto del equipo. Juzgando por su experiencia, Pitanga acredita que la bondad de la actriz, como persona, debía de ser muy grande.

La compañía cinematográfica española de Cesáreo González llegó a Brasil en un buen momento. El Cine Novo brasileño, en pleno apogeo, se beneficiaba con esa visita y con aquella producción, ya que le brindaba luz y nuevas influencias. *Samba* también queda registrada en el contexto histórico del cine brasileño. La actriz tenía el reto de aprender en muy poco tiempo todo lo que pudiera sobre Brasil y su gente. Por ejemplo, para Sara poder desempeñar su papel era necesario y muy constructivo absorber todo lo más que pudiese sobre la historia, la cultura, la economía y la infraestructura del país, directamente de la gente que le rodeaba. Un acercamiento muy inteligente de su parte, el integrarse todo lo posible en la vida cotidiana y la sociedad brasileña por su propia iniciativa, mediante su interacción diaria y directa con los miembros de los diferentes grupos sociales a los que tenía acceso y podía alcanzar. «Y todo en tan corto período de tiempo…», según lo recuerda Pitanga. Precisamente desde esta perspectiva, el actor también recuerda haber compartido con la actriz alguna copa o un café, siempre que hubiese la oportunidad y que fuese necesario. Así lo harían en más de una ocasión, fuera de los estudios y del plató de producción y por iniciativa de Sara. Lo hacía con el propósito principal de poder comprender mejor lo que debía hacer en su papel de chica de favela. Al igual que lo haría, de acuerdo a Pitanga, con muchas personas autóctonas y genuinas provenientes de las propias favelas. Si salía bien aquella producción, o no, ya eso era otra cosa. Pero no sería por falta de conocimientos ni de interés acerca del contexto cultural y socioeconómico del país, completamente necesarios para la película, por parte de Montiel.

Ella hacía todo lo que fuese necesario por comprender bien a fondo el contexto y el medioambiente de su personaje y por el éxito de la producción. La actriz llegó a Brasil con tan solo una semana de antelación y comenzó a filmar de acuerdo al calendario establecido, en lugar de llegar mucho antes para poderse ambientar y absorber todo lo necesario en la agenda para la creación de su personaje. Esta es la opinión personal y profesional de Antonio Pitanga, uno de los pocos actores contemporáneos a Sara con el que se ha podido contar, agradeciendo su valioso testimonio.

Pitanga describe a la Montiel que conoció a principios de los años sesenta gracias a la producción de *Samba* como una persona muy especial: «La actriz era muy recatada, discreta, humilde y bondadosa. Sin crear distancias con los que le rodeaban, pero a la misma vez, manteniendo su privacidad y su espacio personal, en pocas palabras, una profesional». Antonio Pitanga recuerda más a la mujer antes que a la actriz. Aparte del cariñoso y delicado recuerdo que conserva de su colega, el actor, hospedado en el Hotel Mercure São Paulo Pinheiros de Brasil, narraba con el mayor interés durante toda la entrevista, su relato, que refleja y demuestra el profesionalismo de Montiel. A pesar de todos los asuntos personales y sentimentales que atravesaba la actriz, ya descritos en el Capítulo IV, nadie tenía que enterarse de sus separaciones, de sus romances o de sus nuevas ilusiones durante aquella etapa brasileña y la filmación de su nueva película. Conociendo más a fondo todos los conflictos que acontecían en su vida íntima para esa época, entonces Montiel demuestra una vez más cómo era capaz de establecer una raya y mantener distancia entre lo personal y lo profesional. Su carrera, su compromiso con el cine y sus deberes como actriz y cantante siempre iban primero, claro está. La información obtenida gracias a Antonio Pitanga prueba su autenticidad y su realidad.

En Brasil, además del famoso actor, muchos conservan entrañables recuerdos y *saudades* de Sarita Montiel. La historia de Fernando Pires llama la atención en varios aspectos. Durante la entrevista con el arquitecto y diseñador de zapatos más importante de Brasil, el 28 de mayo de 2017, descubrimos otra anécdota sobre Sara narrada por otro brasileño que ha alcanzado fama internacional por su producción de calzado de alto estilo para las mujeres más famosas del mundo. Pires conoció y trató a Montiel, llegando a compartir algunas experiencias que merecen su relato. Se podría decir que se conocieron casi por accidente. Durante uno de sus últimos viajes a Brasil en la década de los 90, Montiel visitaba a una amiga que le había hablado de quien pronto sería un famoso diseñador. El nombre de la amiga era Silvia, y Sara se alojaba en su casa. Durante esos días, también sería entrevistada para la revista *Chiques e famosos*, la más famosa y de más reconocimiento y alcance público en Bahía. Durante la entrevista, el periodista le preguntó a la actriz acerca de su vestimenta. Le pidió que describiera sus prendas de vestir e identificara la procedencia de cada una de ellas para escribirlo en su reportaje. Al llegar a los zapatos, el primer nombre que le vino a la cabeza fue: Fernando Pires. Lo cual no era cierto. Ni sus zapatos eran de Pires y ni siquiera se habían conocido para aquel entonces. Solo se trataba de una de esas reacciones espontáneas y tal vez un poco frívolas de Montiel al estar delante de los medios de comunicación. O tal vez simplemente por demostrar sus conocimientos sobre lo que acontecía en el mundo de la moda en Brasil delante del periodista y que solo conocía gracias a su amiga Silvia. En todo caso, para arreglar la situación, Sara, acompañada de su amiga, llegó lo antes posible a la tienda del diseñador. Para entonces todavía establecida en el centro del área comercial de São Paulo. Allí fue donde finalmente Montiel y Pires se conocieron en persona.

Además de comprarle zapatos al «arquitecto de los pies», como ha sido reconocido a nivel internacional y convertirse en su cliente, daba paso a una nueva amistad. Volvieron a reunirse en un par de ocasiones, primero en algún evento social dentro del círculo de amigos en común que ambos tenían en São Paulo y más adelante en Madrid. Ya entrando en el nuevo milenio 2000, Montiel también le contactó para hacerle un pedido especial. Se trataba de unos zapatos rojos que necesitaría para un espectáculo en televisión donde tenía que interpretar un tango. A raíz de este pedido, aprovechando un viaje a Europa que tenía pendiente para el 2007, con motivo de promocionar su nueva colección, Pires hizo una parada en Madrid especialmente para visitar a Montiel. Recuerda con todo lujo de detalles su visita al ático de la artista en el barrio de Salamanca y relata su primera impresión:

«Fue como entrar al Museo del Prado, la cantidad y la calidad de las obras de arte en la casa de Sara era algo impresionante. Simplemente era encantadora. Y allí estaba yo, en el salón de

La violetera, a quien mis padres, de jóvenes, habían idolatrado cuando se estrenaban sus películas. Nos amanecimos hablando hasta la madrugada en compañía de unos amigos hoteleros de Sara. Recuerdo haber tomado el café de la mañana al finalizar la velada, antes de salir de su casa en un bello amanecer de Madrid. Luego, esa misma mañana corrí a las tiendas, al FNAC de Callao, a comprar sus películas, que infelizmente no encontré. Terminé comprándolas por internet».

En definitiva que, como resultado de una mentirilla piadosa y algo frívola por parte de Montiel, surgió una nueva amistad y algunos gratos recuerdos que perduran hasta el presente. El relato del distinguido diseñador sirve como un testimonio adicional, proveyendo más ejemplos y evidencia de su forma de ser y de su personalidad. Estas entrevistas revelan su estilo de vida, su trato social, en público y en la intimidad. Así iba sin límites por el mundo, cultivando amistades por todas partes.

Quizás el secreto o la verdadera historia de amor que sin duda alguna
conservó Sara Montiel hasta su muerte dentro de sí por Severo Ochoa se
trataba de la eterna gratitud que sentía por el médico y científico que le curó
para siempre su condición de tuberculosis. © Irwin Gooen (NY University)

Al hacer un inventario de los recuerdos y los reconocimiento recopilados por parte de estas importantes personalidades dentro del mundo de la cultura y la moda contemporánea en Brasil, los mismos sirven de guía y de enlace con esos momentos dispersos, pero constantes, en los que la artista dejaba una estela de luz a su paso. El análisis de sus experiencias y configuraciones sobre Montiel en la lejanía, gracias a sus historias personales, explica cómo se convertiría en esa musa e imagen inolvidable a través del tiempo.

Habrá miles de anécdotas y ejemplos en tantos otros países latinoamericanos, en el Caribe, en los Estados Unidos de Norteamérica y en el resto de Europa. Cada vez que se menciona el nombre de Sarita Montiel en cualquier lugar o bajo cualquier circunstancia, siempre surgen comentarios, ya sean propios o de segunda mano, que se conservan y se repiten de generación en generación. Sin ni siquiera solicitarlos, ya forman parte del recuerdo y la imagen de la diva. Independiente del origen o la fuente de la remembranza, ya fuese por haberle visto en persona, por sus películas o por su música, el nombre de Montiel evoca nostalgias. Aunque estas sean intransferibles, aun así, pueden coincidir y compartirse por igual. Pero siempre hay historias o comentarios disponibles sobre Montiel. La actriz y cantante es recordada por sí misma, como mujer, por su legado, por la artista internacional que fue, por su *glamour*, por su belleza y también por su impacto en la vida de otras personas. Su relación y sus amores a todo color con otras celebridades, aun en otros campos profesionales, también son motivos y fuentes de conversación sobre Montiel.

Así sucede con Severo Ochoa (1905-1993), el hombre a quien siempre calificó y clasificó ante su público y el resto del mundo como «el gran amor de su vida». Aunque su nombre se ha ido mencionando esporádicamente en los capítulos anteriores, al no tener nada que ver con su filmografía y ser un asunto o tema personal, ajeno a la trayectoria cinematográfica de la artista, la narración de esta historia sentimental queda más bien vinculada al recuerdo de Montiel. Con Ochoa compartió una amistad y una fragmentada pero intensa relación que se produjo y se extendería aproximadamente entre 1952 y 1955. Sin contar las ocasiones y los fugaces encuentros sociales en el transcurso de las próximas décadas. Al hablar o hacer referencia al científico, bioquímico, médico y Premio Nobel (1959), Severo Ochoa, también puede ocurrir que surja fácilmente el recuerdo y nombre de Sarita Montiel. Aunque debido al fallecimiento del científico y su esposa Carmen, mucho antes de la primera edición y publicación de las *Memorias* de Montiel en 2000-2001, donde la actriz narraba abiertamente sus sentimientos y antiguos amoríos y al no haber habido descendientes del matrimonio Ochoa-García Cobián, no hubo reacciones ni contradicciones acerca del presunto romance. Exceptuando los comentarios de algunos queridos e íntimos amigos de la pareja que desde entonces han ido manifestando por diferentes medios su molestia sobre el tema y la negación de los hechos.

A comienzos de la década de los años 50, Ochoa, unos 23 años mayor que la actriz, ya encaminado a conseguir un Nobel y la joven artista que todavía soñaba despierta con su estrellato internacional, estaban destinados a conocerse. Las vidas de estos dos personajes que trabajaban arduamente en el exilio por alcanzar sus respectivas metas profesionales, se cruzaron sin más remedio. En este tipo de encuentro social en los Estados Unidos todo era y sigue siendo posible. Ambos se conocieron y se trataron durante un par de años antes de ser famosos, digamos que en la primera mitad de la década de los años 50. Severo Ochoa, como es sabido, para esa época trabajaba y residía en Nueva York, mientras que Sarita Montiel iba de *tour*, cantando los boleros del maestro Agustín Lara por diferentes escenarios hispanos en las ciudades donde existía mayor recepción para su música. Así se conocieron una noche durante una recepción que ofrecía el Consulado de México en la ciudad de Nueva York con motivo de la visita del Maestro Lara en esta ciudad. Entonces, para ubicar esta relación en el tiempo y el espacio correcto, se puede identificar al distinguido científico como el eslabón en su cadena de amores entre Juan Plaza y Anthony Mann. La relación científica-médica-amorosa entre Ochoa y Montiel se define como una etapa de transición. Y en efecto, de eso se trataba. Ochoa fue parte de ese proceso de transición entre la segunda y la tercera etapa de la historia cinematográfica de Montiel. Precisamente entre su participación en aquellos últimos episodios del Cine de Oro Mexicano y su debut en la meca hollywoodense de Los Ángeles. A esta relación o «amistad-amorosa» Sarita le sacó todo el provecho posible. Por esto sería fácil recordar y difícil de olvidar a Montiel como punto de referencia al período americano del distinguido Premio Nobel.

Ahora bien, el secreto o la verdadera historia de amor que sin duda alguna conservó Sara Montiel hasta su muerte dentro de sí por Severo Ochoa se trataba de la eterna gratitud que sentía por el médico y científico que le curó para siempre su condición de tuberculosis. Cuánta química podría haber habido entre ellos y cómo resolvieron esa ecuación sería asunto de ellos. Punto final a la posible historia de amor entre Sara Montiel y Severo Ochoa, que tuvo lugar, en orden cronológico, como ya se ha dicho, entre la misteriosa relación de la diva con el exiliado español Juan Manuel Plaza Huerta y su primer matrimonio oficial con el director de cine norteamericano Anthony Mann.

De acuerdo con el doctor y escritor Fernando Cabanillas del Hospital Auxilio Mutuo, en San Juan, Puerto Rico, era posible que Sarita pudiese recuperarse de su condición de tuberculosis y seguir adelante con su carrera profesional, contando, tal como lo hizo, con la ayuda y el apoyo de su querido y admirado amigo Severo Ochoa. Citando al Dr. Cabanillas:

«Pues a mí me cuadra bien desde el punto de vista de la historia cronológica del tratamiento de la tuberculosis. Ya se conocía de la actividad antituberculosa estreptomicina antes, pero muchos de los organismos eran resistentes a la primera droga y la combinación con la isoniazida resultó ser un mejor tratamiento y fue el primer *breakthrough* descubierto en 1950. Aunque Severo Ochoa era médico, nunca practicó la medicina como tal, sino que trabajó como investigador en el laboratorio. Pero de seguro que tendría muchos contactos con médicos clínicos de primer orden que le recomendarían la utilización de antibióticos combinados: isoniazida con estreptomicina como tratamiento para su joven amiga.

En relación a la duda acerca de cómo Sara Montiel pudo seguir trabajando y haciendo todas las actividades que describía, eso no me extraña tanto porque si detectaron la enfermedad en su fase incipiente, no le estaría causando muchos síntomas y se pudo haber curado fácilmente con esa combinación de las dos drogas».

Lo anterior sirve de documentación para comprender mejor sobre la condición y las circunstancias por las que atravesaba Montiel en América desde que llegó a México en 1950 y poder descifrar la raíz de sus eternas referencias amorosas y de agradecimiento al gran Severo Ochoa, o a «Seve», como el gran amor de su vida.

Justo durante su transición profesional entre México y Hollywood se registra esta historias de amor, que viene a ser una de sus más controversiales. Por lo delicado que resulta el tema, su veracidad se ha puesto en tela de juicio por muchos en diferentes ocasiones y desde varios ángulos. Ofreciendo sin duda alguna más motivos para recordar y hacer referencia a la vida íntima y sentimental de la actriz. Material que utilizó estratégicamente como tema de discusión para mantener viva su leyenda durante esta última etapa de su vida. Sin duda viene a ser una de sus historias amorosas más conflictivas. Al decir que la relación entre Montiel y Ochoa había sido mucho más que una pura atracción física, es necesario clarificar hasta el fondo todos los hechos que la artista manipuló por el resto de su vida acerca de esta amistad y conocer sus verdaderos sentimientos por quien le hizo tanto bien. No cabe duda que se conocieron como emigrantes en los Estados Unidos. Tampoco es de extrañar que se mantuvieran en contacto y que aquel primer encuentro pudiese evolucionar luego de haberse conocido bajo las mismas circunstancias. Ambos compartían algunas realidades y sentimientos en común al encontrarse tan lejos del España, haciendo todo lo posible por adaptarse a un nuevo ambiente y seguir adelante a pesar de las interrogantes y los retos que tuviesen que solventar. También compartían sueños y ambiciones profesionales y ese deseo de triunfar. Es muy probable que todas esas aspiraciones y esa tenacidad que ambos poseían los atrajera y les brindase un sentimiento mutuo de afinidad y de complicidad, a pesar de sus grandes diferencias. Más aún, sin necesidad de someter a los personajes a ningún análisis sociológico, el mero encuentro entre dos emigrantes o exiliados, provenientes de la misma cultura, huyendo de un régimen dictatorial con necesidades similares e iniciativas paralelas, tratando de abrirse paso, dedicados por completo a sus pasiones profesionales, bastaría y pudiese servir de vínculo y atracción. La simpatía y el florecimiento de una admiración mutua y espontánea no sería nada sorprendente ni difícil de comprender.

Ahora bien, como ya se ha explicado antes, la verdadera historia de la relación entre Montiel y Ochoa iba por otro lado. El vínculo crucial que los comprometía consistía en la asistencia médica realizada por Ochoa mediante la administración de aquella combinación de antibióticos. El milagro o descubrimiento científico como nuevo tratamiento para la cura de la enfermedad pulmonar, desconocido hasta 1950, dio comienzo y fue implementado por primera vez en Nueva York, precisamente donde vivía y trabajaba Ochoa. Fue entonces cuando el futuro Nobel, gracias a la innovación de este procedimiento médico, curó con éxito y para siempre a Sarita Montiel de su condición de tuberculosis. Esta fue precisamente su confesión en exclusivo para este libro, como producto de la investigación y de sus declaraciones confidenciales un año antes de su fallecimiento. En palabras de Montiel: «Fue Seve quien me curó la tuberculosis. ¿Sabes cuánto me preocupaba y en qué posición me encontraba cada vez que tenía que besar a un actor, colega y compañero, durante esas escenas en cada una de mis películas antes del tratamiento médico de Severo Ochoa?» (Declaración recogida como confesión exclusiva de Sara Montiel en mayo de 2012).

Gracias al dato histórico y a la explicación médica del doctor Cabanillas y a don Enrique Fierres, presidente de la Junta de Síndicos de la Sociedad Española de Auxilio Mutuo y Beneficencia, fundada en 1883 (el hospital español más importante fuera de la Península, establecido en San Juan, Puerto Rico desde hace más de un siglo), fiel amigo asturiano del Nobel, ha sido posible conocer más de cerca y profundizar en la historia personal y biográfica de Severo Ochoa. Observando un inmenso retrato al óleo de Ochoa en su despacho, Fierres explicaba el vínculo histórico de los padres del científico con San Juan, Puerto Rico y esa institución, la que visitó por última vez en octubre de 1992, un año antes de morir. Durante esa última visita a la isla, gracias a la invitación-homenaje que le rendían en este hospital, en unión al Banco Central, Ochoa dictó una conferencia con el título de: «La alegría de descubrir». La misma se llevó a cabo el día 8 de octubre, en el antiguo Casino de Puerto Rico, con un acto final de la develación de su retrato que permanecería como recuerdo de este evento en el despacho del señor Fierres. Aseguraba don Enrique Fierres en conversación privada en su despacho, en enero de 2017, que «Severo Ochoa no hubiese podido ni hubiese dejado jamás a su mujer por nada del mundo». En todo caso, Sara Montiel tal vez pasó a ser el dilema científico más difícil de resolver en toda su vida. Para la actriz, como afirmó tantas veces públicamente, «Seve fue el gran amor de mi vida».

La nueva interpretación dentro de este estudio lo define o lo traduce como esa eterna gratitud hacia esa persona especial, con una maravillosa personalidad, a quien la actriz pudo haber amado de una manera platónica hasta la eternidad. Existe también un proceso donde la relación paciente-médico puede evolucionar en amistad o incluso llegar a un plano amoroso y real. A través del trato especial y la intimidad, el agradecimiento por parte del paciente a su médico y la correspondencia del médico al paciente pueden propiciar otros tipos de desenlace. Además de la versión de Montiel, la serie de fotografías que ambos compartían y conservaban al menos sirven de evidencia de su trato social en más de una ocasión. Sarita siempre terminaba su historia sobre Severo con la lógica explicación de que lo de ellos no pudo ser porque, como le decía su madre y eterna consejera, primero, no estaba bien que ella rompiera un matrimonio como el del científico con su mujer Carmen García-Cobián. Y segundo, «¿qué iba a hacer ella tomando el té por las tardes con las esposas de los médicos u otros científicos? Ni él iba a dejar lo suyo por seguirla a ella, ni ella debería echar sus metas a un lado, por la vida tan sacrificada y comprometedora de un científico y futuro Nobel». Ambos estaban a punto de lograr sus metas y su gran éxito, cada uno en lo suyo. De hecho, Montiel alcanzó el éxito internacional un par de años antes que él, en 1957-58, y Ochoa su Nobel en 1959. En la miniserie biográfica del año 2001, *Severo Ochoa. La conquista de un Nobel*, aparte de captar el primer encuentro entre la actriz y el científico, también se hace referencia, o se da a entender, que Ochoa, a pesar de su abnegación, su amor eterno y su compromiso con su mujer, en más de una ocasión sintió dudas como cualquier ser humano y tuvo sus momentos de debilidad ante las mujeres que le rodeaban. Por otro lado, también quedan claros algunos episodios de celos por parte de su mujer. Existen muchas versiones biográficas sobre Severo Ochoa y su querida esposa Carmen García-Cobián que reflejan su devoción matrimonial, sus sacrificios, el apoyo incondicional y los éxitos compartidos. Otras referencias interesantes serían *Severo Ochoa; La emoción de descubrir* (1994), una obra dedicada a la memoria de Carmen y otra aún más reciente: *Severo Ochoa no era de este mundo* (2018), ambas de Marino Gómez-Santos. Fueron muchos los amigos y testigos de los periplos y aventuras que ambos compartieron durante su comprometido y sacrificado matrimonio desde su boda en 1931, hasta el fallecimiento de Carmen el 5 de mayo de 1986. Los mismos que no podrían comprender o aceptar la lógica o la más mínima posibilidad de infidelidad por parte de Severo y menos la consideración de haberlo dejado todo atrás por Sarita Montiel.

Así se puede exponer y visualizar con mayor claridad la verdadera historia acerca de la relación entre Montiel y Ochoa. Además, también se pone punto final a las conjeturas y malinterpretaciones causadas por la falta de información o la mentira piadosa de la artista acerca del tipo de amor que llegó a sentir por el distinguido científico. Muy bien pudo haber sido un sentimiento mutuo y una reacción natural como resultado de la interacción entre médico y paciente o entre puros amigos en el exilio. Montiel insistiría por su propio interés e imagen pública en la realidad y la certeza de esta relación amorosa que ambos compartían y manifestaban en secreto. De acuerdo a sus declaraciones durante una sobremesa el día de su última actuación en el Instituto Cervantes de Nueva York, el viernes 4 de mayo de 2012, en palabras de Montiel, ellos convivían y compartían su apasionado romance en los hoteles donde se alojaban durante sus respectivas estadías y viajes profesionales. Todo era posible cuando todavía no eran famosos y nadie los reconocía en público. Un tema complicado, pero relativo al mismo tiempo, tanto en la realidad como en la ficción.

Sería imposible y un proceso interminable recorrer el resto del mundo recopilando el impacto individual, los recuerdos y todas las anécdotas relacionadas con Montiel. Pero sin duda que existe una fuente infinita de referencias a la actriz y sus seis diferentes etapas artísticas. Desde libros citando su nombre hasta bares dedicados a la actriz y cantante. Gracias al legado de su obra cinematográfica y musical también se puede contar con la comercialización de algunas de sus imágenes plasmadas en prendas de vestir o telas para tapizados de muebles y artículos del hogar. Durante sus diversas e infinitas giras artísticas que llevó a cabo en el transcurso de más de cinco décadas, iba dejando huellas en los corazones de muchos. Aun después de sus años más productivos y de más actividad profesional, nunca se retiró del todo de los escenarios y de los medios de comunicación. Así lo demuestra esta sexta etapa y sus continuas presentaciones públicas hasta el final de sus días, aunque no cobrara un céntimo. Ya fuese por medio del contacto directo con quienes había colaborado en los teatros o en los medios de comunicación, o simplemente gracias a tantos conocidos en la industria hotelera, restaurantes, medios de transportación o amigos, seguidores y fanáticos, Montiel siempre tenía una propuesta pendiente o una invitación y toda la atención de quienes le rodeaban. Aún más, tenía su propia filosofía de no ignorar a nadie que se le acercase o estableciera contacto con ella, independientemente de la edad, nacionalidad, sexo o nivel social. Como toda una artista profesional y figura pública hasta el final. «Yo no le hago el feo a nadie», solía decir.

En Puerto Rico, donde estuvo actuando en varias ocasiones y pasó diferentes temporadas históricas, entre 1961 y 1978, también dejó su huella y recuerdos isleños. La mayoría son detalles recurrentes, como en todas partes del mundo, relacionados con esa experiencia individual o colectiva de esa primera impresión que queda al mirar por primera vez *El último cuplé* o *La violetera*. Tal como si fuese la reacción a la primera lectura de *Don Quijote*, el impacto de estos personajes de origen manchego perduran para siempre. A veces resulta inevitable tener que escuchar la interpretación de sus canciones pertenecientes a estas películas. «Un día de San Eugenio yendo hacia el parque le conocí…», o un «Fumar es un placer…», o «Nena…», o «Pasó por mi lado…, me dijo un requiebro que fue de mi agrado…», o «Como aves precursoras de primaveras…» han sido una constante inherente a lo largo de esta investigación. Evidencia del recuerdo que ha dejado Montiel en las diferentes generaciones culturales que no la olvidan. Lo más curioso es el grado de intimidad que existe entre el público y la actriz en el momento de la ejecución y entonación del fragmento seleccionado y de sus melodías. Con el mismo interés y entusiasmo de citar una obra clásica o cualquier otro texto literario de un escritor favorito. Independientemente de la nacionalidad, el pasado cultural o el nivel de educación, la ilusión y el sentimiento de interpretar y citar a los personajes de Montiel resulta inevitable ante la evocación de su nombre. En esto consiste el carácter universal de su legado, de su producción cinematográfica y musical bajo el sello o autoría de Sara Montiel.

Hablando de Puerto Rico, desde niño escuchaba sobre la fascinación por la cantante y su música por parte de don Eloy Estrada Fornet (1886-1972), maestro, músico y ministro de la iglesia evangélica de San Juan. Todas las tardes, durante la década de los 60, religiosamente escuchaba las grabaciones de las canciones de Sarita Montiel en su domicilio, como parte de un ritual y de sus ejercicios musicales en su propio piano. Abnegación total y pasión por la Montiel transmisible y contagiosa. Muestra de la extensión y la influencia del legado cultural que pasa de generación en generación con alcance internacional. Al igual que la repetición de los recuerdos familiares sobre el evento histórico y cultural de haber asistido al estreno de *La violetera*, como si hubiese sido un acontecimiento social de máxima relevancia. De seguro que se trata de un sentimiento común en muchos países hispanoamericanos.

Otro ejemplo más reciente sería la reacción espontánea de Marisara Pont ante el análisis de Montiel como icono cultural. Su comentario: «Yo era fan de la Montiel. Recuerdo cuando fuimos a ver *El último cuplé* al Teatro Matienzo. Nos cambió la vida».

La utilización del plural por parte de la relacionista pública número uno de la isla de Puerto Rico, refleja precisamente ese concepto universal de Sara Montiel. «Nos cambió la vida». Está claro que la actriz y su obra cinematográfica cambiaron la vida de las nuevas generaciones brindando un ejemplo e inspiración gracias a sus logros desde finales de la década de los años 50. Estableció nuevas pautas y criterios, válidos para las jóvenes de cualquier cultura o sociedad que seguirían sus pasos, rompiendo las barreras que fuese necesario para alcanzar una estrella.

Estos son solo algunos ejemplos de reacciones generacionales y extraordinarias que nada tenían que ver con la nostalgia de los españoles durante la posguerra por un tiempo pasado mucho mejor. Más bien se trata del alcance de otras dimensiones de carácter universal provenientes de la obra motielana. La manifestación de un sentimiento fundado en esa evocación nostálgica en común por la búsqueda de un recuerdo de juventud o una sutil añoranza de aquel primer amor que se conserva para siempre dentro de sí.

Dentro de la industria hotelera donde se presentaban sus actuaciones musicales o se hospedaba durante sus múltiples estancias, el impacto de su presencia también proyectaba su luz estelar con el solo hecho de caminar por los pasillos. Su entrada triunfal a la sala o a los escenarios donde se celebraban sus espectáculos o recitales, con su caminar sensual y su imagen seductora, llamaba toda la atención del público. Aunque no le conocieran, causaba todo el interés de los que le rodeaban. El entonces director de banquetes y distinguido hotelero Jag Mehta contribuye con su imborrable recuerdo de un lejano jueves, 3 de noviembre de 1960. Dentro del emblemático salón «Club Tropicoro» del Hotel San Juan, vendido a capacidad, los espectadores le recibían con una ovación a la entrada, antes de ni siquiera haber dado comienzo a su espectáculo. El público le esperaba a gritos: «¡Guapa, guapa, guapa…!». Era su primera visita a la isla y la primera noche que actuaba en un club nocturno, gracias a su debut en el Tropicoro. El Club abría sus puertas al público desde las nueve de la noche, con música bailable de la Orquesta Internacional de Charlie Fisk y el Combo de Juanchín Ramírez. El bar requería un consumo mínimo de tres dólares por persona. La actuación de Montiel comenzaría a las once de la noche. En sus recitales en el Teatro de la Universidad de Puerto Rico, del viernes 12 y el sábado 13 de julio de 1968, junto al distinguido cantante puertorriqueño Tito Lara, los estudiantes lograron un acercamiento especial fuera del mundo del espectáculo que más tarde transmitirían a sus futuras generaciones. Los empleados del casino del antiguo Condado Beach Hotel, primer hotel de Puerto Rico que ya ha cumplido cien años, hoy remodelado bajo el nombre del Hotel Condado Vanderbilt, todavía recuerdan cuando, durante el mismo mes de julio de 1968, todas las noches esperaban alineados en el pasillo por donde pasaría Sarita con toda su gracia y simpatía antes de entrar al salón «El Patio del Fauno», donde se celebraban sus espectáculos. La imagen de Montiel perdura en sus memorias por su sobresaliente carisma y aquella coquetería que emanaba de la estrella noche tras noche caminando por aquellos pasillos del histórico hotel, sin ni siquiera haber puesto un pie en el escenario. Recuerdos, ilusiones y romances de la década de los años 60 que continúan vivos, de cuando viajaba por toda América promoviendo su cine y ofreciendo recitales que se nutrían principalmente del mismo repertorio musical proveniente de sus películas.

Nuevas generaciones, expertos amantes de la música y del mundo del espectáculo norteamericano como David Pires o Chase Whiteside, al conocerla en persona y acudir a sus actuaciones durante su última gira por los Estados Unidos en la primavera de 2012, coincidían y comentaban: «Se sabe que estamos delante de una profesional». Se basaban en aquel dominio y control absoluto de Montiel ante el público, dentro y fuera del escenario, aun con sus 84 años de edad. A diferencia de las entrevistas y los testimonios presentados al principio, estos son ejemplos de algunas reacciones y declaraciones espontáneas de amigos, compañeros y colegas, que ni siquiera habían sido solicitadas. Aunque no fueron programadas con este propósito, apoyan perfectamente el sentido y el título de esta sección, «¿Cómo olvidar a Sara Montiel…?», al igual que el relato narrado desde esta última etapa artística. De seguro que se podrían obtener muchas otras opiniones y anécdotas de sus seguidores desconocidos por todo el mundo sin mucho esfuerzo. Pero una cosa queda clara: su habilidad de impactar al público, con su fuerza y su espíritu, hasta el final de sus días. Sin decir una palabra, solo con su presencia y la belleza de sus ojos pardos, aun en silencio, dejaba una larga y singular impresión. Montiel ha pasado a ser un punto de referencia y conexión entre generaciones y culturas, independientemente de cómo la recuerden, dada su evolución artística y sus diferentes nombres: María Alejandra / Sara / Sarita / Saritísima, o Antonia Abad ante su álter ego de Sara Montiel.

Dentro de cada ser humano se encuentran diferentes dimensiones del «ser». Existen variaciones de la personalidad que muchas veces corresponden y se van adoptando de acuerdo a las diversas circunstancias y reacciones a la variedad de los ambientes en los que se encuentra cada cual durante las diferentes etapas de la vida. Montiel no era una excepción. De hecho, su colección de nombres así lo demuestra. Cuando se hace referencia a Montiel como mito, o leyenda, tiene todo sentido y su crédito. Mas es necesario recordar y reconocer al ser humano que existe detrás de cada imagen mitológica. Tras el crisol alucinante de una estrella, también podemos encontrar la esencia y el aspecto espiritual de la persona en cuestión. Montiel siempre fue una figura pública accesible para todos los medios de comunicación y se enorgullecía de mantenerse disponible para su público, sabiendo que era su deber. Pero al estudiar a fondo su mito y sus leyendas, siempre fue necesario comenzar por el repaso homólogo de las diferentes versiones y fuentes biográficas, además de la cuidadosa consideración de esta colección de recuerdos e impresiones que conserva cada cual. Todo ayuda y, por medio de esta combinación, se han podido obtener los mejores resultados.

También es necesario tener en cuenta el fenómeno de la memoria selectiva. Aun en sus propias *Memorias*, no se sabría exactamente dónde ocurren los cambios o esos olvidos que podrían resultar nefastos al querer señalar las coordenadas más importantes dentro del mapa artístico y vital de Antonia Abad y su álter ego Sara Montiel. Solo al poder colocar cada punto en su lugar, sin olvidos, ni cambios estratégicos, o sin escamotear la información correcta y aquellos detalles o datos cruciales, se podría reconstruir la historia y completar el rompecabezas Montiel desde esta sexta etapa.

El ejemplo de tantos relatos casi fantásticos o ficcionalizados de Montiel, que nunca sabremos si ocurrieron o no, desvirtúa la realidad de los hechos y hace más difícil la labor del acercamiento real y la apreciación de la mujer que se encontraba detrás de Montiel. Por otro lado, mientras más fantásticas eran sus historias, más difícil sería olvidarse de la actriz y cantante. Aunque habría que aceptar que algunas de sus anécdotas ficcionalizadas fuesen también parte de su realidad. Otra historia alucinante, pero más realista que la anterior, narrada también por ella misma desde esta sexta etapa vital y profesional, surge como producto de sus últimos veraneos en Tabarca. Un ejemplo más del trascendente recuerdo en la memoria colectiva sobre Sara Montiel. La compra de sus propias películas en El Corte Inglés de Alicante es en efecto un testimonio genuino y conmovedor sobre el ocaso de una superestrella. Una tarde de verano de 2010, como parte de sus actividades cotidianas, tratando de descansar de su eterno papel de Sara Montiel, decidió pasar por el supermercado del Corte Inglés, como lo hubiese hecho con sus amigas en tantas ocasiones. Durante sus últimos años, la actriz pasaba sus vacaciones entre Alicante y Tabarca. Disfrutaba del sol, del mar y al salir de nadar, luego de haber pasado toda la mañana en el agua, como todos, planificaba la comida. Una vez dentro de la tienda, de camino a la planta baja y pasando casualmente por el departamento de música y películas, de momento le llamó la atención una promoción donde anunciaban las primeras películas de Sara Montiel. Dejándose llevar por la curiosidad tomó una de esas cajas en sus manos y la miraba tratando de verificar a qué películas se refería dicha promoción. El joven dependiente que se acercó de inmediato, al dirigirse a la señora vestida de blanco, amablemente le hizo la típica pregunta: «¿Cómo le puedo ayudar...?» mientras que Sara examinaba los títulos y confirmaba lo que se imaginaba. Se trataba solo de un nuevo empaque donde, utilizando su nombre, tomaban la oportunidad de promocionar una serie de películas españolas en blanco y negro de los años cuarenta. Aunque en realidad había participado en ellas, solo había hecho un pequeño papel con mínimas apariciones que ni ella misma recordaba. Comprendía que ese era el propósito, una simple estrategia de mercadeo utilizando su nombre y su imagen como técnica de promoción. De seguro que algunos de los títulos ya se han mencionado durante la narración del transcurso de su primera etapa artística. Mientras el joven de la tienda hacía su trabajo con toda eficiencia, la miraba y la observaba de cerca. De momento llega a reconocerla y se dio cuenta de que, a pesar de su atuendo de playa, detrás de su camuflaje de diva se encontraba con Sara Montiel en persona. Sorprendido y tal vez sintiéndose culpable por no haberla reconocido desde un principio, como una reacción espontánea le pregunta de inmediato: «¿Pero, acaso, no es usted Sara Montiel...?». Sara, que acababa de salir de la playa envuelta en su típico pareo blanco, con sus gafas de sol y cubierta de crema Nivea por todas partes, de camino al supermercado y dispuesta a comprar todo lo necesario para preparar la comida con sus amigas, le contestó con toda naturalidad: «¿Yo? ¿Sara Montiel...? ¿Qué dices...? Pues, por supuesto que no. Pero te compro las películas». Claro está, no quería por nada del mundo que aquel chico tan amable se llevara una decepción, hasta el punto de renegar de sí misma.

Por la narración de su historia, Antonia, ante Sara Montiel, reconoce y admite que no quería desilusionar al joven empleado del Corte Inglés. Imposible destruirle la imagen y el recuerdo que ese chico conservaba en su memoria sobre Montiel. Todo lo que fue capaz de hacer Antonia por salvar a *Sara Montiel*.

El relato ficcionalizado de algunas de sus anécdotas era, en gran medida, parte del precio que tuvo que pagar por ser la diva universal que ella misma creó y procuró promover hasta esta etapa final. Hasta el punto de negarse a sí misma si la situación lo ameritaba por no estar a nivel de sus criterios y su imagen pudiera estar en peligro o empañarse de alguna manera, sin haber sido programado. Una actitud muy curiosa desde su perspectiva sobre la protección de su imagen y figura pública. Porque si hubiese sido algo de su interés y programado de antemano, entonces estaría bien. De hecho, no habría quien le detuviese. «Antonia es impulsiva y en ocasiones hay que controlarla o detenerla como mejor se pueda». Así decía su marido Pepe Tous, según lo recuerda su amigo, Tomás Rodríguez-Pantoja Márquez, cónsul de España en San Juan, Puerto Rico, durante nuestra entrevista.

Entonces, aunque el motivo o móvil de sus acciones fuese no ser olvidada, no todas sus decisiones fueron acertadas o aceptadas por su público, ni por sus seguidores o amigos. Así también un buen día decidió anunciar su cuarto matrimonio. «¿Pero qué invento es este...?». Con esta famosa pregunta, retórica y defensiva, Montiel se enfrentaba ante los medios de comunicación mientras salía del juzgado al finalizar su casamiento secreto con su joven marido, víspera de la boda que ya había sido anunciada y vendida como historia exclusiva a la revista *Hola*.

Su cuarta boda fue una fuente de conflictos, mediáticos, familiares y de todo tipo. Su casamiento con Tony Hernández, en lugar de aventura romántica terminó convirtiéndose en una experiencia contraproducente y en una historia autodestructiva. Aunque la ilusión de añadir un capítulo positivo a su vida fuese mutua, tanto por parte de la veterana actriz con sus genuinos deseos de volver a estar delante de las cámaras, como por parte del joven profesor cubano de estudios cinematográficos, todo se les fue de las manos. Fue un visto y no visto. Durante el proceso del compromiso, del precipitado casamiento y de la separación, ambos fueron perdiendo credibilidad y prestigio. En vez de concluir la historia que habían comenzado por iniciativa propia con elegancia y un final feliz, durante el transcurso de los hechos al menos Sara salió perdiendo en muchos aspectos. Los conflictos familiares fueron inmensos y dados a conocer por todos los medios. Sus queridos hijos simplemente se negaron a participar y ser parte de aquella parodia. Ni asistieron a la boda, ni compartieron un solo instante de aquella situación insostenible de tener dentro de su casa a un desconocido ocupando el lugar y el recuerdo de su querido y admirado padre Pepe Tous. No formarían parte de aquella pantomima auspiciada por parte de la artista al querer proyectar un nuevo episodio romántico con un extranjero sin ninguna conexión o afinidad en común, aparte de su admiración por la actriz y sus conocimientos cinematográficos. Una historia que en lugar de bien, les hizo mal a los dos. Aparte del daño que sufriera su imagen pública, aunque ya no necesitara nada de nadie, Sara también sufrió la pérdida de muchos amigos y relaciones profesionales. Por suerte, como los hijos son siempre hijos, tan pronto terminara el tercer acto de la comedia y el camino estuviese libre de personajes ajenos a su núcleo familiar, ambos regresarían de inmediato a su casa, de vuelta a sus respectivas habitaciones, como si no hubiese pasado nada. Borrón y cuenta nueva, todos de vuelta al nido / ático de Núñez de Balboa en su querido barrio de Salamanca y a continuar con sus vidas al lado de su querida madre y proveedora incondicional. Todos serían partícipes de aquella reconexión, con el mismo amor y cariño que se percibía en su hogar hasta su fallecimiento.

Aunque negativa, la misma no deja de ser una historia más reciente gracias a la cual las nuevas generaciones tampoco consiguen olvidarla. En este caso, una de las más perjudiciales y autodestructivas en contra de su persona, de su carrera y de su propia imagen de Sara Montiel que tanto había protegido. La relación conyugal que Montiel decidió interpretar con quien eligió contraer matrimonio en una cuarta ocasión, tuvo una duración de unos tres meses, según lo habían planificado. La celebración de esta boda en el otoño de 2002 fue una farsa y uno de los mayores errores o momentos obscuros en la vida de Sara Montiel en todos los sentidos. Se puede resumir en una sola frase: puro montaje publicitario. El último papel romántico y melodramático que quiso protagonizar y proyectar para todos sus espectadores diez años antes de morir puso en riesgo la amistad de muchos que le dieron la espalda en un instante. Sin considerar el alto precio en contra de su prestigio y su reputación, la actriz llevó a cabo el matrimonio de la manera más escandalosa posible. Ya nadie podrá olvidar su frase: «¿Pero qué invento es este...?». Una vez Sara se entusiasmaba con una nueva propuesta, ya no habría factores negativos por considerar ni contratiempos que la detuvieran, porque no sería capaz de desistir ni dejar de mano un proyecto. La impulsividad y la tenacidad fueron algunas de las características de su personalidad que le llevaron al éxito y a celebrar muchos logros, pero también le comprometieron o condujeron a enfrentarse a situaciones adversas a su imagen y su carrera. A pesar de todas las advertencias y posibles amenazas de sus más allegados y seres queridos, más pudieron el brillo de las luces, las cámaras, la difusión pública y el alcance mediático de sus próximas nupcias. Ambos ganaron la compensación económica que les correspondía por todas las presentaciones televisivas y las tres portadas y coberturas de la revista *Hola*: por el compromiso, por la boda y por el divorcio. «El divorcio del año...», en palabras de la actriz y cantante, ya casi retirada por completo de los escenarios. Tal vez por esta razón la revista *Hola* apenas cubrió su fallecimiento. Y todo por querer continuar estando presente bajo la mirilla pública y en los medios de comunicación. Aunque fuese malinterpretada, como tantas otras veces lo fue desde que se reintegró al cine español a partir de sus éxitos de finales de la década de los 50, cuando muchos llegaron a asociarla equivocadamente con el franquismo. Montiel no necesitaba más fama ni más dinero. En una ocasión la veterana superestrella llegó a comentar abiertamente que el abogado de Tony Hernández también se había aprovechado y había procurado cobrarle prácticamente todas sus ganancias por la parte o el papel que le tocó interpretar.

Otro ejemplo más profesional fue el corto *Marvelous* (2002). Una producción de MTV para la televisión, en el que interpretaría una parodia sobre el mito de la cirugía plástica desde su posición de diva en esta última etapa de su historia profesional. Un proyecto que le proporcionó satisfacción personal al poder proyectarse una vez más y una buena remuneración económica. Algo parecido ocurrió con su participación y actuación junto a Alaska en el vídeo *Absolutamente* publicado en 2009. Una producción musical que tiene dos caras. Por un lado, la actriz y cantante demuestra estar viva y ser capaz de prolongar su papel y su carrera. Por otro lado se expone a críticas y a autoflagelarse, haciendo una caricatura de su propio papel con toda intención y tal vez disfrutándolo al máximo, pero sin considerar la reacción ni la comprensión de los demás sobre la realización de aquella parodia o pantomima de lo que un día fue. Aunque difícil de captar a primera vista, lo que queda claro es lo mucho que disfrutaron las dos protagonistas del videoclip. Todas las felicitaciones a Alaska por los esfuerzos y la labor de reconocimiento a Montiel.

En resumen, es una verdadera lástima que no todos los recuerdos sean positivos. Montiel había invertido más de la mitad de su vida en construir su carrera y su imagen hasta ver realizadas todas sus metas y lograr un éxito total. Sin embargo, más adelante, especialmente durante esta última etapa de su vida, pasó también por un proceso autodestructivo. Se debería en parte a querer prolongar lo que había logrado con tanta tenacidad y sacrificios. Pero el efecto y las consecuencias de sus acciones no fueron siempre lo que esperaba. Hasta se podría llegar a concluir que los resultados fueron contraproducentes. Tanto el último matrimonio o pantomima pública, elaborada más bien por publicidad que por necesidad o verdadero amor, como su actuación en *Abrázame* (2011), son ejemplos de sus intentos de realizar una prolongación forzada de su legado y de no ser olvidada, pero en negativo. Para entonces, solo conseguía empañar sus logros y sus éxitos y, más aún, su imagen y su recuerdo. Sus buenas intenciones, o pretensiones, de continuar adelante siendo parte del círculo artístico al que había pertenecido por tantas décadas, le empujaron a protagonizar situaciones embarazosas de las cuales ya no podría desligarse. La diversificación de sus facetas artísticas y dramáticas tenía un límite y no le favoreció a largo plazo. Al igual que otros aspectos valiosos de su carrera, sus talentos artísticos y su belleza forman parte del halo de su leyenda y de la creación del mito «SARA MONTIEL». Así mismo, los aspectos negativos, incluyendo la fantasía y la ficción que formaban parte de la hiperbolización de su figura, en ocasiones anacrónica por el paso del tiempo, envolvieron muchas de sus últimas actuaciones públicas, que serían también inolvidables.

En cuanto al recuerdo por parte de algunos de sus directores, se encuentra un interesante contraste de perspectivas y opiniones. La valiosa aportación de Tulio Demicheli hijo relata y refleja cómo la recordaría su padre luego de haber tenido la ocasión de dirigir dos de sus películas en dos momentos claves de su historia artística y de su filmografía. La primera de ellas sería *Carmen la de Ronda* (1959), justo seguida de sus dos emblemáticos éxitos consecutivos de 1957 y 1958. En otras palabras, Demicheli la dirigió en su tercer film del *boom* Montiel, durante su mejor momento, estando en la cúspide de su carrera. Ambos, director y actriz, lograron el éxito de uno de sus mejores filmes, en todos los sentidos. Seis años más tarde trabajarían nuevamente en la creación de *La mujer perdida*, con estreno en 1966. Esta película marcaba justo un estancamiento en el ritmo y la repercusión de su éxito en el cine español, simultáneamente con el declive y futuro fracaso de CIFESA. Por lo tanto, es muy probable que la combinación de todos estos factores reflejara la frustración y el enfado de Montiel como actriz durante sus actuaciones dentro de la filmación y la producción de sus próximas películas. De acuerdo a las declaraciones de Demicheli hijo, «Fuera del trabajo, mi padre no tenía relación mayor con Sara. Durante los rodajes la relación era buena —mi padre nunca perdía la calma, ni levantaba la voz—, aunque ella, que no solo era, sino que se comportaba como una "estrella", era caprichosa y complicada de manejar. En aquellas películas, la Montiel exigía un tipo de fotografía que suponía rodar con mucha luz, cerrando al máximo el diafragma de los objetivos. Su mejor ángulo era el tres cuartos superior izquierdo y para retratarla bonita había que mantenerse en él y mover al resto de los actores alrededor suyo. Era un milagro de fotogenia, cuando la veías en persona no reconocías a la belleza que llenaba la pantalla».

Por otro lado, en palabras de Mario Camus, justo al día siguiente de su fallecimiento, el 9 de abril de 2013, decía públicamente para *El País* que Sara, o Antonia como él la llamaba, al contrario de lo que le hubiesen advertido otros, no era nada complicada. En su artículo y sentido homenaje público «Oficio de actriz, trabajo de estrella», al cual ya se ha hecho referencia, el director establecía que la artista «Era cumplidora, no tenía caprichos». Añadía en su recuerdo dedicado a Montiel: «Porque, como ella misma decía, lo suyo no era ser actriz o cantante, sino otra cosa. Estrella». La sinceridad de las declaraciones de Camus acerca de la artista en un momento tan significativo va muy a tono y en línea paralela con el sentir de la mayoría de los que compartieron momentos profesionales o convivieron con ella. Los recuerdos del director de *La colmena* (1982) y *Los santos inocentes* (1984) coinciden perfectamente con el concepto y las confidencias establecidas por muchos de los que la conocieron muy de cerca como colegas en el ambiente cinematográfico y musical. Así también se expresaba la mayoría de la gente que la trató en diferentes ámbitos y planos vitales, aun bajo circunstancias cotidianas, incluso su marido Pepe Tous. Pero en algo muy importante sí coincidían tanto Demicheli como Camus y es que Montiel imponía la historia que quería interpretar, «un tipo de modelo casi delirante de melodrama», como ya se ha citado antes, en palabras de Demicheli hijo, en su intento de prolongar y perpetrar su éxito de finales de la década de los años 50.

Otro director que no se debe pasar por alto, ni sus recuerdos sobre Sara, es Carlos Saura. Citando al distinguido director de *Cría Cuervos* (1976) y *Bodas de Sangre* (1981), quien explicaba la historia de su cine durante su conferencia y presentación de su más reciente film, *Jota*, en Nueva York, el 8 de junio de 2017, el tipo de producción cinematográfica al que pertenecía Montiel llegó a generalizarse o clasificarse como el cine del franquismo, para así poder diferenciar el nuevo cine, independiente, artístico y creativo. También recordaba y señalaba el impacto de la censura en el cine durante el régimen, por la cual Montiel, como todos los demás, tuvo que regirse y atenerse a las consecuencias. Aunque Saura no hubiese tenido un contacto profesional directo con Montiel, conserva dos gratos recuerdos que narraba con placer durante nuestra conversación. El primero, un detalle de juventud inolvidable e inspirador para él y para muchos, su referencia a la impresionante belleza y sensualidad de María Alejandra, o Antonia, en su primera portada de la revista *Triunfo* de los años 40. Aparte de su sensualidad de juventud y del éxito de sus películas, su segundo recuerdo, más personal e íntimo, se debe a las felicitaciones inesperadas que recibió de La violetera. Por iniciativa propia, Sara se unió la noche que le rindieron un homenaje como reconocimiento por su película *La caza*, en 1966. Cuando Saura regresó a España, Montiel se presentó en medio del agasajo público para felicitarlo en persona por haber recibido su galardón internacional del Oso de Plata, número 16, como mejor director en el Festival Internacional de Cine de Berlín. El primero de tantos otros premios recibidos por su prolífica producción.

Yendo más allá, ¿cómo recuerda el mundo cultural e intelectual a la artista creadora de su propia historia? Independientemente de la generación o el trasfondo cultural y académico, resulta interesante formalizar la interrogativa y estudiar la diversidad de declaraciones y respuestas desde cualquier ángulo o procedencia, ya sea sobre su cine, su música o su extraordinaria personalidad. Montiel iba dejando huellas y evidencia de su paso en las memorias de muchos. Imposible realizar un inventario completo de la diversidad de análisis, críticas, artículos, entrevistas, reportajes, estudios académicos, libros, revistas, programas de radio y televisión, o cualquier otro medio o material promocional que le hayan dedicado a Sara Montiel o a su obra cinematográfica y musical. Sus seis décadas de actividad profesional, en especial desde que se convirtió en una superestrella y figura internacional, proveen un universo montielano muy amplio. Luego de haber finalizado sus labores, sus proyectos y sus compromisos profesionales, aun después de su fallecimiento, Montiel continuó siendo noticia. Cada publicación dedicada a la artista y su trayectoria aporta luz sobre el peso y el valor cultural de su legado a largo plazo. A partir de 1957, muchos admiradores y amigos han escrito sobre la actriz y su producción. El impacto cultural de su cine y de su música en la sociedad española contemporánea fue y ha sido tema de discusión. Montiel también fue siempre una persona accesible y cooperadora con todos los interesados en escribir y publicar acerca de su personaje, de su carrera o de su legado. Por esta razón muchos llegamos a conocerla y a entrevistarla en un plano personal, en la intimidad, tras su disfraz de mujer fatal y de gran diva. Muchos estuvieron tan cerca de Antonia, que simplemente la admiraban y la apreciaban tanto por sus virtudes como por sus puntos débiles. La mayoría coincide en su acercamiento a la artista y terminan reconociendo y haciendo eco de su aportación a la cultura popular. Hasta anticipaban el peso de su legado. Es interesante poder explorar y apreciar la labor que sus coetáneos han dejado como ejemplos tangibles, dedicados específicamente a la imagen y a la producción artística de Montiel. Entre ellos aquí consta una pequeña selección como muestra de la manera en que describían su cine, su música, su estilo y cómo la recordarían a largo plazo. Sus perspectivas han quedado expresadas para siempre dentro de sus respectivas publicaciones.

Algunos también quedaron fascinados con ella como icono cultural y punto de referencia e identidad con la época y período histórico al que pertenecían. Muchos de ellos, considerándole mito y leyenda, le dedicaron su atención, su tiempo y un espacio dentro de su escritura y su producción literaria. Montiel fue analizada en un plano intelectual por la imagen que proyectaba desde muy joven la prometedora actriz. Entre los que la han considerado en esa categoría se encuentran Azorín, Alfonso Reyes, León Felipe, Rafael Alberti, Camilo José Cela o Francisco Umbral.

Hasta Carmen Laforet, según recuerda su hija Silvia Cerezales Laforet, durante los veranos de 1958 y 59 que pasaron en Tánger, escribiría en su domicilio tangerino al ritmo del cuplé recuperado por Montiel su próxima novela *La insolación* (1963). La novelista, como tantos españoles en aquella época, siempre contagiaba el ambiente de su casa con los nuevos álbumes musicales provenientes de *El último cuplé* y *La violetera*. Era la música de fondo mientras trabajaba bajo la magia inspiradora e intelectual que se respiraba en esa ciudad, refugio y destino de tantos escritores por aquel entonces.

Más adelante, otros distinguidos escritores de la siguiente generación también sintieron la necesidad de escribir sobre La violetera. Inspirados o provocados por la eterna musa contribuyeron con su propia versión sobre el impacto de Montiel en su escritura y obra. Así mismo narraron y describieron su repercusión social, su evolución profesional y su acervo cultural a nivel hispanoamericano. De esta próxima generación de escritores cabe señalar a Terenci Moix y a Baltasar Porcel. Ambos, luego de conocerla en persona, le dedicaron un espacio particular basado en su apreciación a la artista y amiga, pero también estudiando su cine, su música y su personalidad. Desde sus diferentes y respectivos puntos de vista y medios literarios, lograron expresar a sus lectores su visión sobre Sara Montiel al evaluar el peso e impacto de su aportación cultural dentro de la sociedad española que les tocó vivir.

En más de una ocasión Terenci Moix escribió ensayos sobre su querida musa y amiga Sara Montiel. Aparte de incluirla en sus libros, también mantuvieron una interesantísima y cariñosa correspondencia. La mayoría de esa escritura epistolar cruzada consistía en postales de viaje. Ambos se escribían en clave y terminaban utilizando seudónimos o firmando con una serie de nombres inventados para evitar revelar su identidad ante otros posibles interlocutores, por si algún día su correspondencia fuese interceptada. Moix y Montiel llegaron a establecer una estrecha relación. Tanto disfrutaba el escritor de su amistad y de aquellos momentos entrañables que compartían en su intimidad, que aunque hubiese querido y se lo hubiese propuesto, no hubiese podido mantener el distanciamiento necesario para escribirle sus memorias. Aun así, en una sola palabra supo y pudo valorizar y sintetizar a la artista. Con su genial creación del maravilloso apodo de «Saritísima» logró describir el impacto de la actriz y cantante, a corto y a largo plazo. Montiel y su público se beneficiaron de la escritura de Moix en sus diferentes formas y géneros. Su apreciación sobre Montiel fue vasta y desde muchísimos ángulos. Pero tal vez lo más valioso de sus estudios dedicados a su querida y admirada amiga fue la consideración de la artista dentro del contexto histórico y sociocultural al que él mismo pertenecía. El valor de su perspectiva sobre la mujer y el papel que desempeñó la diva en su contexto español es incalculable/sobresaliente. Al menos dos de sus libros en los que incluye a Montiel como objeto de estudio artístico y social son: *Suspiros de España* (1993) y *Mis inmortales del cine* (1994). En el primero de estos ensayos, tal vez lo mejor que se ha escrito sobre Montiel, con el título de «La estrellísima Sara Montiel», fue donde el autor establece de manera oficial que Sara es «Saritísima. La superlativa. La hiperbólica». Es también cuando toma la oportunidad de explicar al lector el origen y el motivo de haberle asignado su nuevo nombre:

«Por cierto, que este apodo se lo puse yo, atendiendo a las características de expectación continua que Sara mantiene a través de los años. Y valga el superlativo a la manera italiana, que sirve no solo como tributo, sino también como mote cariñoso que familiariza a la artista con vastos sectores del público y, en casos concretos, con toda una generación».

Valga su valiosa aportación. De acuerdo a Moix, «Sara Montiel es un personaje importante porque es la primera encarnación directa de una cierta sexualidad, pero domada..., que se produce en un contexto melodramático... Muy típico de la moral judío/cristiana...».

Por otro lado, Baltasar Porcel muestra con interés y vivacidad el impacto de Sara Montiel como *sex symbol* de la época. Porcel supo captar aspectos inadvertidos por los demás. Gracias a sus entrevistas y su trato social, logró proporcionar a sus lectores un acercamiento más humano y real, aun en una de sus novelas. Por medio de su estilo como escritor, la actriz y cantante cobra relieve y cuenta con un peculiar análisis de lo que fue capaz de realizar durante sus años más productivos. Su acercamiento a la estrella tiene mucho que ofrecer al estudiar el aspecto humano de la artista dentro del contexto y del período al que perteneció. Porcel publicó la primera entrevista que le hizo a la actriz, «Sarita Montiel o el éxito», dentro de su libro *Los encuentros* (1969). Una aportación particular que refleja dos vertientes. Por un lado presenta a una actriz que ya ha alcanzado su fama, segura de sí misma, de su propia historia, de su papel, y, por tanto, en control de lo que dice y cómo lo dice a su entrevistador. Por otro lado, su entrevista coincide con un momento crucial en la carrera de Montiel. La misma tuvo lugar justo en los estudios cinematográficos de Barcelona, precisamente durante el rodaje de su polémico film *Tuset Street* en 1968. Polémico porque, como se sabe, Montiel cambió de director a mitad de camino de aquella producción, protegiéndose a sí misma y su imagen todo lo que podía. El momento en que Porcel realizaba su entrevista coincidía con una «pausa» en su carrera. La actriz y cantante necesitaba cambios de orientación en su filmografía y lograr proveer algunas variaciones musicales que resultasen novedosas para su público. Reinventarse a sí misma para poder continuar adelante produciendo cine en el umbral de su etapa final como actriz era otra opción. Justo después de *Tuset Street*, sin saberlo, solo le quedarían en su agenda filmográfica unas tres películas más en los próximos cinco años. Gracias a Alexander Porcel, hijo del escritor, se sabe que esta entrevista publicada en 1969 abriría paso a una larga relación profesional y amistad entre Montiel y Porcel. Años más tarde compartirían eventos sociales y algunos encuentros familiares durante sus vacaciones en Palma de Mallorca. Como ya ha quedado establecido, para la década de los años 80, la actriz, retirada del cine pero aún activa en el mundo del espectáculo, vivía con su marido Pepe Tous y sus niños en Palma. Ambas familias tenían sus raíces y vínculos en la isla de Mallorca. Más adelante, a partir del año 2000, por medio de una descripción personal de su admirada amiga dentro de su novela *El corazón del jabalí* (2007), Montiel quedó retratada en una cita literaria escrita por Porcel como novelista: «Es una amiga mía. Una mujer de físico tirando a opulento, una atractiva y extraordinaria belleza española. Cantaba y aún canta, con una voz cálida, arrastrada, también canta con los ojos, grandes y negros, húmedos».

El recorrido que se hace durante la narración de esta última etapa artística, dedicado a los recuerdos sobre Montiel y su imagen pública como artista internacional, no pretende restarle importancia al cariño y al afecto que experimentó por parte de Miguel Mihura en pleno franquismo, quien llegó a escribir guiones de películas para ella antes de 1950. Tampoco se pretende menospreciar el sentimentalismo que inspiró en León Felipe, plasmado en uno de sus últimos poemas, una vez instalada en México a partir de 1950. Ambas relaciones y sus obras dedicadas a Montiel en otras etapas históricas ya se habían mencionado. Pero, independientemente de las diferentes dimensiones y colores que Antonia o Sarita haya podido inspirar, sin juzgar la magnitud sentimental que despertara o el nivel de intimidad que desarrollara con cada uno de ellos, quedan como evidencia la ilusión y el amor con que ella los recordaba. Muchos de sus relatos eran sin duda resultado de su interacción con estos personajes que en algún momento de su larga carrera y sus periplos por el mundo le dedicaron su atención, parte de su obra y que sin duda también le recordarían por el resto de sus días. Independiente de la generación o del trasfondo cultural, mayores o menores que ella, desde cualquier punto geográfico americano todavía surgen declaraciones del recuerdo de Montiel como inspiración. El distinguido profesor hispanista Alan Smith recuerda la atracción física que provocaba La violetera durante su infancia y el despertar su curiosidad cultural hacia todo lo peninsular. Sin duda aquella Sarita que se proyectaba por todos los cinemas latinoamericanos a finales de la década de los 50 sirvió de inspiración, de estímulo o influencia académica para muchos. Sarita Montiel era España. Aun al final de su carrera representaba un factor decisivo en la orientación artística y cultural de su público y sus seguidores.

Otro motivo para no olvidar a Montiel sería su proyección pública ante los medios de comunicación. Sus entrevistas y sus reacciones resultaban sobresalientes, ya fuese por su perspicacia, por su sentido del humor, por las diferentes versiones de sus anécdotas, al igual que por la manipulación del tema o hasta por sus mentiras artísticas si fuese necesario. Durante su último viaje a los Estados Unidos, en la primavera de 2012, la última presentación de su «saritour» sería en el Instituto Cervantes de Nueva York. Sus presentaciones se componían de una rueda de prensa al mediodía y una actuación por la tarde que consistía a su vez de dos partes, un entrevista formal y exhaustiva sobre su carrera artística, seguida de un pequeño recital donde interpretaría, acompañada de un piano de cola, una selección aproximada de seis de sus éxitos musicales más populares, como: «El relicario», «Fumando espero» o «Vereda tropical». Las salas de los Cervantes estaba al máximo de su capacidad, sin contar a los que se quedaban fuera.

En el Cervantes de Nueva York, de acuerdo a su director de entonces, Javier Rioyo, había tantos periodistas y cámaras como cuando se presentó a Mario Vargas Llosa. Durante la rueda de prensa, uno de los periodistas le preguntó su opinión sobre sus colegas de Tele 5 en España. Su respuesta no pudo ser más directa y precisa. «Todos los periodistas que trabajan en Tele 5 son unos indeseables», contestó sin pensarlo dos veces, poniendo punto final al episodio. Después de un gran silencio se reanudó la conferencia y continuaron con las demás preguntas que tenían en su agenda. Al parecer, aquel incidente aislado y provocativo pasaría al olvido. Una vez de vuelta en Madrid, algunos periodistas de los programas del corazón de Tele 5, notificados sobre el incidente, se encargarían de contactar a Montiel y coordinar una entrevista en su domicilio con la excusa de entrevistarle por su reciente viaje. Como algo ya programado de antemano, intercalarían el rumor de haber escuchado acerca de la conflictiva pregunta en el Cervantes de Nueva York. El entrevistador le preguntó con interés y delicadeza cuál había sido su respuesta ante la impertinente interrupción. La actriz le respondió con toda gracia y seguridad en sí misma: «Yo los defendí como una leona…». Habría miles de ocasiones similares en las que Sarita, o Antonia, se encontrara entre la espada y la pared ante situaciones conflictivas en público y donde optaría por no decir la verdad o afrontar la realidad, pero ¿a qué precio? Basándose en todos estos recuerdos, Montiel continuó interpretando su papel de diva universal y muy en especial su representación pública de Saritísima.

Así Montiel lograría ser recordada, representando a través del tiempo un personaje referencial e inspirador para muchos. Los domingos, a finales del 2011, bastante retirada pero no por completo, solía encontrarse para comer con su colega y amiga Marujita Díaz en La Pesquera, por el centro de Madrid. Aunque por las noches prefería ir a cenar a Casa Lucio, que era en realidad su restaurante favorito, donde la mimaban y le tenían el cava bien frío y sus cigarros de Montecristo, número 34; labores del oficio.

Epílogo

El 9 de abril de 2013, entre tantas manifestaciones sobre Montiel publicadas en los medios al día siguiente de su fallecimiento, Armando Pelayo, su director musical durante más de veinte años, expresaba a la Agencia EFE la siguiente semblanza: -«Fiel amiga de la ciudad [de Melilla], una mujer plena, que hizo de su vida lo que le dio la gana», fin de cita. En más de una ocasión viajaría en algún momento del verano a esta ciudad autónoma para encontrarse con su director musical y unirse a la celebración de diferentes eventos o ferias con el propósito de ayudar a promover, desinteresadamente, la imagen de la ciudad. Pelayo mostraba con nostalgia el lado humano de la artista.

Así lo hacía en muchos puntos de España, por pequeños y remotos que fueran. A todos los lugares donde le invitaran y pudiese llegar y aportar algo con su nombre y su presencia, aunque no cobrara un céntimo, allí podrían contar con Montiel. Quedan disponibles para siempre en los medios de comunicación y en las redes sociales miles de ejemplos y plena evidencia de su sentido humanitario, de su espíritu colaborador y benéfico para quienes lo necesitaran. Así mismo, también como Antonia Abad, en plan de amiga, frecuentaba durante sus últimos veranos la casa de una querida amiga, Felicidad Alarcón, en la pequeñísima isla mediterránea de Tabarca. Allí fui testigo de cómo su familia y demás amigos le recibían cada verano con los brazos abiertos. Gozaba de suficiente salud para movilizarse y aceptar cualquier tipo de invitación, pero sobre todo esa positiva actitud ante la vida y su compromiso con SARA MONTIEL era lo que la movilizaba a todas partes hasta cumplir sus 85 años de edad. Como Antonia Abad o como Sara Montiel acudía a cualquier lugar sin pretensiones, sin exigencias ni queja alguna, con la mayor disponibilidad, adonde quiera que la convidaran.

Ahora, también hay que reconocer que Antonia, en ocasiones, ocultaba la verdad o cambiaba las versiones sobre lo ocurrido a fin de poder salvar y proteger a Sara Montiel. Pero cuando lo hacía, tenía sus razones y sus motivos para hacerlo. No siempre desvirtuaría la realidad de las cosas, claro está, pero hoy en día su público podría identificar con más certeza las ocasiones en que Antonia, o Sara, dejaba volar su imaginación y su creatividad, alterando la realidad de sus anécdotas y sus vivencias. Conociéndola en un plano más íntimo, hubiese sido más fácil poder llegar a distinguir cuándo decía la verdad y cuándo no, distinguir entre ficción y no-ficción. En las ocasiones en que hacía uso de la ficción y su imaginación tomaba la palabra, manifestaba sus fantasías con tanta gracia y naturalidad, que era digno de admiración. Como actriz profesional, Montiel contaba con todos los recursos y la experiencia y autoconfianza delante del público para manejar y controlar su discurso a su antojo. Repetiría sus historias a su manera, con todas las variaciones que deseara o necesitara realizar de aquel guion que había aprendido desde hacía tanto tiempo. Todo dependía del interlocutor o del público a quien se dirigiese.

De esta manera, con sus 84 años recién cumplidos, llegó a los Estados Unidos por última vez. En esta ocasión viajaba sola. Es necesario recordar este vuelo directo desde Madrid hasta Chicago, con un par de vértebras quebradas, sin ninguna queja ni pedidos especiales de ninguna clase. Había aceptado la invitación con todo su entusiasmo y la mayor ilusión de participar en la pequeña gira universitaria que le habíamos organizado. Dos semanas recorriendo las ciudades de Chicago, Cincinnati y Nueva York, durante la última semana de abril y la primera de mayo de 2012. Muchas de las historias aquí narradas también se conservan en sus últimas entrevistas e imágenes televisivas en torno a este último viaje a los Estados Unidos. Otras no. Montiel llegó a Chicago en plena primavera en un vuelo de Iberia, en un asiento de turista, ya que la línea aérea se negó por completo a brindarle un asiento de primera clase sin pagar la diferencia. Las universidades solo pueden comprar billetes aéreos para sus conferenciantes e invitados en clase económica. Ya la artista se encargaría de explicarles a los sobrecargos de Iberia, extrañados de verla en clase turística, que había habido una equivocación. Aun así cumplió a cabalidad con todo el programa y la agenda de trabajo que había sido planificada y organizada de antemano y aún más. Su nombre y su imagen estaban en juego. Así llegó a los Estados Unidos en aquella primavera de 2012, con sus medicamentos para sus achaques y condiciones de salud, al igual que su joyería y sus maquillajes dentro de su maleta de mano. Sin saberlo, este sería su último tour por los Estados Unidos. Llena de entusiasmo y espíritu profesional, nada podía detenerle ni amilanar su ímpetu en el escenario o ante las cámaras y las luces a las que se enfrentaba. Su público norteamericano le esperaba y ella estaba lista para la actuación de su eterno papel de Sara Montiel, justo un año antes de su fallecimiento.

Cuando el viernes, 27 de abril de 2012, saliendo del escenario del Instituto Cervantes de Chicago, me decía al oído: «Y eso, que no canto…», después de tantos aplausos y tanto éxito al terminar sus entrevistas y su recital, lo decía irónicamente, pero con toda humildad y sinceridad al recibir a manos llenas todo el amor de aquellas tres generaciones que se desbordaban dentro de aquella sala. El público del Cervantes quedó rendido ante la eterna imagen de diva universal que, sin saberlo, se despedía para siempre de los escenarios norteamericanos con su última interpretación a capela de *La violetera*. Algunos de los participantes le decían al director Ignacio Olmos: «Ha sido el mejor evento que hemos presenciado en el Instituto». «¡Te felicito!». «Estuviste genial», le decía yo a Montiel a la salida del teatro mientras caminábamos lentamente por los pasillos del Cervantes atestados de personas que no se movían hasta lograr acercarse para entregarle flores, darle un beso o decirle tantas cosas con mucho amor y cariño. Mientras tanto, intentando movilizarnos en alguna dirección, sin esperar su sorprendente respuesta, Sarita me contestaba: «¿Me felicitas? ¡Te felicito yo a ti! Imagínate si lo hubiera hecho mal, ¿adónde te ibas a meter?».

Cartel de la exitosa actuación de Sara Montiel en el club Tropicoro del Hotel San Juan, en San Juan de Puerto Rico, el 3 de noviembre de 1960.

Una vez en Cincinnati, aprovecharía la oportunidad durante una entrevista formal para dejar expresado un mensaje universal que quedaría grabado para la posteridad. Como ya se ha mencionado antes, al preguntarle a la veterana actriz cuál sería su recomendación para las futuras generaciones artísticas, Montiel dictó lo siguiente: «Que no importa lo pequeño que fuese el papel que un joven actor o actriz tuviese que interpretar. Siempre sería necesario que lo hicieran con todas las fuerzas, interés y compromiso posible. Como si fuese el papel más importante dentro de una obra de Cervantes». Como ella misma lo realizó desde un principio. En su declaración dictaba su propia filosofía profesional que había implementado durante toda su carrera.

En Nueva York surgió un conflicto. Su conferencia de prensa, coordinada por el Instituto Cervantes de esta ciudad, había sido planificada para antes del mediodía, como todas las conferencias de prensa. Ya había expresado que, después del éxito de *La violetera* (1958), se había prometido a sí misma a no hacer absolutamente nada relacionado con su profesión antes de las 12 del mediodía. Aun así, cumplió a cabalidad con todo lo establecido. Su cooperación, su puntualidad y su actitud durante todo el viaje y la serie de eventos planificados para su último *tour* fueron extraordinarias. A las 24 horas de haber regresado a su domicilio en el barrio de Salamanca de Madrid, solo una frase a través del teléfono fue suficiente para percibir y comprender su agradecimiento al haber dejado atrás las calles de la ciudad de Nueva York. «*I miss you so much…!*» fue su reacción inmediata una vez de vuelta a su hogar. A partir de ese momento, las llamadas telefónicas y los planes para el futuro serían continuos.

Un año más tarde, el lunes 8 de abril de 2013 temprano por la mañana, falleció María Antonia Abad Fernández y con ella también se despedía su personaje de Sara Montiel. La verdadera mujer detrás de la imagen de la diva, responsable del mito cinematográfico español más impactante del siglo XX, se marchaba para siempre. La entrevista a José Aurelio Martín Jiménez, rector-párroco de la iglesia de Nuestra Señora de la Concepción, de la calle Goya en el barrio de Salamanca de Madrid, ha servido para poder reconstruir el momento de su desenlace final y su funeral. Gracias a los gratos recuerdos que conservan los párrocos de esta iglesia donde la artista asistía esporádicamente como invitada especial para ver sus películas y comentarlas a manera de tertulia como cineastas, fue posible entrevistar al rector que ofreció su réquiem. La relación o vínculo personal que Montiel había desarrollado dentro de esa parroquia era muy fácil de comprender. En términos logísticos, la iglesia está localizada justo en posición perpendicular al predio en que se encuentra la casa donde vivía la actriz con sus hijos. Sarita murió justo en el ático donde había establecido su domicilio durante los últimos veinte años de su vida, luego del fallecimiento de su marido Pepe Tous en 1992. En esta iglesia fue también donde sus hijos y allegados celebraron su misa y últimas exequias con sus restos presentes, antes de la despedida final y del sepelio.

El padre José Aurelio, a cargo de la celebración de la misa, recuerda haber visto su iglesia completamente llena. También recuerda aquella agradable sensación que se desarrolló durante la celebración. Se respiraba un ambiente especial durante el réquiem de Saritísima. El sacerdote lo atribuía a la personalidad de su amiga, en combinación con sus palabras de bienvenida y reconocimiento a tan diversa multitud. «¿Cómo hacer sentir a gusto a todas aquellas gentes y lograr una unión espiritual tan necesaria bajo aquellas circunstancias?». Su vecina Antonia merecía la atención y el acercamiento de toda aquella multitud, pero también el poder recibir los últimos sacramentos con toda la solemnidad que requería la ocasión. Este era el mayor conflicto que acosaba el pensamiento del sacerdote justo antes de comenzar el servicio. La solución fue más sencilla de lo que esperaba: pues haciéndoles sentir a todos bienvenidos, como «en su casa». Independiente de todas las diferencias socioculturales y humanas que él percibía desde el altar. Mientras el público de aquella última función se iba acomodando, sus hijos se mantenían apartados en su despacho y en su compañía, justo al lado de la sacristía. Pero todos se unían en aquel momento con un mismo propósito, para despedir a Sara Montiel dentro de su iglesia. Recuerda el padre José Aurelio los diferentes perfiles, pero con un mismo interés en común y una misma intención, rendir homenaje y un último adiós sobre la misma plataforma espiritual. Y así se lo propuso y lo promulgó:

«Bienvenidos todos a esta casa, no importan las creencias, diferencias de fe o de dónde provenga cada cual en este encuentro espiritual en el día de hoy…». Esas fueron sus palabras de bienvenida. En aquel momento, de repente, se produjeron un silencio y un enlace totalmente inesperados por parte de todos los presentes dentro del templo. Se creó un ambiente más humano, más familiar y espiritual, con cierto matiz nostálgico a la vez. Comparable con la magia y sensación que lograban sus películas y sus canciones con el paso del tiempo. Tanto su presencia como el aval de su legado cautivaban la atención de multitudes. Un fenómeno independiente de la diversidad del público y de sus circunstancias, hasta de cuerpo presente siempre provocaría la atención. Al preguntarle al padre José Aurelio cómo recordaba a Antonia Abad, su veredicto al final de la entrevista fue claro y contundente. Repetía su sentir expresado en una sola frase: «¡Como una gran amiga y una gran mujer!».

Sin embargo, su genial capacidad de reírse de sí misma, y hasta llegar a hacer presentaciones caricaturescas de su propio personaje, decían mucho de sí misma. Por un lado, su extraordinaria sensibilidad innata y la madurez ganada con los años, y por el otro, el debate interno, derivado del verdadero amor que sentía por su profesión. La música, los escenarios, los medios de comunicación y todo el tecnicismo envuelto en el asunto le impedían alejarse por completo de su público y de aquellas luces y cámaras que llenaban su espíritu y encendían su esencia humana.

Murió con todo el conocimiento y la ilusión de su próximo viaje a los Estados Unidos, ya planificado y confirmado en su agenda para el otoño de 2013. Las próximas ciudades y escenarios serían Boston, Washington, DC, Los Ángeles y, por iniciativa propia, San Juan de Puerto Rico. Estos cuatro serían los próximos puntos geográficos que visitaría y donde, a sus 85 años de edad, volvería a narrar sus anécdotas e íntimos recuerdos salpicados de ficción. Además, tal como lo había hecho en su último viaje, volvería a deleitar a su público americano interpretando una media docena de sus éxitos musicales.

Se marchó con la ilusión de poder recibir por parte del Gobierno Español el reconocimiento y galardón de la Medalla de Oro al

Mérito en las Bellas Artes, por su labor y aportación de 70 años a la cultura popular, la difusión del arte y la conservación del patrimonio artístico. Todavía se conservan las cartas de apoyo solicitadas a las diferentes instituciones académicas norteamericanas. También contaba con otro compromiso comercial que ya habíamos planificado, la creación de una nueva fragancia con el nombre de «Serenade», «Humo» o tal vez «Saritísima», inspirada en su larga carrera en las artes de la interpretación. Un nuevo perfume que, a su vez, vendría a substituir el «Opium» de Ives Saint Laurent que había seleccionado para ella su marido Pepe Tous y que usaba a diario desde su creación en 1977. Entre otras cosas, habíamos estudiado las posibilidades de crear una beca con el nombre de Sarita Montiel para jóvenes con talentos musicales y genuinos deseos de estudiar canto y actuación, pero sin los recursos económicos para satisfacer sus instintos artísticos. Examinando otras posibilidades de promover su nombre, cuando surgía el tema de una futura producción de su biografía para la pantalla, ella misma reconocía e identificaba de inmediato a Jennifer López como la mejor intérprete para protagonizar su vida. Así era, así vivió y así murió físicamente y continuará viviendo Antonia Abad y su álter ego Sara Montiel.

Aunque la actriz y cantante tuvo una larga vida, plena y fructífera hasta el final, había por lo menos tres factores importantes para ella o asuntos pendientes que le preocupaban y tal vez contribuyeron a la gravedad de su problema cardiaco y su fallecimiento. Primero, la pérdida de visión sin solución médica posible debido al progreso del estado degenerativo de mácula que padecía desde hacía mucho tiempo y que le entristecía enormemente. «Hace años que voy caminando sin poder ver el suelo» solía decir. De hecho, precisamente la mañana de su fallecimiento, el lunes 8 de abril de 2013, acompañada de su asistenta, Ana Mendoza Tabera, se disponía a salir de su domicilio para una de sus visitas médicas y tratamientos rutinarios en el Instituto Oftalmológico Fernández-Vega en Oviedo donde le trataban su condición y ya nunca pudo llegar.

El segundo asunto pendiente que le atormentaba hasta el día de su fallecimiento sería el desfalco económico o estafa de millones (en palabras de Sara) —o de 350.000 (de acuerdo con la prensa)— de euros, por parte del administrador que le dejó su marido Pepe Tous, Francisco Fernández Peñalver. Este asunto financiero que ha sido tema noticioso desde hace varios años fue un verdadero motivo de angustia para Montiel durante la última etapa de su vida. Al mismo iban ligados otros factores, no solamente lo monetario o el impacto de la falta de liquidez como consecuencia económica. Por ejemplo, también le afectaba el sentirse traicionada por un administrador que ella suponía que fuese de su entera confianza, ya que había sido contratado y designado por su marido y el padre de sus hijos, desde hacía mucho más de veinte años, además de todo el tiempo perdido y la energía que tuvo que dedicarle a esta situación desde el día que se enteró por pura casualidad de lo que acontecía. Al pasar una mañana por el Banco Popular, calle Velázquez esquina Goya, a dos manzanas de su casa, en compañía de su hija para retirar x cantidad de dinero en efectivo de su cuenta corriente de millones de euros, ambas fueron informadas que la cantidad que pretendían retirar excedía el balance disponible. Gracias a la misma gerencia del banco pudieron confirmar de inmediato lo que había ocurrido. Sin mucho esfuerzo, antes de salir de la sucursal, madre e hija tenían en sus manos un informe completo de ingresos y retiradas de su cuenta bancaria. El mismo estado financiero les brindaba la oportunidad de corroborar los débitos que su administrador venía realizando. En un instante comprendió cómo, poco a poco, gracias a cada cheque que le firmaba, el susodicho administrador efectuaba sus transacciones bancarias para su beneficio sin que ella tuviera conocimiento ni control sobre lo que acontecía. A partir de ese momento, necesitaría contratar a otra persona en quien pudiese confiar y fuese capaz de administrarle sus finanzas correctamente. Además de denunciarlo y demandarlo por apropiación ilegal de bienes, también tuvo que redactar un nuevo testamento y encontrar un nuevo tutor financiero para sus hijos en caso de su fallecimiento, ya que no podrían volver a contar con Paco Fernández. «Moriré sin ver la justicia y sin saber el resultado final de esta triste historia», solía comentar la actriz durante los dos últimos años de su vida. Y así fue. No sería hasta el otoño de 2017 que sus hijos pudieron acudir a la Audiencia Provincial de Madrid donde juzgaban

«Aceptar todo papel, por pequeño e insignificante que parezca y hacerlo bien, lo mejor posible, con todo el interés, compromiso, disciplina y profesionalismo que cada cual pueda poseer, cultivar y ofrecer. Como si fuese una representación de Don Quijote... Solo así se podrá obtener el éxito deseado y poder triunfar en esta industria del cine». Imagen: Cineteca Nacional de México.

al exadministrador de sus padres y, finalmente, recobrar parte de los activos perdidos.

El tercer factor que preocupaba a Montiel era algo bastante común entre los padres de hoy en día. Se trataba de una preocupación maternal, genuina y legítima en estos tiempos, sumada a sus buenos deseos de garantizar el bienestar presente y futuro de sus hijos. Ver a sus dos hijos encarrilados y realizados, en términos académicos y profesionales sería algo importante y pendiente por el resto de su vida. Tener el conocimiento y la certeza de que sus dos hijos, Thais y Zeus, lograran materializar todos sus sueños, sus aspiraciones y sus metas en la vida, cualesquiera que fuesen, y, a la vez, llegar a disfrutar en vida de su éxito personal era su norte. Algo muy normal cuando los padres viven orgullosos de sus hijos, máxime siendo consciente de sus 85 años de edad.

Siguiendo los pasos de Montiel, sobre la misma investigación surgían preguntas ajenas. ¿Era Montiel «una buscona», una persona materialista o interesada? Solo una acusación o crítica indebida. Una tarde en Nueva York durante su último viaje a los Estados Unidos, al preguntarle si era necesario regresar a España y si alguna vez había considerado estar felizmente casada y establecida en uno de esos pisos de lujo que miran hacia el Parque Central, a lo Jacqueline Kennedy o Jennifer López, otros mitos y leyendas que han conquistado el mundo, su contestación fue la siguiente: «Cómo pensáis los americanos...». A Antonia no le interesaba lo material ni vivir convenientemente a cuenta de nadie. Sí apreciaba el reconocimiento y la compensación por sus talentos, pero sin pretender vivir de los demás. Tenía la capacidad y la sensibilidad necesarias para disfrutar de todo lo bello, lo hermoso, de las artes y de la calidad de las cosas, pero con lo que había logrado obtener por sí misma se conformaba y le era suficiente. No necesitaba ni pedía nada más. Aunque tal vez no era una persona de cumplidos, más bien estaba acostumbrada a recibir todo tipo de detalles y atenciones como una gran diva, tampoco esperaba ni exigía nada. Sus expectativas se limitaban a la realidad. Nunca expresó ninguna pretensión sobre lo que no le correspondía o no le habían garantizado u ofrecido de antemano. Así mismo concurrieron aquellas dos últimas semanas de lo que vino a ser su último viaje a los Estados Unidos. Todo lo aceptaba por bien, ni una sola petición especial o exigencias, ni caprichos de ninguna clase. Al contrario, todo lo apreciaba y lo agradecía, disfrutaba cada instante, los hoteles, los restaurantes, el transporte y todos los detalles. Incluso las flores que recibía, luego de tomarlas en sus manos y disfrutarlas, las compartía con los demás. Hasta distribuía sus honorarios como propinas a quienes le brindaban algún servicio, apoyo o cooperación. Hoy, la contestación sería la misma. Montiel no reflejaba ser una persona materialista o interesada, ni haberlo sido nunca en su vida. Aunque no fuese una persona de detalles o cumplidos, como ya se ha señalado, tal vez por estar acostumbrada a recibir, tampoco cuantificaba ni mostraba ningún interés en nada que no le correspondiese. Sí solía calcular a puerta cerrada sus propias cuentas, créditos y débitos, sus propios estados financieros de ingresos y gastos, pero sin pedir, exigir o esperar nada que le fuese ajeno. En realidad le daba igual si le pagaban una cantidad x o no por sus actuaciones, entrevistas o lo que fuera. Esta fue la experiencia vivida y lo que se podía percibir y corroborar durante los dos últimos años de su vida.

Su valiosa contribución a la cultura popular servirá de ejemplo a futuras generaciones. Aun considerando las diferentes perspectivas y gustos, su legado sobrevivirá. Su vida estuvo llena de altibajos, retos y oportunidades, certezas e incertidumbres, realidades y ficción. Pero todo lo relacionado con su profesión y su carrera, sus películas y su música, fue siempre lo primero. Llevaba sobre sus hombros una gran responsabilidad. Aquella imagen artística que había creado durante la España franquista tenía que sobrevivir, tenía que rebasar el tiempo, los límites y todas las etapas culturales subsiguientes. A diferencia de Marilyn Monroe, Montiel tuvo que luchar con el paso y las inclemencias del tiempo. Tuvo que hacer frente a la dura realidad de la vejez lo mejor que pudo. Aunque por dentro seguía siendo joven, disfrutando de los detalles significativos de la vida con la misma frescura y deleite de los 21 años de edad. Maquillarse para ofrecer el mejor de los números en una actuación musical y luego disfrutar de la mejor conversación en la sobremesa, al igual que si regresara de haber hecho la compra en el mercado, como si nada hubiese pasado, no hacía ninguna diferencia para ella. En todo caso, era cuando mejor lo pasaba, con toda la humildad y el disfrute genuino de una adolescente. Así era Antonia, Sara, Sarita y Saritísima y todas ellas dentro de sí.

Fue sin duda la actriz y cantante española de más alcance y proyección mediática a nivel internacional. Creadora de su propio estilo y de su aureola artística que pasaría a la historia como esa figura clave y referente dentro de la cultura popular, capaz de seducir a los demás, sin necesidad de haber imitado a nadie. Al contrario, su grandeza estriba en esa imagen universal que aun después de su muerte sigue vigente para la posteridad. Su humildad y su sencillez eran tal vez algunas de sus cualidades más sobresalientes y partes íntegras de su personalidad. Siempre reconocía en público sus humildes raíces y las limitaciones dentro del contexto histórico de su nacimiento y su desarrollo sin ningún problema. De hecho, siempre hacía referencia a sus padres con mucho orgullo, reconociendo su amor y sus grandes cualidades y virtudes por encima de sus escasos recursos y pese a la posguerra que les tocó vivir. Nunca pretendió tener más de lo que tenía, ni durante sus modestos comienzos en el cine, ni aun en sus últimas etapas cuando lo tenía todo asegurado. Su orgullo lo reservaba en exclusivo para su profesión, por sus logros en el cinema, en la música y en el mundo del espectáculo, a través de su larga carrera. Siempre reconoció el éxito, la grandeza y los talentos de los demás, de sus colegas, actores, cantantes, músicos y de todos los campos artísticos. Nunca diría en público nada negativo ni criticaría a ningún otro colega. Al contrario, como una reacción espontánea siempre saldrían de su boca un par de adjetivos: maravilloso, maravillosa, o fuera de serie, para todos los que le rodeaban o a los que hacía referencia. Basado en estos hechos se puede comprender su nivel de humildad ante la vida y ante los demás. Nació humilde y humildemente murió. En todo caso, se sentía en desventaja ante los demás por la falta de educación y formación académica.

Aun así, Montiel contó con la admiración y estima de hombres y mujeres. Su carisma era inmenso e inevitable. En términos artísticos trascendía la pantalla y los escenarios en los que participaba. Aunque nadie le pudiese seguir los pasos, profesionalmente hablando, sirvió de inspiración, de piedra angular o punto de referencia. Su ejemplo de perseverancia perdurará para siempre como un mensaje positivo para las nuevas generaciones, en palabras de Montiel: «…trabajar y esforzarse hasta conseguir todas las metas establecidas». Con su carrera probó al mundo entero su fuerza y la utilización de todos sus talentos, pese a las piedras en el camino que tuvo que saltar. Además de la revelación de sus capacidades, consiguió establecer una conexión entre generaciones, entre culturas, y, sobre todo, entre las industrias y los medios en los que participó.

El buen sentido del humor era una de las características más sobresalientes de su personalidad. Esa actitud humorística ante la vida que poseía Montiel, que expresaba espontáneamente, aunque el tema fuese ella misma, o sobre algún momento histórico de su larga trayectoria, era otra de sus cualidades innatas difícil de ignorar. Tenía la capacidad de reírse de sí misma y de su propio personaje y lo disfrutaba sin la más mínima reserva. Estas manifestaciones reflejaban su extraordinaria personalidad y su salud mental, que conservaría hasta el final de sus días. Diferentes aspectos y matices afines a esa humildad que llevaba muy dentro de su ser y que nunca le abandonarían.

La auténtica Antonia Abad era la que se envolvía por completo en una conversación apasionada sobre historia, arte o cualquier otro tema de actualidad hasta la madrugada. Era también la que prefería callar y escuchar con toda la atención a las anécdotas de los demás durante una cena o cualquier evento social, aunque el motivo principal de la ocasión girase en torno a Sara Montiel. Su capacidad de atención a los demás era sobresaliente. Una característica admirable que compartía en común con Jaqueline Kennedy, gracias a la personalidad y resultado del adiestramiento y las labores que ambas desempeñaron en los medios de comunicación.

Antonia era a la que había que detener porque seguía adelante sin límites, disfrutando de la velada, de la conversación, de la música y de los recuerdos que acudían a su memoria relacionados con el tema y la ocasión. A la Antonia encerrada en su querido papel de Sarita Montiel le gustaba cocinar desde pescaditos fritos hasta cordero asado, sin gota de maquillaje y con una buena botella de champán, cava o un buen martini seco. Le servía de gran satisfacción cenar en la mejor vajilla china de su casa y contar con orgullo que la recibió como un obsequio de una querida amiga, prostituta de profesión y dueña de un burdel. Una de las muchas que le admiraban con pasión luego del estreno de su película *La mujer perdida* en 1966, u otras de los años 60 en las que se veían retratadas. Así era Antonia Abad en la intimidad. Sus momentos más felices consistían en una buena conversación con un amigo al borde de la cama, o de una piscina, hasta el amanecer. Esos eran los detalles que arrastraban a la actriz y cantante que en público vendía una imagen de «mujer fatal y símbolo sexual» por décadas y a puertas adentro le interesaba el contacto humano, genuino e intelectual de los amigos que le rodeaban. Montiel era capaz de admirar y reconocer a los demás por sus talentos y sus capacidades productivas, más que por la frivolidad, por lo sexual o por las posesiones económicas. Si decidió vivir y morir sola, hasta los 85 años de edad, fue por su autosuficiencia y su independencia, no por la falta de perspectivas. No necesitaba ni seducir ni ser seducida, pero si lo hacía, prefería dormir abrazada a su pareja o al ser querido con quien compartiera su cama. «En la cama me gusta dormir abrazada a la persona amada…», solía decir.

El aura artística y carismática de Montiel irradiaba un misticismo que repercutía en su vida amorosa. Tal vez por eso el público conserva en su memoria los nombres e imágenes de los amores, amantes y maridos a los que la artista hacía referencia constantemente a través de su larga carrera profesional. Es fácil asociar a un mito erótico con una lista de amores que además ha sido proporcionada por la misma persona. Más aún, se puede pensar que su imagen artística está estrechamente relacionada con su vida sentimental y con la realidad del personaje. Aunque hayan sido muchos los amores de Sara, la imagen que quería proyectar y hacer creer a los demás no era exactamente su propia realidad. La fragmentada vida amorosa y sentimental que se ha venido narrando se desprende de los hechos establecidos durante su trayectoria vital.

Pero sus pasiones iban por otro lado. Se trataba de una mujer auténtica y genuina para quien la vida era mucho más que todo eso. Primero que nada, lo más importante en su vida eran el amor y pasión por su profesión. Hablando de hombres, se puede llegar a interpretar que ninguna de sus relaciones amorosas fue lo suficientemente satisfactoria. Se puede concluir que Montiel, la gran vendedora de amores, pasiones e ilusiones, nunca llegó a alcanzar la verdadera felicidad en el amor. Ni la encontró en ninguna de sus relaciones, aparte de esas etapas fragmentadas y fugaces que ya se han analizado. Montiel tal vez nunca llegó a disfrutar de un verdadero amor, ininterrumpido, en todos los sentidos. Ese amor ideal, pleno, libre, que todos esperamos encontrar algún día, no fue una opción dentro de las posibilidades sentimentales de la artista. La realidad de la larga historia de los amores de Antonia Abad difiere de la versión que proyectaba su *alter ego* Sara Montiel, aunque para su público resultase fascinante. Para cuantificar sus relaciones amorosas, hubo que enfocarse en la escala de valores que ella misma estableció a través de los años y luego profundizar en la relevancia de cada una de ellas. El primer acercamiento fue estudiar su código lingüístico y su léxico de diva profesional que utilizaba sin medida, de acuerdo al uso y costumbre de la autora de los hechos. Así se encontró un modo para analizar la situación de la mayoría de los personajes que interpretaron su papel de admiradores, maridos, amantes o compañeros de turno a su lado. Tomando en consideración todos estos factores, entonces se puede concluir que las cualidades más atractivas en un hombre para la actriz, en términos amorosos, se resumen de la siguiente manera, mientras más intelectuales, inteligentes, reconocidos o premiados, más interesantes le parecían. Había que reconocer esa necesidad psicológica y particular por su parte en el momento de elegir a los hombres por quienes ella sentía una verdadera atracción y deseos de compartir algún aspecto de su vida. La inteligencia, la culminación intelectual, artística y profesional son denominadores en común entre la mayoría de sus amores y de todos los hombres que se acercaron o tuvieron algún impacto en el corazón de Sara y de Antonia, haciéndolos de esa manera parte de su historia.

Existieron otras personalidades que sin duda le conocieron pero a las que ni ella misma les acreditaría una relación íntima o sentimental, aunque la posteridad se ha encargado de vincularlos al nombre de Sara Montiel, creando historias confusas, sin fundamentos. La prensa amarilla continuó adjudicándole relaciones amorosas inexistentes, sin evidencias hasta el presente. Entre ellos Ramón Mercader, su majestad Juan Carlos I, Rey de España y algunos familiares suyos, o el expresidente de México, Miguel Alemán. En pocas palabras, cualquier hombre poderoso que se distinguiera por algún motivo sobresaliente en particular, dentro de la gran diversidad y amplio alcance de posibilidades en cualquier contexto histórico y sociocultural, tendría grandes posibilidades de ser vinculado a la vida amorosa y sexual de Sara Montiel. Aunque solo se tratara de un amigo de alguno de sus maridos, o conocido en un plan social, cultural o artístico, siempre existiría el riesgo de que le atribuyeran por lo menos una aventura con Montiel.

Por otro lado, gracias a la gran imaginación de la actriz, también existe la posibilidad de que, por los motivos que fuese, en algunas ocasiones hiciese alarde de alguna aventura con otros hombres importantes con quienes tuvo el placer de coincidir en su ámbito artístico-laboral, o luego de haberlos conocido en un plan sociocultural. Entre estos se encuentran Ernest Hemingway, a quien conoció posiblemente durante la filmación de sus dos películas coproducidas entre México y Cuba antes de 1954, James Dean, simplemente un compañero de trabajo en los estudios de Warner Brothers en 1955, o Mario Camus, con quien ella alegaba abiertamente en sus memorias haber tenido algún acercamiento romántico fuera del set de *Esa mujer* (1969).

Entonces, ¿a qué se reduce «la vida amorosa» de SARA MONTIEL? ¿Cómo explicar esa dicotomía entre el papel de esa «mujer fatal», símbolo sexual y mito erótico del cine español, «genial, sensual…» y la intelectualidad artística de la mujer sensible y genuina que existía en Antonia, quien solo quería ser una gran estrella? En uno de sus últimos álbumes musicales, *Amados míos*, expresaba y promovía equivocadamente, más bien por propósitos comerciales, su vida amorosa a tono con su proyección artística y su imagen pública. En esta producción musical, donde le dedicaba una canción a cada uno de «sus amores», ocultaba la realidad y la autenticidad de Antonia, tras el velo de su querida

Sara. Un paralelismo con lo que quiso proyectar al publicar sus *Memorias* en el año 2001, *Vivir es un placer*.

Pero para analizar quién sería el hombre a quien más amó la actriz en toda su vida fue necesario ese repaso psicológico-emocional y la consideración individual de cada uno de ellos. Como también fue imprescindible identificar y diferenciar por quiénes la actriz y cantante sintió una gran admiración, la atracción necesaria y los mejores deseos para haber formalizado una relación, si ellos hubiesen estado dispuestos a dar el paso necesario. Si los sentimientos hubiesen sido mutuos, no habría duda de que alguna de estas relaciones también hubiese culminado en matrimonio por parte de Montiel.

Por otro lado, nunca tuvo la necesidad de terminar mal con ninguno de sus maridos, excepto con Juan Plaza. Sus relaciones terminaron por sí mismas, porque tenían que terminar y ambas partes comprendían que no había futuro en la relación y que no había nada más que hacer. En cambio, ¡cuántos hubiesen querido haber sido su pareja y su marido en algún momento! Pero Sarita iba a su aire y primero estaba su carrera artística y su profesión. Y, además, siempre habría sido necesaria esa conexión o enlace intelectual para cualquier posible relación con Montiel.

A la lista de amores y aventuras de la actriz se pueden sumar algunos casos que ya han sido mencionados en sus *Memorias*, en sus entrevistas u otros que permanecieran anónimos para siempre. Existen nombres como Richard Barrymore, Indalecio Prieto o el de tantos otros admiradores y amigos íntimos con quien pudiese haber mantenido relaciones íntimas y amorosas, que sin tener evidencia de ellas tampoco sería prudente acreditarlas o negarlas por completo. Lo que sí se ha tratado de recobrar en estas páginas son las verdaderas relaciones que tuvieron más relevancia y envergadura tanto en su vida como en su profesión. Aparte del peso significativo y auténtico de sus amores de juventud con Juan Plaza y Anthony Mann y luego en su madurez con Pepe Tous, los demás nombres que han sido incluidos en este estudio y análisis biográfico fueron puras ilusiones, aventuras o accidentes en la vida sentimental e íntima de Sarita Montiel. Igual que cualquier otro nombre que se haya podido escapar. Aunque seguramente recibiría mucho amor y cariño de la mayoría de estos seres queridos que formaron parte de su historia y permanecieron para siempre dentro de su corazón.

Al final de su vida todos sus nombres se reducirían a *SARA*. «Sara» sería suficiente. Todos saben que hablan de Sara Montiel. Algunos amigos le dieron la espalda, por no estar de acuerdo con su comportamiento durante sus últimos años, por la pantomima de su último matrimonio y su manera de promover su nombre y su imagen pública al participar en los medios de comunicación, en relación con su legado musical y cinematográfico. A pesar de todas las críticas negativas que pudiese haber recibido, la actriz nunca criticó ni se expresó mal sobre ningún colega, ni cantante, ni actor o actriz, ni profesionales en su campo. Aunque tuviese razones para defenderse públicamente, de ella no surgieron ataques ni comentarios negativos hacia nadie. Tampoco culpó a nadie en público por las ofensas recibidas durante su evolución y desarrollo artístico, aunque tuviese motivos para hacerlo. La prudencia y la discreción serían algunas de sus virtudes que definían su actitud ante el prójimo y la esencia de su personalidad. Todo lo resolvía con el principio filosófico que le enseñó su madre, algo que repetía hasta el final: «Siéntate en la puerta de tu casa y verás pasar el cadáver de tu enemigo».

Esta obra se terminó de imprimir, por encargo de Editorial Almuzara, el 16 de mayo de 2023. Tal día, del año 1929 tuvo lugar la primera ceremonia de los Premios Oscar en el Hotel Roosevelt de Hollywood en Los Ángeles.